Gesamtwirtschaftliche Produktionstheorie

Helmut Hesse, * 1934, Dr. rer. pol. (1959), 1965 Habilitation an der Universität Münster (Volkswirtschaftslehre). 1966 ordentl. Professor an der Universität Göttingen, Volkswirtschaftliches Seminar.

Robert Linde, * 1944, Dipl. rer. pol. (1969). Seit 1970 wissenschaftlicher Assistent an der Universität Göttingen, Volkswirtschaftliches Seminar.

H. Hesse – R. Linde

Gesamtwirtschaftliche Produktionstheorie

Teil I

Physica-Verlag · Würzburg–Wien

1976

ISBN 3 7908 0166 6

Composersatz und Offsetdruck „Journalfranz" Arnulf Liebing, Würzburg

ISBN-13: 978-3-7908-0166-8 e-ISBN-13: 978-3-642-95873-1
DOI: 10.1007/978-3-642-95873-1

Vorwort

Dieses Buch ist als Lehrbuch konzipiert. Es soll in möglichst verständlicher Sprache einen Überblick über Kernbereiche der volkswirtschaftlichen Produktionstheorie geben; nur in einigen Abschnitten wird auf offene Fragen und schwierigere Probleme aus diesem Wissensgebiet eingegangen. Darüber hinaus ist es als Handbuch für Studenten gedacht, mit dessen Hilfe sie sich nicht nur in die Produktionstheorie einarbeiten, sondern auch die produktionstheoretischen Teile anderer volkswirtschaftlicher Lehrveranstaltungen nacharbeiten können. So werden Lehrsätze abgeleitet, die in den Vorlesungen und Übungen zur Außenwirtschafts- und Wachstumstheorie benötigt werden oder mit denen in der Wohlfahrtstheorie, der Theorie der Wirtschaftspolitik und in der Verteilungstheorie gearbeitet wird. Mit diesem Lehrbuch wird somit nicht nur die Hoffnung verknüpft, daß es als Grundlage für Vorlesungen zur gesamtwirtschaftlichen Produktionstheorie gewählt wird, sondern auch, daß es Studenten durch eine Reihe anderer Vorlesungen begleitet.

Die Lektüre dieses Buches erfordert nur geringe Vorkenntnisse. Vorausgesetzt werden einmal elementare Kenntnisse in der Differentialrechnung, wie sie an der Oberstufe der meisten Gymnasien erworben werden. Bei allen mit Hilfe von Formeln durchgeführten Überlegungen werden Zwischen- und Nebenrechnungen ausführlich wiedergegeben. Vorausgesetzt werden zum anderen einige wenige ökonomische Grundbegriffe, wie sie in den Einführungsveranstaltungen zum wirtschaftswissenschaftlichen Studium besprochen werden.

Ein vorläufiges Manuskript zu diesem Buch ist aus mehreren Lehrveranstaltungen des einen Verfassers (Hesse) erwachsen. Das Manuskript war Grundlage weiterer Lehr- bzw. Übungsveranstaltungen beider Verfasser und wurde unter Berücksichtigung der dabei gesammelten Erfahrungen vom zweiten Verfasser überarbeitet. Die Überarbeitung war sehr weitreichend; sie führte zur vollständigen Neubehandlung vieler Probleme und zur Aufnahme neuer Kapitel. Alle Kapitel wurden gemeinsam diskutiert und formuliert. So entstand ein gemeinsames Werk, in dem kein Kapitel einem der Verfasser allein zugerechnet werden kann.

Obwohl dieses Werk als Ganzes konzipiert worden ist, wird es in zwei Teilen veröffentlicht (Teil I: 1.–4. Kapitel, Teil II: 5.–8. Kapitel). Für die Teilung waren technische Gründe ausschlaggebend. Der zweite Teil kann nicht ohne den ersten bearbeitet werden. Der Lektüre des ersten Teils sollte die des zweiten folgen.

Wertvolle Hinweise verdanken wir den Mitarbeitern am Lehrstuhl „Volkswirtschaftslehre V“ der Universität Göttingen, den Herren Dr. Volker Arnold, Dr. Volker Bergen und Diplom-Volkswirt Edgar Roese. Frl. cand. rer. pol.

Helena Rytkönen und Herr cand. rer. pol. Alfred Schmalstieg haben das gesamte Manuskript kritisch gelesen und zahlreiche Verbesserungsvorschläge gemacht. Den Genannten und den zahlreichen Studenten, die das Entstehen des Buches mit Kritik und Verbesserungshinweisen begleitet haben, gilt unser Dank.

Das Manuskript wurde – in seinen verschiedenen Versionen – von Frau Anneliese Herrmann getippt. Sie hat nicht die Geduld verloren, wenn immer wieder Änderungen vorgenommen wurden, und sich durch die oft schwer zu tippenden Formeln nicht entmutigen lassen. Besonders dankbar sind wir ihr dafür, daß sie manche Abend- und Feiertagsstunde für die Fertigstellung des Manuskripts geopfert hat. Auch Frau Ingrid Ferreira, die das letzte Kapitel getippt und die vielfachen Korrekturen vorgenommen hat, und Herrn Walter Dörhage, der die Zeichnungen angefertigt hat, danken wir herzlich.

Helmut Hesse Robert Linde

Inhaltsverzeichnis

Inhaltsverzeichnis von Teil II (Kurzfassung)

Errata

Seite	Zeile		Statt ...	muß es heißen:
33		Abb. 2.8	$\hat{i}$	i
172		Gl.(4.68)	$\frac{i}{l}(1+1/b_3)=\frac{i}{l}(1+1/b_3)$	$\frac{i_r}{l_r}(1+1/b_3)=\frac{i}{l}(1+1/b_3)$
185	vorletzte	1.Spalte	– –, kurzfristige 146	– –, kurzfristige 145
186	29	1.Spalte	–, totale 138	–, totale 139
	31	1.Spalte	Fixkosten 138, 146	Fixkosten 138, 145
	37	1.Spalte	– –, langfristige 139, 146ff.	– –, langfristige 139, 145ff.
	39/40	1.Spalte	– – bei totaler Faktorvariation 139, 146ff.	– – bei totaler Faktorvariation 139, 145ff.
	19	2.Spalte	–, privates 133, 180	–, privates 123, 180
187	14	1.Spalte	– und Kostenverläufe 146, 149ff.	– und Kostenverläufe 145, 149ff.
	15	1.Spalte	Homothetische Produktionsfunktion 68	Homothetische Produktionsfunktion 58
	7	2.Spalte	– bei Prozeßsubstitution 26ff.	– bei Prozeßsubstitution 25ff.
	15	2.Spalte	–einkommen 165, 168, 169, 176	–einkommen 166f., 169ff.
	25	2.Spalte	klassisches Ertragsgesetz 96f.	klassisches Ertragsgesetz 98f.
188	11	1.Spalte	– Lohnkosten 162	Lohnkosten 132, 162
	12	1.Spalte	– Lohnkurve 162	Lohnkurve 162
	2	2.Spalte	–, homothetische 109ff.	–, homothetische 108ff.
	40	2.Spalte	return of scale	returns to scale
189	7	1.Spalte	Skalenelastizität 58ff., 69, 92, 122f.	Skalenelastizität 58ff., 69, 91f., 122f.
	17	1.Spalte	Skalenerträge 60ff., 71, 72, 87, 90f.	Skalenerträge 60ff., 71f., 90f.
	20	2.Spalte	– Ursachen und 116	–, Ursachen 116
191	35		i Zinssatz 132	$\hat{i}$ Zinssatz 132

1. Das Konzept der Produktionsfunktion und seine Problematik

Es gibt nur wenige volkswirtschaftliche Probleme, die sich ohne Berücksichtigung der im jeweiligen Land herrschenden Produktionsbedingungen lösen lassen. So ist es notwendig, daß sich Nationalökonomen mit diesen Produktionsbedingungen beschäftigen und zu ihrer Erfassung ein geeignetes Instrumentarium schaffen. Die wichtigsten Ergebnisse dieses Bemühens sollen in diesem Buch dargelegt werden. Im Mittelpunkt stehen dabei Modelle der Beziehungen zwischen dem Produktionsergebnis einerseits und dem Einsatz von Produktionsfaktoren andererseits. Jedes dieser Modelle stellt eine Produktionsfunktion dar. *Eine Produktionsfunktion gibt an, welche Gütermenge mit bestimmten Mengen von Produktionsfaktoren maximal hergestellt werden kann und welche Beziehungen zwischen den im Produktionsprozeß eingesetzten Faktormengen bestehen.* Die Produktionsfunktion ordnet bestimmten Inputmengen somit den höchstmöglichen, mit ihnen herstellbaren Output zu. Man nennt sie häufig auch Input-Output-Relation.

Diese Definition ist so allgemein gehalten, daß einige Erläuterungen notwendig sind. Diese Erläuterungen sollen zudem andeuten, daß die Produktionsfunktion ein *problematisches* Instrument der Nationalökonomie ist. Doch werden die Probleme hier noch nicht in allen Einzelheiten erörtert, sie werden nur katalogartig genannt. Man kann Probleme nicht ausführlich diskutieren, wenn das Instrument, mit dessen Verwendung sie verbunden sind, selbst noch nicht beschrieben worden ist. Erst am Ende des Buches werden die beiden wichtigsten Probleme (Aggregation und Reswitching, Kapitel 8) diskutiert.

a) Zur Erläuterung der Produktionsfunktion ist zunächst darauf hinzuweisen, daß die Beziehungen zwischen Output und Input und zwischen den Mengen der eingesetzten Faktoren vom Stand des technischen und organisatorischen Wissens abhängen. Ob zur Produktion einer bestimmten Gütermenge mehr oder weniger Kapital und mehr oder weniger Arbeitskraft benötigt werden, wird durch das technische Wissen entscheidend mitbestimmt.

Der Begriff „technisches Wissen" ist zweideutig. Einmal könnte man darunter alle technischen Fakten zusammenfassen, die überhaupt bekannt sind. So könnte man z.B. das rein theoretische Wissen von all den Möglichkeiten, Stahl zu produzieren oder eine Maschine anzutreiben, mit dem genannten Begriff erfassen. Man spricht dann den gesamten Raum des technischen Wissens unabhängig davon an, ob dieses Wissen bereits irgendwann in eine tatsächlich angewandte Produktionsmethode übersetzt worden ist. Die rein theoretische Möglichkeit, ein Produktionsverfahren anzuwenden, genügt, um es in den Bereich des vorhandenen technischen Wissens einzureihen. Den so definierten Begriff des technischen Wissens nennt man das *technische Wissen im weiteren Sinn.*

Von den meisten dieser Möglichkeiten wird kein Gebrauch gemacht; das technische Wissen wird nicht voll verwendet. Maschinen, die gebaut werden könnten, werden nicht hergestellt. Unternehmer, die ganz bestimmte Maschinen in den Produktionsprozeß einbeziehen möchten, könnten ihren Vorsatz kurzfristig häufig gar nicht realisieren, weil solche Maschinen nicht produziert werden. Die Produzenten stellen Kapitalgüter nur her, wenn sie damit rechnen können, sie auch in der Planungsperiode absetzen zu können. Bei den herrschenden Preisen für (Geld-)Kapital, Arbeit, Rohstoffe, Energieträger etc. wird meist nur ein geringer Teil der überhaupt konstruierbaren Investitionsgüter im Produktionsprozeß eingesetzt. So war es beispielsweise schon vor 60 Jahren möglich, Lokomotiven zu bauen, die mit Öl angetrieben wurden. Bei dem damals herrschenden Preisverhältnis zwischen Kohle und Öl hätte jedoch kein ökonomisch handelnder Unternehmer diese Lokomotiven gekauft. Der Kreis der auf dem Markt angebotenen und in dieser Weise vorhandenen Investitionsgüter ist somit durch Vorentscheidungen, die Investitionsgüterfabrikanten oder Techniker aufgrund ökonomischer Gegebenheiten getroffen haben, eingeengt. Das vorhandene technische Wissen könnte sich deshalb zum anderen auf diesen Kreis des unmittelbar realisierbaren Wissens beziehen. Man nennt es das *technische Wissen im engeren Sinn.*

Es ist nicht ohne weiteres einsichtig, welches Konzept für die Produktionsfunktion relevant ist. Entscheidet man sich für das weitere Konzept, so kann ein Teil der durch die Produktionsfunktion angegebenen Beziehungen zwischen der Produktionsmenge und den Faktoreinsätzen kurzfristig gar nicht realisiert werden. Die Entscheidung bedeutet also, daß die Produktionsfunktion nur in der langfristigen Analyse ihren vollständigen Erklärungswert besitzt. Bei zahlreichen Fragen ist es jedoch ratsamer, der Produktionsfunktion das sofort realisierbare technische Wissen zugrunde zu legen. Man bezeichnet sie dann als kurzfristige Produktionsfunktion.

b) Hat man sich entschieden, die Produktionsfunktion für das technische Wissen im weiteren oder aber im engeren Sinne aufzustellen, entsteht ein weiteres Problem. Es ist denkbar, ja sogar wahrscheinlich, daß nach dem vorhandenen technischen Wissen eine bestimmte Produktionsmenge mit unterschiedlichen Faktormengen hergestellt werden kann oder daß bei gleichem Faktoreinsatz im Rahmen verschiedener Produktionsmethoden unterschiedliche Gütermengen produziert werden können. Dieser Sachverhalt wirft ein technisches Maximierungsproblem auf: Es besteht in der Auswahl desjenigen Produktionsverfahrens, das mit gegebenen Faktormengen den höchsten Output herzustellen erlaubt[1]). Produktionsverfahren, die bei diesem Maximierungsvorgang elimi-

[1]) Ein Beispiel dazu findet sich im Kapitel 2.2.2.

niert werden, nennt man *ineffizient*. Verfahren, die der technischen Maximierungsregel genügen, sind *effizient*. Nur die effizienten Produktionsverfahren gehen in die Produktionsfunktion ein, denn die Produktionsfunktion ist so definiert, daß jedem Faktoreinsatz die höchstmögliche Gütermenge zugeordnet ist.

Von dem Begriff des effizienten Produktionsverfahrens ist der Begriff der effizienten Faktorkombination zu trennen. Eine Faktorkombination ist effizient, wenn die Einsatzmenge jedes Produktionsfaktors bei konstantem Einsatz aller anderen Faktoren nicht gesenkt werden kann, ohne daß die Produktionsmenge abnimmt. Analog spricht man von einer ineffizienten Faktorkombination (von ineffizientem Faktoreinsatz), wenn die Menge eines bzw. mehrerer Faktoren ohne Beeinträchtigung des Produktionsergebnisses gesenkt werden könnte. Sofern nichts Gegenteiliges gesagt ist, wird im Rahmen dieses Buches davon ausgegangen, daß die Faktoren effizient kombiniert werden.

c) Neben der Kenntnis der verschiedenen Produktionsverfahren und organisatorischen Abläufe des Produktionsprozesses spielt eine große Anzahl weiterer Faktoren für die Eigenschaften der Input-Output-Relation eine Rolle. Diese Faktoren kann man unterteilen in die

- gesellschaftlichen Produktionsbedingungen und die
- sachlichen Produktionsbedingungen.

Zu den gesellschaftlichen Produktionsbedingungen zählen alle sozialen Tatbestände, die die Einstellung der im Produktionsprozeß eingesetzten Arbeitskräfte zu ihrer Tätigkeit beeinflussen. So kann z.B. die politische Organisationsform eines Landes Einfluß auf die Leistungsmotivation der Arbeitenden haben. Arbeitskräfte bestimmter beruflicher Qualifikation erbringen unter sozialistischen Produktionsverhältnissen möglicherweise andere Leistungen als unter kapitalistischen, selbst wenn sie in gleichem Umfang mit Produktionsmitteln versehen sind. Auch ist es denkbar, daß die Motivation der Menschen zu Arbeit und Leistung von ihrer Religionszugehörigkeit beeinflußt wird und sich dadurch von Region zu Region andere Beziehungen zwischen Input und Output ergeben.

Unter den sachlichen Produktionsbedingungen sind alle vom Menschen nicht beeinflußbaren Gegebenheiten zu verstehen, unter denen sich der Produktionsprozeß vollzieht. Dazu gehören die klimatischen Verhältnisse, z.B. die durchschnittliche Temperatur und die Zahl und Verteilung der Regentage in einem Jahr. Sie sind u.a. für das Produktionsergebnis des landwirtschaftlichen Sektors von wesentlicher Bedeutung. Zu den sachlichen Produktionsbedingungen gehört auch die geologische Beschaffenheit des Landes. Wo beispielsweise Kohle im Tagebau gewonnen werden kann, ist zur Erzeugung einer bestimmten Menge wahrscheinlich weniger Arbeit und Kapital notwendig als in einem Land, dessen Kohlenflöze 1000 m und mehr unter der Erdoberfläche liegen.

Man könnte die Forderung aufstellen, daß *alle* gesellschaftlichen und sachlichen Produktionsbedingungen explizit in die Produktionsfunktion aufzunehmen seien. Die Erfassung aller dieser – oft schwer quantifizierbaren – Tatbestände würde die Produktionsfunktion jedoch unhandlich und für viele Zwecke untauglich werden lassen. Für die meisten Zwecke genügt es zu wissen, daß die Art des Zusammenhanges zwischen Produktionsergebnis und Faktoreinsätzen von diesen Größen bestimmt wird. So wird auch im folgenden darauf verzichtet, die erwähnten Sachverhalte explizit als Bestimmungsgrund der Produktionsmenge in der Produktionsfunktion zu erfassen. Dieser Verzicht bedeutet, daß die Beziehung zwischen Input und Output von Land zu Land je nach den klimatischen und geologischen Gegebenheiten der Länder, je nach der Organisation des gesellschaftlichen Lebens, je nach der Religionszugehörigkeit usw. anders sein wird.

d) Hiermit ist die Bedeutung des Begriffs der Produktionsfunktion in groben Zügen umrissen. Es bleibt zu klären, was unter einer *aggregierten* Produktionsfunktion zu verstehen ist. Aus dem Wort folgt bereits, daß es hier um die Beziehungen zwischen Input- und Outputaggregaten geht. Eine Volkswirtschaft, ein bestimmter Sektor der Volkswirtschaft, ja häufig sogar ein einzelnes Unternehmen produziert eine Vielzahl unterschiedlicher Güter mit zahlreichen Produktionsfaktoren verschiedener Art und Qualität. Es ist unpraktikabel, sie alle einzeln in die Produktionsfunktion zu übernehmen. Sie werden deshalb aggregiert, d.h. die produzierten Güter und sinnvoll voneinander abgegrenzte Gruppen von Inputs werden jeweils durch eine Zahl, einen bestimmten Index, dargestellt, und die Indizes werden als Variable in die Produktionsfunktion übernommen. Es ist nicht leicht anzugeben, wie die Aggregate definiert und wie die Maßindizes konstruiert werden sollen. Vielfältige Probleme entstehen bei der Beantwortung dieser Fragen.

Auf der Outputseite erfordern zwei Probleme besondere Beachtung. Das erste besteht in der Definition des Outputs und soll anhand des aggregierten Outputs eines ganzen Landes verdeutlicht werden. Man könnte die Ansicht vertreten, die gesamte Produktion der Volkswirtschaft während einer Periode sei zu erfassen, also die Bruttoproduktion aller Erzeuger während einer Periode. Diese Produktion besteht aus Rohstoffen, Halbwaren und Fertigwaren. Sieht man einmal von der Erhöhung der Rohstoffläger ab, so dienen Rohstoffe und Halbwaren der Erzeugung der Fertigprodukte. Was für die Rohstoff- und Halbwarenhersteller Produktionsergebnis ist, dient den Erzeugern von Fertiggütern als Input. Diese zwischen den Unternehmen gehandelten, in die

Endprodukte eingehenden Güter werden als *Vorleistungen* oder *Zwischenprodukte* bezeichnet. Wegen der Existenz dieser Vorleistungen ist die Bruttoproduktion aller Erzeuger nicht gleich der Gütermenge, die der Volkswirtschaft in dem betrachteten Zeitraum netto neu zufließt; sie sagt nichts über die Güterversorgung der Wirtschaft aus. Aus diesem Grunde ist es nur bei einer sehr begrenzten Zahl von Fragestellungen sinnvoll, sie als Outputgröße in die Produktionsfunktion einzusetzen.

Die der Volkswirtschaft pro Periode *netto* neu zufließende Gütermenge ist gleich der Differenz aus der Bruttoproduktion und der Gütermenge, die bei der Produktion anderer Güter eingesetzt wird. Diese Differenz wird als *Bruttosozialprodukt* bezeichnet und könnte als Output in die Produktionsfunktion aufgenommen werden.

Da im Zuge des Produktionsprozesses die eingesetzten Kapitalgüter zum Teil verschlissen werden, spiegelt die Summe der neu hergestellten Güter nicht das bei der Produktion erzielte Einkommen wider. Dieses ergibt sich erst, wenn man den Kapitalgüterverschleiß, die Abschreibungen, vom Bruttosozialprodukt subtrahiert. Man erhält dann das *Nettosozialprodukt*, das ebenfalls als Outputaggregat in die Produktionsfunktion eingehen könnte. In Teilen der Literatur wird das Brutto- in anderen Teilen das Nettosozialprodukt als volkswirtschaftlicher Output übernommen. Ein einheitliches Vorgehen gibt es nicht (und kann es auch nicht geben), weil es je nach Fragestellung zweckmäßiger ist, die eine oder andere Größe in die Funktion einzusetzen. Das gilt auch für die Ausführungen in diesem Lehrbuch. Bei der Diskussion der jeweiligen Probleme wird stets angegeben, welche Größe ausgewählt wird.

Das Sozialprodukt setzt sich aus sehr heterogenen Bestandteilen zusammen. Es besteht aus Gütern unterschiedlicher Art und Verwendung. Es ist nicht ohne weiteres möglich, diese zahllosen Güter durch eine einzige homogene Größe X, das Sozialprodukt, zu ersetzen. Damit ist das zweite Problem, das sogenannte *Aggregationsproblem*, aufgeworfen: Wie lauten die Bedingungen, unter denen aggregiert werden darf, und sind sie in der Wirklichkeit als erfüllt anzusehen? Die Wissenschaft hat auf diese Frage, die erst in Kapitel 8 am Schluß des Buches näher diskutiert werden wird, noch keine befriedigende Antwort gegeben. Einige Bedingungen für die Aggregierbarkeit wurden abgeleitet, andererseits wurde aber auch gezeigt, daß in vielen Fällen eine Aggregation nicht möglich ist. Die endgültige Lösung des Aggregationsproblems steht noch aus. Diese Tatsache wird von vielen Ökonomen als so gravierend angesehen, daß sie die Verwendung aggregierter Produktionsfunktionen für unzulässig halten.

Auch im Hinblick auf die Produktionsfaktoren, durch deren Zusammenwirken neue Güter entstehen, wirft die Aufstellung einer aggregierten Produktionsfunktion mehrere Probleme auf. Das erste Problem besteht darin, die Produktionsfaktoren in sinnvollen Gruppen zusammenzufassen. Es wäre unübersichtlich und wenig zweckmäßig, alle in die Produktion eingehenden Güter und Dienstleistungen einzeln nach Art und Menge in der Produktionsfunktion aufzuführen. Folgt man dem Vorgehen der klassischen Nationalökonomie, so werden die Produktionsfaktoren zu den drei großen Gruppen Arbeit, Kapital und Boden zusammengefaßt. Die erste von ihnen, die *Arbeit*, ist verhältnismäßig leicht von den beiden anderen abzugrenzen. Sie umfaßt alle im Produktionsprozeß ausgeübten menschlichen Tätigkeiten. In einer gesamtwirtschaftlichen Produktionsfunktion ist also die am Fließband geleistete Arbeit ebenso enthalten wie die Arbeit eines Friseurs oder Generaldirektors.

Unter dem *Kapital* im produktionstheoretischen Sinn versteht man alle im Produktionsprozeß eingesetzten dauerhaften Güter, die selbst produziert worden sind. Dazu zählen z.B. das Fließband sowie alle anderen in einem Unternehmen eingesetzten Maschinen, die Haarschneidemaschine des Friseurs sowie der Schreibtisch des Generaldirektors.

Den dritten Produktionsfaktor schließlich bildet der *Grund und Boden* in seinen verschiedenen Verwendungen. Das Ackerland des Landwirts ist ebenso unter diesen Begriff zu fassen wie das Grundstück, auf dem ein Industriebetrieb steht.

Zwischen den Produktionsfaktoren Kapital und Boden kann zumeist nicht klar unterschieden werden, denn jungfräulicher Grund und Boden ist in den modernen Industriestaaten kaum noch anzutreffen. Zumeist ist er in einer Weise bearbeitet, daß er dem Kapital als produziertem Produktionsmittel gleichzusetzen ist. Wenn nicht spezifische mit dem Einsatz von Grund und Boden zusammenhängende Probleme behandelt werden sollen, erscheint es gerechtfertigt, ihn dem Kapital zuzuschlagen. Man gelangt so zu der Zweiteilung der Produktionsfaktoren in menschliche Arbeit und Kapital (sachliche Produktionsmittel), von der auch in diesem Buch größtenteils ausgegangen wird.

Wie auf der Outputseite gibt es auch bei den Inputs das Aggregationsproblem. In der Produktionsfunktion erscheinen Arbeit und Kapital als homogene Größen. Diese Homogenität ist jedoch in der Realität nicht gegeben. Im Produktionsprozeß werden Arbeitskräfte, Kapitalgüter und Böden ganz unterschiedlicher Qualität und Art eingesetzt. Ihre Aggregation erscheint zumindest so problematisch wie die der mit ihnen produzierten Güter. Im Kapitel 8 wird näher auf diese Probleme eingegangen.

Bei der Behandlung der Produktionsfaktoren ist ein weiteres Problem zu lösen. Die Messung des Faktoreinsatzes verursacht nämlich Dimensionsschwierigkeiten, die auf der Outputseite nicht entstehen. Während die Produktionsmenge zweifellos eine Strömungsgröße ist, nämlich die Dimension Menge pro Zeiteinheit hat, kann bei den Inputs nicht ohne weiteres angegeben werden, ob sie als Strömungs- oder Bestandsgrößen in die Produktionsfunktion eingehen sollten. Der Arbeitseinsatz kann z.B. durch die Zahl der Arbeitskräfte, aber auch durch die Zahl der pro Periode geleisteten Arbeitsstunden gemessen werden. Die Zahl der Arbeiter wird in einem Zeitpunkt gemessen, ist also eine Bestandsgröße, während die Arbeitsstunden pro Periode eine Strömungsgröße sind. Zur Lösung des Problems muß man sich vergegenwärtigen, daß nicht der Bestand an Arbeit (also die Zahl der Arbeitskräfte) für die produzierbare Gütermenge maßgeblich ist, sondern der Strom von Leistungen, die er abgibt. Dieser besteht in der Zahl der geleisteten Arbeitsstunden. Somit wäre das Aggregat aus den geleisteten Arbeitsstunden verschiedener Art und Qualität in die Funktion aufzunehmen. Unter einer Voraussetzung kann jedoch auch das Aggregat aus den Beständen verschiedener Arbeitsarten in die Funktion eingesetzt werden: Zwischen der jeweiligen Bestands- und Strömungsgröße muß eine eindeutige funktionale Beziehung bestehen. In diesem Fall kann man jedem Bestand die von ihm abgegebene Leistung zuordnen und deshalb die Leistungsabgabe durch den Bestand selbst messen.

Das gleiche Problem stellt sich bei dem Produktionsfaktor Kapital in komplizierterer Weise. Grundsätzlich gilt auch hier, daß die Leistungsabgabe des Kapitalbestandes das Maß für den Beitrag des Kapitals zum Output ist und als Argument in die Produktionsfunktion aufzunehmen ist. Die Ansichten darüber, wie diese Leistungsabgabe zu messen ist, gehen jedoch auseinander. Von einigen Autoren wird die Auffassung vertreten, daß als Faktoreinsatz der Verschleiß des Kapitals anzusehen sei, denn in Höhe dieses Verschleißes gehe das Kapital in die Produktion des Gutes ein und in Höhe des Verschleißes verringere sich die vorhandene Kapitalmenge. Da der Verschleiß durch die Abschreibungen gemessen wird, sollten sie als Input in der Produktionsfunktion erscheinen. Von diesem Standpunkt aus gesehen, ist es – um es drastisch zu formulieren – nur ein unglückseliger Umstand, daß Maschinen und andere Kapitalgüter in den Fabriken herumstehen müssen; der Kapitalbestand ist nicht so wichtig, es kommt auf den Verbrauch, den Verschleiß, an. Nach dieser Formulierung hätte der Kapitalstock selbst keinen Zweck zu erfüllen. Um einen Produktionsprozeß kapitalintensiver zu machen, kommt es bei dieser Sicht – so kann man überspitzt argumentieren – nur darauf an, die Abschreibungen zu erhöhen – ein offenbar unsinniger Gedanke. Er beruht auf einer Verwechslung von Ursache und Folge. Daß der Kapitalstock im Produktionsprozeß Leistungen abgibt, ist die Ursache. Ein mehr oder minder großer Verschleiß des Kapitalstocks ist die Folge. Deshalb ist die Vorstellung wenig sinnvoll, eine Erhöhung der Produktionsmenge durch eine Zunahme des Verschleißes bzw.

die ihm entsprechenden Abschreibungen erreichen zu können. Die Ungeeignetheit des Verschleißes als Maß für die Leistungsabgabe des Kapitals wird vollends deutlich, wenn man den Grund und Boden in die Überlegungen einbezieht. Der „Verschleiß“ ist hier gleich null, so daß im Widerspruch zu den Tatsachen der Boden keinen Beitrag zum Output liefern würde, wenn man seine Leistungsabgabe in der genannten Weise messen würde. Die produktive Wirkung von Kapitalgütern besteht offenbar nicht darin, daß sie verschlissen werden, sondern darin, daß sie im Produktionsprozeß *vorhanden* sind. In Analogie zur Messung des Arbeitseinsatzes wird deshalb der Kapitaleinsatz durch das Produkt aus der Kapitalmenge und der Zeit gemessen, die er pro Periode im Produktionsprozeß eingesetzt wird. Ist die Zeitdauer des Einsatzes eine eindeutige Funktion der Kapitalmenge, so kann diese als Argument in die Produktionsfunktion eingesetzt werden. Damit ist nicht gesagt, daß es beim Kapital keine weiteren Messungsprobleme gäbe. Das Problem, wie der Produktionsfaktor Kapital zu messen und mit welchem Betrag er dann in die Produktionsfunktion übernommen werden muß, ist mit diesen Hinweisen nicht abschließend gelöst.

Bei ökonometrischen Berechnungen von Produktionsfunktionen entsteht ein weiteres Problem, das die unabhängigen Variablen der Produktionsfunktion berührt: Arbeitseinsatz, Produktion und Kapital sind unter konjunkturellen Gesichtspunkten vergleichbar zu machen. Die Zahlen, die man zur Produktion und zur Beschäftigung in den statistischen Handbüchern findet, schwanken in der Regel mit der Konjunktur, nicht in gleicher Weise jedoch der Kapitalstock. Er weist konjunkturelle Bewegungen nur insofern auf, als die Nettoinvestitionen mit der Konjunktur variieren. Daneben ändert sich noch der Ausnutzungsgrad des in den Handbüchern angegebenen Kapitalstocks, weil die vorhandenen Kapitalgüter je nach der konjunkturellen Lage mehr oder weniger stark genutzt werden. Nur der ausgenutzte Kapitalstock kann mit der statistisch ausgewiesenen Produktion in Zusammenhang gebracht werden.

Um die Vergleichbarkeit zwischen Input und Output wieder herzustellen, hat man zwei Möglichkeiten. Einmal schätzt man den Ausnutzungsgrad des Kapitalstocks und multipliziert damit den Kapitalbestand. Man erhält dann den ausgenutzten Kapitalbestand, der dem Output und der Beschäftigung „angepaßt“ ist, und übernimmt ihn in die Produktionsfunktion. Zum anderen kann man Produktion und Beschäftigung dem Kapital „vergleichbar“ machen, indem man sie entsprechend erhöht. Das ist bei der Beschäftigung relativ einfach, weil sich die potentielle Arbeitskraft ergibt, wenn man zu den tatsächlich Beschäftigten die Arbeitslosen addiert. Die potentielle Produktion läßt sich dagegen schwerer bestimmen, da man den Funktionalzusammenhang zwischen Input und Output noch nicht kennt. Annäherungsweise kann man jedoch ein Ergebnis erzielen, indem man zunächst bestimmt, wie in der Vergangenheit die Produktion mit Änderungen der Arbeitslosenquote geschwankt hat. Die aus der Regressionsanalyse gewonnenen Parameter überträgt man auf die Gegenwart und bestimmt dann mit Hilfe der tatsächlichen Arbeitslosenquote das potentielle Sozialprodukt.

Welche von den beiden Möglichkeiten gewählt wird, hängt von der theoretischen Fragestellung ab. Will man die Entwicklung des Produktionspotentials, des sog. „potential", erklären, hat man den vorhandenen Kapitalbestand und das Arbeitskräftepotential in die Funktion als Argument zu übernehmen. Das geschieht sehr häufig in der Wachstumstheorie. Interessiert man sich dagegen für die tatsächliche Produktionshöhe, so hat man den ausgenutzten Kapitalbestand und die Beschäftigten in die Funktion einzusetzen.

Literaturhinweise zum 1. Kapitel

Brown, M.: On the Theory and Measurement of Technological Change. Cambridge 1968, 9–12.

Carlson, S.: A Study on the Pure Theory of Production. New York 1956, Chapters I, II.

Georgescu-Roegen, N.: The Economics of Production. American Economic Review (Papers and Proceedings) **60** (1970), 1–9.

Haavelmo, T.: A Study in the Theory of Investment. Chicago 1960, Abschnitte II 14, II 16, II 17.

Krelle, W.: Produktionstheorie. 2. Aufl. Tübingen 1970, Kap. I, Kap. II, 1.–4. Abschnitt.

Salter, W.E.G.: Productivity and Technical Change. Second Edition. Cambridge 1966, Chapter II.

Schumpeter, J.: History of Economic Analysis. Oxford 1954; deutsch: Geschichte der ökonomischen Analyse. Göttingen 1965, Kap. 7, Abschnitt 8.

2. Die vier wichtigsten Eigenschaften der Produktionsfunktion

Die Produktionsfunktion mit den Faktormengen A (Arbeit) und K (Kapital) läßt sich in allgemeiner Form wie folgt schreiben:

$$X = F(A, K). \tag{2.1}$$

Dabei ist X die mit A und K maximal produzierbare Gütermenge. Aus der Gleichung (2.1) ist ersichtlich, *daß* ein Zusammenhang zwischen dem Output X und den beiden Inputs A und K existiert. Es ist jedoch nichts darüber ausgesagt, *wie* dieser Zusammenhang aussieht, d.h. welche Eigenschaften die Funktion F besitzt. Die Eigenschaften der Produktionsfunktion ergeben sich aus den Antworten auf folgende vier Fragen:

Die erste Frage gilt der *Effizienz* der Faktoreinsatzmengen, der sogenannten totalen Faktorproduktivität. Die Produktionsfunktion soll angeben, ob der Einsatz bestimmter Faktormengen zu einem mehr oder weniger hohen Produktionsergebnis führt.

Zweitens wird gefragt, ob eine vorgegebene Produktionsmenge $X = \bar{X}$ mit nur einer Faktormengenkombination herstellbar ist oder ob zwischen verschiedenen Kombinationen gewählt werden kann. Eingeschlossen ist die Frage, wie bei Veränderungen der Einsatzmenge eines Faktors diejenige des anderen zu variieren ist, damit das Produktionsergebnis auf der vorgegebenen Höhe bleibt. Dies ist die Frage nach den *Substitutionsmöglichkeiten* im Produktionsprozeß.

Die dritte Frage gilt der Beziehung zwischen den (noch zu definierenden) Grenzproduktivitäten von Arbeit und Kapital und den Einsatzmengen bzw. dem Einsatzmengenverhältnis der Produktionsfaktoren. Dies ist die sogenannte *Faktorintensitätsfrage*.

Viertens muß die Produktionsfunktion angeben, um welchen Prozentsatz sich die Produktionsmenge bei proportionaler Faktorvariation ändert, d.h. dann ändert, wenn der Einsatz beider Faktoren um denselben Prozentsatz steigt bzw. sinkt. Gleichwertig ist die Frage, wie groß eine proportionale Änderung beider Faktormengen sein muß, damit die Produktion um einen bestimmten Prozentsatz steigt. Mit dieser Frage ist die Bedeutung der *Skaleneffekte* für den Produktionsprozeß angesprochen. Im folgenden werden die genannten vier Fragen nacheinander behandelt (Kapitel 2.1 bis 2.4).

2.1 Totale Faktorproduktivität (globale Produktivität) und Produktionsfunktion

Eine Antwort auf die Frage nach dem Zusammenhang zwischen Input und Output und zwischen den eingesetzten Produktionsfaktoren untereinander läßt sich dann gewinnen, wenn man die Produktionsfunktion aufzuzeichnen versucht. Dabei sind alle mit der Produktionsfunktion verbundenen Probleme zu durchdenken. Bei der geometrischen Darstellung trägt man auf den Achsen eines rechtwinkligen Koordinatensystems die eingesetzten Mengen der beiden Inputvariablen Arbeit und Kapital ab.

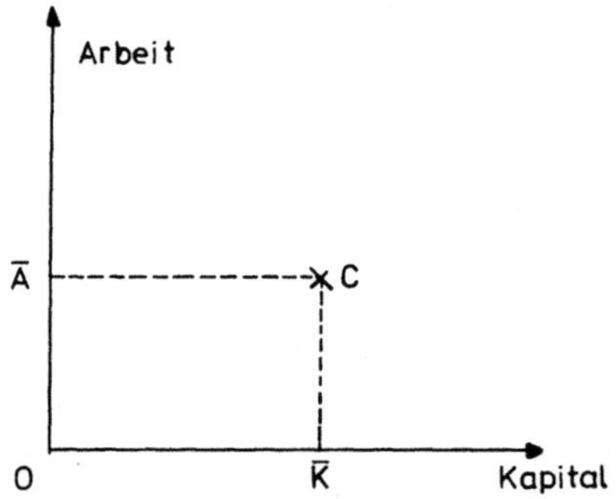

Abb. 2.1

In der Abbildung 2.1 ist auf der Abszisse eine vorgegebene Kapitalmenge $\bar{K}$ und auf der Ordinate eine vorgegebene Arbeitsmenge $\bar{A}$ abgetragen. Der Produktionspunkt ist somit *C*. Die oben angeführte erste Frage lautet im Hinblick auf diesen Produktionspunkt:

Wie hoch ist die Produktionsmenge, die der Faktormengenkombination $(\bar{A}, \bar{K})$ zuzuordnen ist? Wenn *C* zugleich der Faktorausstattungspunkt einer Volkswirtschaft ist, d.h. die Faktormengen darstellt, die einem Land innerhalb einer Periode für die Produktion insgesamt zur Verfügung stehen, würde dies die Frage nach der Höhe des maximal erreichbaren realen Sozialprodukts sein. Doch ist diese Interpretation für das Problem nicht wesentlich; *C* kann ebenso den Faktoreinsatz in einer Branche repräsentieren, und das Ziel ist dann die Bestimmung des Index der Produktion dieser Branche.

Die maximal erreichbare reale Produktion in einem Land oder einer Branche hängt bei gegebenen Faktormengen davon ab, wie produktiv die eingesetzten Arbeitskräfte und der Kapitalapparat sind. Je höher die Qualifikation der eingesetzten Arbeitskräfte und je leistungsfähiger der Kapitalstock sind, desto mehr kann mit ihnen produziert werden und umso effizienter ist eine bestimmte Kombination der Produktionsfaktoren. Die Leistungsfähigkeit von

Faktormengenkombinationen, die durch Punkte wie C angegeben werden, kann durch das Verhältnis des produzierbaren Outputs zu einem Index des gesamten, aus Arbeit und Kapital bestehenden Inputs gemessen werden. Man nennt diesen Quotienten die *totale Faktorproduktivität* oder die globale Produktivität der Produktionsfaktoren. Angaben über seine Größe muß die Produktionsfunktion implizit oder explizit machen, damit dem Produktionspunkt C ein bestimmter Output $X = \bar{X}$ zugeordnet werden kann. Geschieht das explizit, nennt man den Parameter, mit dem die globale Faktorproduktivität festgelegt wird, den *Effizienzparameter*, weil durch ihn die Effizienz, d.h. die Leistungsfähigkeit der Produktionsfaktoren angegeben wird. In einigen der herkömmlich verwendeten spezifizierten Produktionsfunktionen ist seine Höhe der Warenmenge gleich, die bei Einsatz von je einer Mengeneinheit der Produktionsfaktoren hergestellt werden kann. Wenn die totale Faktorproduktivität bekannt ist, kann die Produktionsmenge festgelegt werden, die dem Punkt C entspricht. Sie wird im folgenden mit $\bar{X}$ bezeichnet.

2.2 Substitutionsmöglichkeiten und Produktionsfunktion

Wenn bekannt ist, welchen Output eine bestimmte Kombination der Produktionsfaktoren maximal hervorbringt, stellt sich die Frage, welche weiteren Kombinationen von Faktoreinsatzmengen es gibt, mit denen die gleiche Produktionsmenge $X = \bar{X}$ wie im Punkt C (Abb. 2.1) erreicht werden kann. Dies ist die Frage nach dem geometrischen Ort aller Kombinationen von Arbeit und Kapital, die der Bedingung

$$F(A, K) = \bar{X} = \text{const.} \tag{2.2}$$

genügen. Die Produktionsfunktion gibt jetzt den Zusammenhang zwischen den beiden Inputs bei vorgegebenem Output an. Die graphische Darstellung des Zusammenhanges im Arbeit-Kapital-Diagramm ergibt eine Kurve durch den Punkt C. Man nennt diese Kurve eine *Isoquante* oder eine Isoproduktkurve, weil sie für gleiche (iso) Mengen (quanten) gilt. *Eine Isoquante ist also als geometrischer Ort aller Mengenkombinationen der Produktionsfaktoren definiert, mit denen die gleiche Produktionsmenge hergestellt werden kann.*

2.2.1 Die Isoquante bei nur einem Prozeß

Bei der Konstruktion der Isoquante für $X = \bar{X}$ ist zu prüfen, ob das herrschende technische Wissen die Verwendung nur eines einzigen Prozesses oder mehrerer Prozesse zuläßt.

Unter einem Prozeß versteht man ein Herstellungsverfahren, das durch eine bestimmte Faktorintensität charakterisiert ist. Dabei ist die Faktorintensität gleich dem Verhältnis der zur Herstellung der jeweiligen Gütermenge notwendigen Mindesteinsatzmengen der Produktionsfaktoren. Alle Punkte mit übereinstimmender Faktorintensität liegen auf einem Ursprungsstrahl des (A, K)-Diagramms, der *Prozeßstrahl* genannt wird.

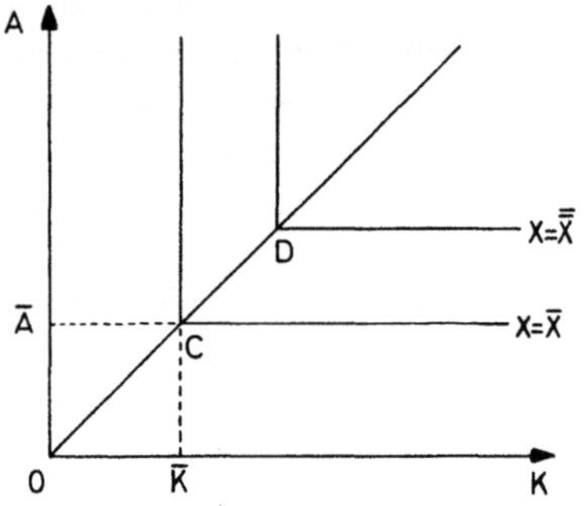

Abb. 2.2

Ist nur ein einziger Prozeß vorhanden, so gibt es nur eine Kombination C (Abb. 2.2) der Produktionsfaktoren, mit der die Menge $\bar{X}$ effizient produziert werden kann. Die mindestens notwendigen Einsatzmengen der Faktoren stehen in eindeutiger Relation zum Output. Die Produktion von $X = \bar{X}$ erfordert sowohl einen bestimmten Mindesteinsatz an Arbeit als auch einen bestimmten Mindesteinsatz an Kapital, die durch die Technik festgelegt werden. Es kann weitere Kombinationen der Produktionsfaktoren geben, die zu dem gleichen Output wie im Produktionspunkt C führen. Sie sind jedoch ineffizient, stellen also nicht die *mindestens* notwendigen Faktormengen dar. Die Lage dieser Punkte ergibt sich aus den folgenden Überlegungen:

Wenn man von C ausgeht und bei konstantem Arbeitseinsatz mehr Kapital einsetzt, d.h. wenn man sich auf dem von C ausgehenden Strahl parallel zur Kapitalachse nach rechts bewegt, so kann der Output trotzdem nicht erhöht werden. Die vorhandene Menge des Faktors Arbeit limitiert aus technischen Gründen die Produktion. Wird andererseits von C aus die eingesetzte Arbeitsmenge bei konstanter Kapitalmenge erhöht, kann der Output ebenfalls nicht steigen, weil jetzt das Kapital limitierend wirkt. Wegen dieser Eigenschaft nennt man die Produktionsfaktoren *limitational*. Die Isoquante besteht aus dem Punkt C (dem sogenannten Prozeßpunkt) und zwei von C aus nach rechts bzw. nach oben weisenden achsenparallelen „Ästen". Die Isoquante hat einen Knick, sie ist rechtwinklig („L-förmig") mit dem rechten Winkel in C (Abb. 2.2). Soll effizient produziert werden, so muß die *Kapitalintensität*, d.h. das Verhältnis der eingesetzten Kapital- zur eingesetzten Arbeitsmenge, gleich dem Tangens des Winkels $\bar{A}OC$ sein. Wird ein Isoquantenpunkt mit abweichender Kapitalintensität gewählt, ist die Produktion ineffizient.

Gibt man weitere, von $\bar{X}$ verschiedene Produktionsmengen vor, können weitere L-förmige Isoquanten abgeleitet werden. Je höher ihr Mengenindex ist, desto weiter liegen sie vom Ursprung des (A, K)-Diagramms entfernt, denn eine größere Produktion erfordert einen höheren Einsatz an Produktionsfaktoren. Der Übersichtlichkeit halber ist in der Abb. 2.2 nur eine weitere Isoquante gezeichnet. Ihr Mengenindex ist $\bar{\bar{X}}$ $(\bar{\bar{X}} > \bar{X})$, und der zugehörige Prozeßpunkt ist D. Die Verbindungslinie aller Prozeßpunkte nennt man *Pareto-Kurve*. Je nach den Eigenschaften der zugrundeliegenden Produktionstechnik kann die Kurve in unterschiedlicher Weise vom Ursprung nach rechts oben verlaufen[1]). Im einfachsten Fall steigt sie linear wie in der Abb. 2.2 und ist mit einem Prozeßstrahl deckungsgleich. Produktionsprozesse mit dieser Eigenschaft heißen *linear-limitational.*

2.2.2 Die Isoquante bei Prozeßsubstitution

Ist – wie in dem gerade behandelten Fall – ein Gut nur im Rahmen eines einzigen Produktionsprozesses herstellbar, gibt es ex definitione keine Möglichkeit der Substitution zwischen effizienten Punkten; es ist unmöglich, die Verringerung der Einsatzmenge eines Faktors durch eine geeignete Vergrößerung der Einsatzmenge des anderen so auszugleichen, daß vor und nach der Substitution dieselbe Gütermenge effizient produziert wird. Bei der kurzfristigen Betrachtung von Produktionsprozessen einzelner Güter mag dieser Mangel an Substitutionsmöglichkeiten anzutreffen sein: Ein Unternehmer, der das Gut X produziert und dazu ein bestimmtes Produktionsverfahren verwendet, kann nicht in beliebig kurzer Zeit seinen Betrieb so umrüsten, daß dieselbe Produktionsmenge mit anderen Faktoreinsätzen herstellbar ist. Bei der Untersuchung des gesamtwirtschaftlichen Produktionsprozesses und hier besonders bei langfristiger Betrachtung ist jedoch die Substituierbarkeit der realistischere Fall. Das in einem bestimmten Zeitpunkt vorhandene technische und organisatorische Wissen der Gesellschaft läßt in der Regel die Wahl zwischen mehreren effizienten Kombinationsmöglichkeiten der Produktionsfaktoren zu. Es gibt nicht nur einen Prozeß der beschriebenen Art sondern mehrere, im Grenzfall unendlich viele. Die Frage nach der Anzahl der verfügbaren Prozesse soll hier nicht beantwortet werden. Es wird daher sowohl das Aussehen der Iso-

[1]) Vgl. dazu Kapitel 5.6 im zweiten Band.

quante bei einer endlichen Anzahl als auch bei einer unendlichen Anzahl von Prozessen untersucht. Zunächst wird der einfache Fall unterstellt, daß zwischen nur zwei limitationalen Prozessen gewählt werden kann. Der Prozeß 1 möge zur Produktion der Menge $X_1 = \bar{X}$ mindestens die Arbeitsmenge $\bar{A}_1$ und die Kapitalmenge $\bar{K}_1$ benötigen, während im Prozeß 2 die Arbeitsmenge $\bar{A}_2$ und die Kapitalmenge $\bar{K}_2$ zur Produktion derselben Menge $X_2 = \bar{X}$ eingesetzt werden müssen[2]). In die Abbildung 2.3 sind die zugehörigen effizienten Punkte C_1 und C_2 eingezeichnet worden. Dabei wurde unterstellt, daß der Prozeß 1 zur Herstellung der Menge $\bar{X}$ mehr Arbeit und weniger Kapital benö-

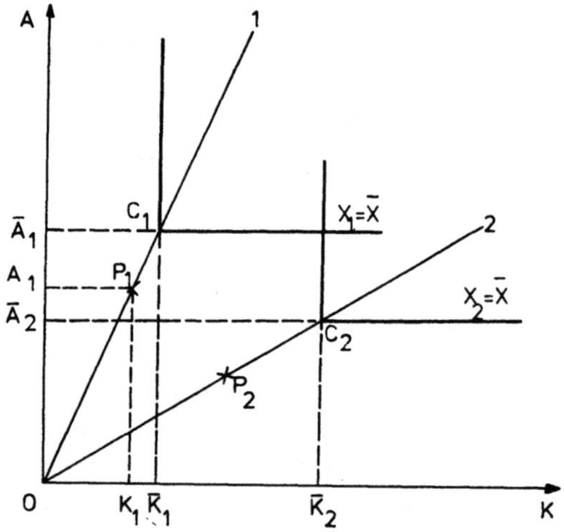

Abb. 2.3

tigt als der Prozeß 2. Die Produktion im Punkt C_2 ist also kapitalintensiver (weniger arbeitsintensiv) als im Punkt C_1. Der Übergang vom Punkt C_1 zum Punkt C_2 stellt einen Substitutionsvorgang dar: Bei einer Senkung des gesamtwirtschaftlichen Arbeitseinsatzes um $\Delta A = \bar{A}_1 - \bar{A}_2$ kann die Produktion der Menge $\bar{X}$ nur aufrechterhalten werden, wenn der Kapitaleinsatz um $\Delta K = \bar{K}_2 - \bar{K}_1$ gesteigert und außerdem vom Prozeß 1 zum Prozeß 2 übergegangen wird. Man kann die Punkte C_1 und C_2 als Punkte einer Isoquante ansehen, einer Linie also, die – wie oben definiert wurde – alle Kombinationen von Faktormengen aufzeigt, welche die Herstellung der Gütermenge $X = \bar{X}$ gestatten. C_1 und C_2 sind nicht die einzigen Punkte dieser Isoquante. Der Ermittlung weiterer Punkte dient die folgende Überlegung:

[2]) Die hier und im folgenden verwendeten Suffices geben an, mit welchem Prozeß das Gut produziert wird.

Mit dem Produktionsprozeß 1 können auch andere Gütermengen als $\bar{X}$ produziert werden. So läßt sich mit geringeren Faktormengen im Rahmen des durch den Fahrstrahl OC_1 gekennzeichneten Prozesses die Gütermenge $X_1 < \bar{X}$ und mit größeren Faktormengen die Gütermenge $X_1 > \bar{X}$ herstellen. Bezieht man die tatsächlich erzeugte Menge X_1 auf $\bar{X}$, erhält man den Quotienten $\lambda_1 = X_1/\bar{X}$, der X_1 als Bruchteil $(0 < \lambda_1 < 1)$ oder das Vielfache $(\lambda_1 > 1)$ dessen angibt, was mit den Faktormengen $(\bar{A}_1, \bar{K}_1)$ produziert wird. $X_1 = 1/2\, \bar{X}\, (\lambda_1 = 1/2)$ bedeutet zum Beispiel, daß mit dem Prozeß 1 ein Output erzeugt wird, der halb so groß ist wie der Output auf der gesuchten Isoquante, während $\lambda_1 = 2$ bedeuten würde, daß der mit dem Prozeß 1 hergestellte Output doppelt so groß ist wie $\bar{X}$. Auf dieselbe Weise läßt sich die mit Hilfe des zweiten, durch den Fahrstrahl OC_2 (Abb. 2.3) gekennzeichneten Produktionsprozesses tatsächlich hergestellte Gütermenge X_2 als Bruchteil (Vielfaches) von $\bar{X}$ ausdrücken. Wird dieser Bruchteil mit λ_2 bezeichnet, dann gilt für den Output des zweiten Prozesses $X_2 = \lambda_2 \cdot \bar{X}$.

Addiert man die Outputs beider Prozesse, ergibt sich die Gesamtproduktion

$$X = X_1 + X_2 = \lambda_1 \bar{X} + \lambda_2 \bar{X} = (\lambda_1 + \lambda_2)\, \bar{X}. \tag{2.3}$$

Je nachdem, ob $(\lambda_1 + \lambda_2) \gtrless 1$ ist, hat man einen Gesamtoutput X, der $\bar{X}$ über- oder unterschreitet. Gilt $(\lambda_1 + \lambda_2) = 1$, beträgt die Gesamtproduktion genau $\bar{X}$.

Zur Berechnung des jeweiligen Faktorverbrauchs wird der Einfachheit halber angenommen, daß in beiden Prozessen der mindestens notwendige Arbeitseinsatz und der mindestens notwendige Kapitaleinsatz proportional zu den Produktmengen X_1 bzw. X_2 variieren. Da bei Wahl des Produktionsprozesses 1 zur Herstellung der Gütermenge $X_1 = \bar{X}$ die Faktormengen $\bar{A}_1$ und $\bar{K}_1$ benötigt werden, macht die Produktion der Menge $X_1 = \lambda_1 \bar{X}$ wegen der unterstellten Proportionalitätsbeziehung den Einsatz von $A_1 = \lambda_1 \bar{A}_1$ und von $K_1 = \lambda_1 \bar{K}_1$ erforderlich. Entsprechend werden im Rahmen des Produktionsprozesses 2 zur Herstellung von $X_2 = \lambda_2 \bar{X}$ die Faktormengen $A_2 = \lambda_2 \bar{A}_2$ und $K_2 = \lambda_2 \bar{K}_2$ benötigt. Aus diesen Überlegungen folgt, daß $A_1 = (\bar{A}_1/\bar{K}_1) \cdot K_1$ und $A_2 = (\bar{A}_2/\bar{K}_2) \cdot K_2$ ist. Stellt man diese Gleichungen im Arbeit-Kapital-Diagramm dar, erhält man je einen Strahl aus dem Ursprung durch C_1 und C_2. Produktionsprozesse mit der Eigenschaft der Proportionalität zwischen Inputs und Outputs erweisen sich somit als linear-limitational. Einem Punkt wie P_1 in der Abb. 2.3, der die Strecke $\overline{OC}_1$ auf dem Strahl 1 im Verhältnis $\overline{OP}_1/\overline{OC}_1 = \lambda_1$ teilt, entspricht der Arbeitseinsatz $A_1 = \lambda_1 \cdot \bar{A}_1$ und der Kapitaleinsatz $K_1 = \lambda_1 \cdot \bar{K}_1$, so daß in P_1 der Output $X_1 = \lambda_1 \cdot \bar{X} = (\overline{OP}_1/\overline{OC}_1) \cdot \bar{X}$ produziert wird. Ein Punkt P_2, der die Strecke $\overline{OC}_2$ im

Verhältnis $\overline{OP}_2/\overline{OC}_2 = \lambda_2$ teilt, entspricht analog den Faktoreinsätzen $A_2 = \lambda_2 \cdot \bar{A}_2$ und $K_2 = \lambda_2 \cdot \bar{K}_2$ sowie dem Output $X_2 = (\overline{OP}_2/\overline{OC}_2) \cdot \bar{X} = \lambda_2 \cdot \bar{X}$.

Bisher sind λ_1 und λ_2 und damit die Punkte P_1 und P_2 willkürlich gewählt worden. So können die Gesamtproduktion $X_1 + X_2 \gtreqless \bar{X}$ und die Summe $\lambda_1 + \lambda_2 \gtreqless 1$ sein. Da es hier aber um eine Aufteilung der Produktion auf die beiden Prozesse derart geht, daß $X_1 + X_2 = \bar{X}$ ist, dürfen λ_1 und λ_2 und damit P_1 und P_2 nicht willkürlich gewählt werden. Vielmehr haben sie einander so zu entsprechen, daß $\lambda_1 + \lambda_2 = 1$ ist. Wird mit dem einen Prozeß relativ viel produziert, muß mit dem anderen vergleichsweise wenig produziert werden. So gibt es nicht nur ein Paar von Punkten P_1 und P_2, das der Bedingung $X_1 + X_2 = \bar{X}$ entspricht, sondern viele. Addiert man die zu jedem Punktepaar gehörigen Faktormengen und trägt sie in das Arbeit-Kapital-Diagramm ein, erhält man die effizienten Punkte der Isoquante $X = \bar{X}$.

Der geometrische Ort dieser Faktormengenkombinationen wird algebraisch folgendermaßen bestimmt: In den beiden Gleichungen $A = \lambda_1\bar{A}_1 + \lambda_2\bar{A}_2$ und $K = \lambda_1\bar{K}_1 + \lambda_2\bar{K}_2$, die den gesamten Faktoreinsatz angeben, wenn in den Punkten P_1 und P_2 produziert wird, setzt man $\lambda_2 = 1 - \lambda_1$. Nach einigen Umformungen erhält man die Gleichungen $A - \bar{A}_2 = \lambda_1 (\bar{A}_1 - \bar{A}_2)$ und $K - \bar{K}_2 = \lambda_1 (\bar{K}_1 - \bar{K}_2)$. Die Division ergibt

$$(A - \bar{A}_2) / (K - \bar{K}_2) = (\bar{A}_1 - \bar{A}_2) / (\bar{K}_1 - \bar{K}_2). \tag{2.4}$$

Dies ist die aus der Schulmathematik bekannte Zweipunkteform der Geraden durch C_1 $(\bar{K}_1, \bar{A}_1)$ und C_2 $(\bar{K}_2, \bar{A}_2)$. Für $\lambda_1 = 1$ $(\lambda_2 = 0)$ und $\lambda_1 = 0$ $(\lambda_2 = 1)$ erhält man die Punkte C_1 bzw. C_2. Alle anderen Paare von λ_1 und λ_2, die der Bedingung $\lambda_1 + \lambda_2 = 1$ genügen, stellen Punkte auf $\overline{C_1 C_2}$ dar. Die links von C_1 und rechts von C_2 auf der Geraden liegenden Punkte sind nicht relevant, weil sie negative Werte von λ_1 oder λ_2 implizieren[3]).

Das gefundene Ergebnis kann geometrisch bewiesen werden, indem man in Abb. 2.4 ein beliebiges, die Gesamtproduktion $X_1 + X_2 = \bar{X}$ repräsentierendes Punktepaar P_1, P_2 auswählt und zeigt, daß die Annahme, die Addition der benötigten Faktormengen liefere einen Punkt auf $\overline{C_1 C_2}$, zutreffend ist. In Abb. 2.4 teilt der Punkt P_1 die Strecke $\overline{OC}_1$ im Verhältnis $\overline{OP}_1/\overline{OC}_1 = \lambda_1$ und der Punkt P_2 die Strecke $\overline{OC}_2$ im Verhältnis $\overline{OP}_2/\overline{OC}_2 = \lambda_2 = 1 - \lambda_1$. Die Addition der benötigten Faktormengen wird vorgenommen, indem der Schnittpunkt der Parallelen zu $\overline{OC}_2$ durch P_1 mit der Parallelen zu OC_1 durch P_2 be-

---

[3]) Z.B. kann wegen $A - \bar{A}_2 = \lambda_1 (A_1 - \bar{A}_2)$ und wegen $\bar{A}_1 > \bar{A}_2$ nur dann $A < \bar{A}_2$ sein (und somit der gesuchte Punkt auf der Geraden rechts von $\bar{A}_2$ liegen), wenn $\lambda_1 < 0$ ist.

stimmt wird. Man erhält dann den Punkt C. Wenn C auf $\overline{C_1C_2}$ liegt, ist nach dem Strahlensatz $\overline{CC_2}/\overline{C_1C_2} = \overline{OP_1}/\overline{OC_1} = \lambda_1$. Dieses Ergebnis muß mit der Beziehung $\overline{OP_2}/\overline{OC_2} = 1 - \lambda_1$ verträglich sein. Das ist der Fall; denn die nochmalige Anwendung des Strahlensatzes ergibt $\overline{OP_2}/\overline{OC_2} = \overline{C_1C}/\overline{C_1C_2} = (\overline{C_1C_2} - \overline{CC_2})/\overline{C_1C_2} = 1 - \lambda_1$ [4]).

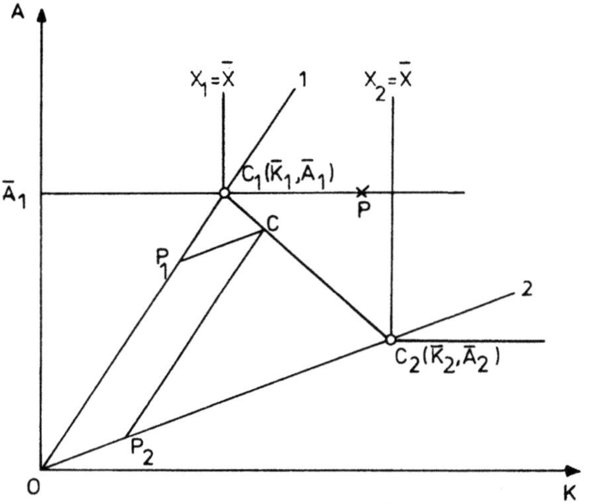

Abb. 2.4

Unter Verwendung dieses Ergebnisses läßt sich der Substitutionsvorgang bei zwei linear-limitationalen Prozessen beschreiben. Wie bisher werden die eingesetzten Faktormengen A und K durch den Punkt C bezeichnet (Abb. 2.4). Liegt C in C_1, wird nur der Prozeß 1 benutzt, d.h. es ist $\lambda_1 = 1$ und $\lambda_2 = 1 - \lambda_1 = 0$. Wird jetzt Arbeit so durch Kapital substituiert, daß sich C

---

[4]) Die Behauptung, C liege nicht auf $\overline{C_1C_2}$, führt zu einem Widerspruch. Zum Beispiel

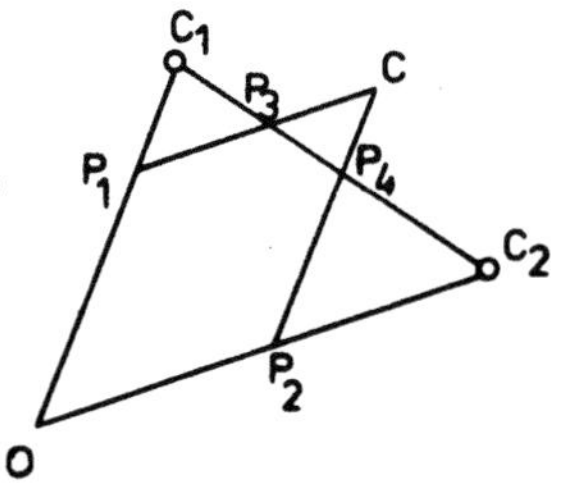

Abb. 2.5

liege C oberhalb von $\overline{C_1C_2}$ (Abb. 2.5). Dann ist nach dem Strahlensatz $\overline{OP_1}/\overline{OC_1} = \overline{C_2P_3}/\overline{C_1C_2} = \lambda_1$. Andererseits ist $\overline{OP_2}/\overline{OC_2} = \overline{C_1P_4}/\overline{C_1C_2} = (\overline{C_1C_2} - \overline{C_2P_3} + \overline{P_3P_4})/\overline{C_1C_2} = 1 - \lambda_1 + \overline{P_3P_4}/\overline{C_1C_2}$, was der Bedingung $\overline{OP_2}/\overline{OC_2} = 1 - \lambda_1$ widerspricht, solange $\overline{P_3P_4} \neq 0$ ist. $\overline{P_3P_4}$ wird aber nur gleich null, wenn C auf $\overline{C_1C_2}$ liegt.

auf $\overline{C_1 C_2}$ nach rechts bewegt, nimmt die Produktionsmenge des relativ arbeitsintensiven Prozesses 1 ab und die des relativ kapitalintensiven Prozesses 2 zu, so daß der Produktionspunkt P_1 auf $\overline{OC_1}$ nach unten und der Produktionspunkt P_2 auf $\overline{OC_2}$ nach oben wandert. Diesen Substitutionsvorgang vermittels Einschränkung des einen und Ausdehnung des anderen Prozesses bezeichnet man als *Prozeßsubstitution.* Ist C in C_2, dem anderen „Extrempunkt", angelangt, so befindet sich auch P_2 in C_2 und P_1 im Ursprung. Es gilt $\lambda_2 = 1$, $\lambda_1 = 0$, nur der zweite Prozeß wird benutzt. Im Intervall $\overline{C_1 C_2}$ ist somit eine kontinuierliche Substitution zwischen den Produktionsfaktoren möglich. Es handelt sich dabei um eine Substitution zwischen effizienten Punkten, denn es ist nicht möglich, die Produktion aufrecht zu erhalten, wenn bei Konstanz der Einsatzmenge eines Faktors die Menge des anderen reduziert wird. Vielmehr muß die Abnahme der Einsatzmenge des einen Faktors durch eine entsprechende Zunahme der Menge des anderen Faktors ausgeglichen werden. Aus der Abb. 2.4 ist zu ersehen, daß die Äste der Isoquante für $X_1 = \bar{X}$ bzw. $X_2 = \bar{X}$, die innerhalb des von den beiden Prozeßstrahlen eingeschlossenen Gebietes liegen, jetzt nicht mehr nur in dem Sinne ineffizient sind, daß von einem der Produktionsfaktoren weniger eingesetzt werden könnte, ohne den Output zu verändern, sondern es können beide Inputs verringert werden, ohne daß sich X ändert. Beispielsweise repräsentiert der Punkt C eine Kombination der beiden Prozesse, die sowohl weniger Arbeit als auch weniger Kapital benötigt als die Produktion mit dem Prozeß 1 im Punkt P.

Für die Isoquantenäste, die außerhalb dieses Gebietes liegen, trifft das nicht zu. Sie sind zwar ebenfalls ineffizient, jedoch kann nur ein Faktor, entweder Arbeit oder Kapital, vermindert eingesetzt werden. Sie werden als Bestandteil der Isoquante für $X = \bar{X}$ angesehen, so daß die vollständige Darstellung der Isoquante bei zwei linear-limitationalen Prozessen aus einer zweifach geknickten Linie besteht, deren „Knicke" auf den Prozeßstrahlen liegen.

Abschließend soll ein Einwand dargestellt werden, den man gegen eine der Voraussetzungen dieser Ableitung erheben kann. Es wurde unterstellt, daß der Prozeß 1 einen höheren Kapitaleinsatz und einen niedrigeren Arbeitseinsatz als der Prozeß 2 benötigt, wenn die Menge $\bar{X}$ mit nur einem Prozeß hergestellt wird. Es ist zu prüfen, ob die Ableitung auch dann noch gilt, wenn C_2 nicht rechts unterhalb, sondern links unterhalb von C_1 liegt. In Abb. 2.6 ist dazu ein Beispiel gezeigt. In diesem Fall würde der Prozeß 1 sowohl mehr Arbeit als auch mehr Kapital zur Produktion der Menge $X = \bar{X}$ benötigen als der Prozeß 2. Auch alle Kombinationen der Prozesse erfordern von beiden Faktoren mehr als die alleinige Verwendung des Prozesses 2. Soll also effizient produziert werden, kommt weder der Prozeß 1 noch eine Kombination der Prozesse in Frage. C_2 stellt den einzigen effizienten Punkt dar, und eine Bewe-

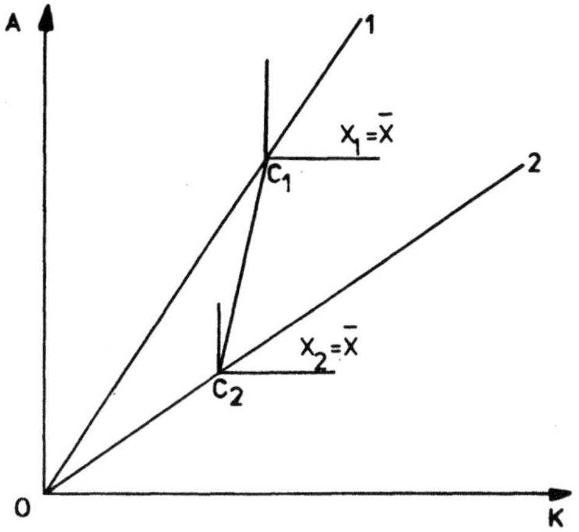

Abb. 2.6

gung auf der Verbindungslinie $\overline{C_1 C_2}$ bedeutet keine ökonomisch sinnvolle Substitution. Da nur effiziente Punkte untersucht werden sollen (vgl. Kapitel 1), kann der Prozeß 1 außerhalb der Betrachtung bleiben.

Die abgeleiteten Eigenschaften der Isoquante bei zwei linear-limitationalen Prozessen können bei der Untersuchung einer die Zahl zwei übersteigenden, aber endlichen Anzahl linear-limitationaler Prozesse nutzbringend verwendet werden. Beispielhaft soll angenommen werden, daß die fünf Produktionsprozesse 1, 2, 3, 4, 5 gewählt werden können (Abb. 2.7). (Die abgeleiteten Ergebnisse sind auf jede andere endliche Anzahl übertragbar.) Bei ausschließlicher Verwendung des Prozesses i ($i = 1, 2, 3, 4, 5$) kann die Produktionsmenge $X = \bar{X}$ hergestellt werden, wenn die durch den Punkt C_i repräsentierten Faktormengen A_i und K_i zur Verfügung stehen. Es ist aber auch möglich, zwei oder mehr Prozesse miteinander zu kombinieren. Wieder soll gefragt werden, wo die effizienten Punkte der Isoquante für $X = \bar{X}$ liegen.

Werden zwei Prozesse i und j ($i, j = 1, 2, 3, 4, 5$) miteinander kombiniert, liegen die Punkte, die den Faktorbedarf anzeigen, auf der Strecke, die den Punkt C_i mit dem Punkt C_j verbindet. Beispielsweise kann $X = \bar{X}$ mit den Prozessen 1 und 2 hergestellt werden, wenn der Faktorausstattungspunkt auf $\overline{C_1 C_2}$ liegt. Man kann aber auch zwei nicht benachbarte Prozesse verwenden. Setzt man nur die Prozesse 1 und 4 (oder 3 und 5) ein, ist $X = \bar{X}$ mit den Faktormengen produzierbar, die durch Punkte auf $\overline{C_1 C_4}$ ($\overline{C_3 C_5}$) dargestellt sind.

Beurteilt man alle denkbaren Kombinationen von je zwei Prozessen mit dem Effizienzkriterium, dann fällt zunächst auf, daß zu jeder Kombination des Prozesses 3 mit einem weiteren Prozeß eine Kombination von zwei anderen Prozessen existiert, die von beiden Faktoren weniger benötigt. Auch die alleinige Verwendung des Prozesses 3 ist ineffizient. Diese Aussage gilt für

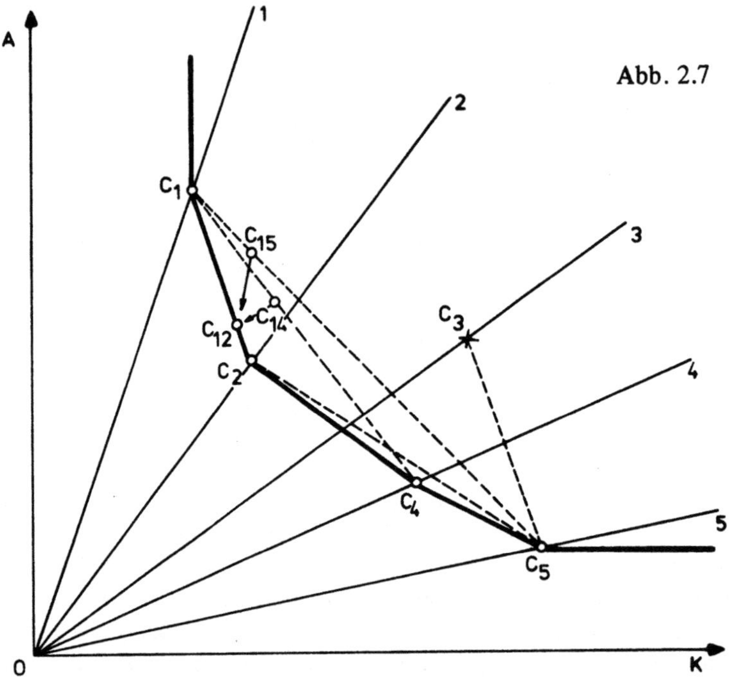

Abb. 2.7

jede oberhalb $\overline{C_2 C_4}$ denkbare Lage von C_3. D.h., solange der Prozeß 3 zur Produktion der Menge $X = \overline{X}$ einen höheren Faktoreinsatz erfordert als eine Kombination seiner Nachbarprozesse, ist er ineffizient.

Ferner ist aus der Abb. 2.7 ersichtlich, daß auch die Verwendung zweier nicht benachbarter Prozesse stets einen Einsatz beider Produktionsfaktoren erfordert, der den Einsatz bei der Benutzung zweier benachbarter Prozesse übersteigt. Beispielsweise ist die Kombination C_{15} (oder C_{14}) der Prozesse 1 und 5 (bzw. 1 und 4) ineffizient, denn die Kombination C_{12} benötigt einen geringeren Einsatz beider Produktionsfaktoren.

Es bleibt zu untersuchen, ob auch die Kombination von mehr als zwei Prozessen ineffizient ist. Dazu wird der Begriff des *„abgeleiteten Prozesses"* eingeführt: Unter einem aus zwei beliebigen Prozessen i und j (den sogenannten Basisprozessen) abgeleiteten Prozeß versteht man diejenigen Kombinationen der Prozesse i und j, die zu einem konstanten Verhältnis $A_{ij}/K_{ij} = (A_i + A_j) / (K_i + K_j)$ der in beiden Prozessen insgesamt eingesetzten Faktormengen führen. Gibt man ein bestimmtes A_{ij}/K_{ij} vor[5]), erhält man unter

[5]) Die vorgegebene Arbeitsintensität muß zwischen den Werten A_i/K_i und A_j/K_j liegen.

Verwendung dieser Definition einen abgeleiteten Prozeßstrahl, dessen Schnittpunkt C_{ij} mit der Strecke $\overline{C_iC_j}$ die Produktionsmenge $\bar{X}$ darstellt. Ein Punkt P_{ij} auf $\overline{OC_{ij}}$, der diese Strecke im Verhältnis $\overline{OP_{ij}}/\overline{OC_{ij}}$ teilt (vergl. Abb. 2.8),

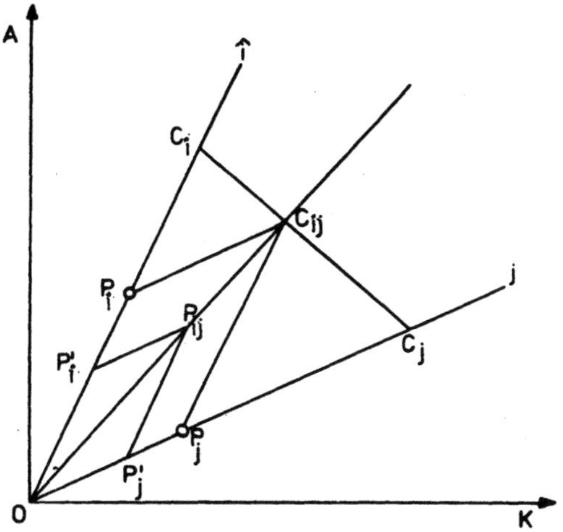

Abb. 2.8

repräsentiert die Produktionsmenge $X = (\overline{OP_{ij}}/\overline{OC_{ij}}) \cdot \bar{X}$[6]). Der abgeleitete Prozeß besitzt somit die gleiche Eigenschaft wie die Basisprozesse. Die Schar aller aus den Prozessen i und j abgeleiteten Prozeßstrahlen füllt den Raum zwischen den Prozeßstrahlen i und j vollständig aus. Mit jedem dieser abgeleiteten Prozesse kann die Menge $\bar{X}$ bei Einsatz der Faktormengen hergestellt werden,

---

[6]) Der Beweis kann anhand der Abb. 2.8 geführt werden. Dem dort eingezeichneten Punkt P_{ij} auf $\overline{OC}_{ij}$ entsprechen die Produktionspunkte P'_i und P'_j auf $\overline{OC}_i$ bzw. $\overline{OC}_j$, die man dadurch erhält, daß man die Parallele zu $\overline{OC}_j$ ($\overline{OC}_i$) durch P_{ij} mit dem Strahl i (j) zum Schnitt bringt. Die Gesamtproduktion ist dann $X = X_i + X_j = (OP'_i/OC_i) \cdot \bar{X} + (\overline{OP}'_j/\overline{OC}_j) \cdot \bar{X} = [(\overline{OP}'_i/\overline{OC}_i) + (\overline{OP}'_j/\overline{OC}_j)] \cdot \bar{X}$, so daß die im Text angegebene Formel zutrifft, wenn der Ausdruck in der eckigen Klammer gleich $(\overline{OP}_{ij}/\overline{OC}_{ij})$ ist. Um das zu zeigen, wird der Ausdruck in der eckigen Klammer umformuliert. Den ersten Summanden kann man wegen $(\overline{OP}'_i/\overline{OP}_i) = (\overline{OP}_{ij}/\overline{OC}_{ij})$, das heißt $\overline{OP}'_i = \overline{OP}_i \cdot (\overline{OP}_{ij}/\overline{OC}_{ij})$, ersetzen durch $(\overline{OP}_i/\overline{OC}_i) \cdot (\overline{OP}_{ij}/\overline{OC}_{ij})$. Analog gilt $(\overline{OP}'_j/\overline{OP}_j) = (\overline{OP}_{ij}/\overline{OC}_{ij})$, $\overline{OP}'_j = \overline{OP}_j \cdot (\overline{OP}_{ij}/\overline{OC}_{ij})$, und der zweite Summand kann in der Form $(\overline{OP}_j/\overline{OC}_j) \cdot (\overline{OP}_{ij}/\overline{OC}_{ij})$ geschrieben werden. Zieht man $(\overline{OP}_{ij}/\overline{OC}_{ij})$ vor die eckige Klammer, erhält man $X = (\overline{OP}_{ij}/\overline{OC}_{ij}) \cdot [(\overline{OP}_i/\overline{OC}_i) + (\overline{OP}_j/\overline{OC}_j)]$. Da $(\overline{OP}_i/\overline{OC}_i) = 1 - (\overline{OP}_j/\overline{OC}_j)$ ist, bleibt in der eckigen Klammer nur eine 1 stehen, so daß die Behauptung bewiesen ist.

die der Schnittpunkt des Prozeßstrahles mit der Strecke $\overline{C_i C_j}$ angibt. Dabei darf nicht vergessen werden, daß sich die Bewegung des „Produktionspunktes" auf dem abgeleiteten Prozeßstrahl stets aus einer simultanen Bewegung der Produktionspunkte auf den Prozeßstrahlen der zugehörigen Basisprozesse zusammensetzt.

Mit dem entwickelten Instrument können diejenigen Faktormengen graphisch dargestellt werden, mit denen bei der Kombination von mehr als zwei Prozessen der Output $\bar{X}$ hergestellt werden kann. Sollen zum Beispiel die Prozesse 1, 2 und 5 gemeinsam Verwendung finden, wird zunächst die Schar der aus zwei von diesen drei Prozessen abgeleiteten Prozesse bestimmt. In Abb. 2.9 stellt 1′ einen aus 1 und 2 abgeleiteten Prozeß dar.

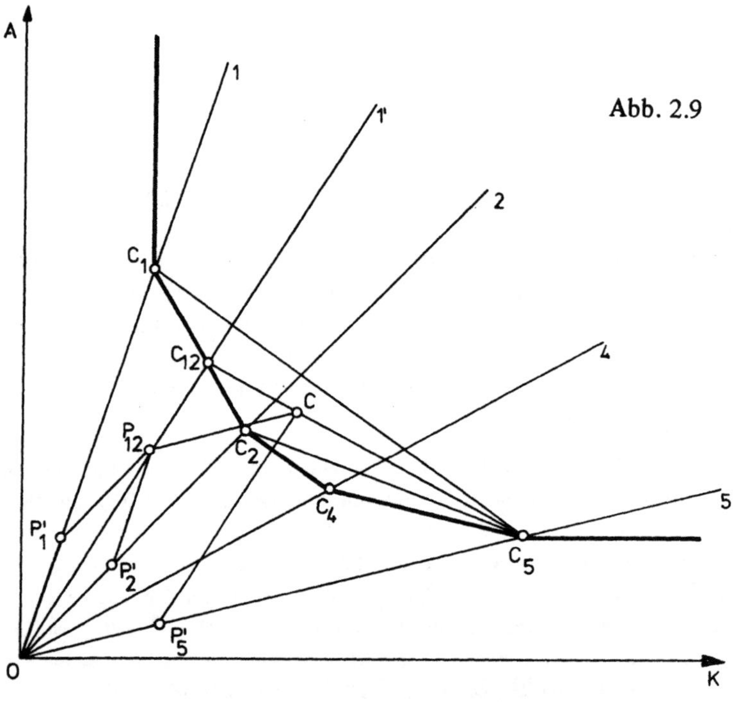

Abb. 2.9

Die Kombination von 1′ mit 5 liefert immer dann den Output $\bar{X}$, wenn die einsetzbare Faktormenge auf der Strecke $\overline{C_{12} C_5}$ liegt. C ist ein derartiger Punkt. Da mit allen aus 1 und 2 ableitbaren Prozessen die Menge $X = \bar{X}$ im Schnittpunkt mit $\overline{C_1 C_2}$ produzierbar ist, sind die Punkte im Dreieck $C_1 C_2 C_5$ der geometrische Ort der Faktormengenkombinationen mit denen man unter Verwendung der Prozesse 1, 2, 5 die Menge $X = \bar{X}$ produzieren kann. Dieses

Dreieck liegt oberhalb des Streckenzuges $C_1 C_2 C_4 C_5$; und die Kombination von 1, 2 und 5 ist somit ineffizient. Das gleiche gilt für alle anderen Kombinationen aus mehr als zwei Prozessen. Setzt man etwa alle vier Prozesse zugleich ein, ergeben sich alle Punkte innerhalb des Vierecks $C_1 C_2 C_4 C_5$.

Damit ist nachgewiesen, daß der Streckenzug $C_1 C_2 C_4 C_5$ der effiziente Teil der Isoquante für $X = \bar{X}$ ist. In allen Punkten auf diesem Streckenzug ist es unmöglich, bei der Senkung des Einsatzes eines Faktors den vorgegebenen Output $\bar{X}$ aufrecht zu erhalten, wenn die Einsatzmenge des anderen Faktors nicht um einen bestimmten Betrag erhöht wird. Daher ist der effiziente Teil der Isoquante von links nach rechts fallend.

Die Verbindungslinie zweier beliebiger Isoquantenpunkte liegt niemals unterhalb der Isoquante oder, was dasselbe bedeutet, links von ihr. Gäbe es nämlich zwei Punkte, für die diese Folgerung nicht gilt, wäre ein Prozeß ausgewählt worden, der zur Produktion von $X = \bar{X}$ einen höheren Einsatz beider Inputs erfordert als eine geeignete Kombination von zwei anderen Prozessen. Dieser Sachverhalt würde dem Effizienzkriterium nicht entsprechen. Die Isoquante ist also nach unten und nach links „ausgebeult". In exakter Ausdrucksweise wird diese Eigenschaft wiedergegeben, indem man die Isoquante als konvex von links und von unten oder als *konvex zum Ursprung* bezeichnet[7]).

Außerdem hat sich gezeigt, daß innerhalb des Bereichs, der durch den Prozeß mit der höchsten und den Prozeß mit der niedrigsten Kapitalintensität begrenzt wird, die Menge $X = \bar{X}$ mit jeder beliebigen Kapitalintensität effizient hergestellt werden kann. Die Knicke in der Isoquante zeigen an, daß die Substitution in bestimmter Weise geschieht, nämlich durch Änderungen der „Mischung" limitationaler Prozesse.

Rechnet man die ineffizienten Äste der beiden Prozesse mit der höchsten und der niedrigsten Kapitalintensität, die außerhalb des von ihnen umschlossenen Bereiches liegen, zur Isoquante, ergibt sich ein konvexer Streckenzug, der für die vier effizienten der fünf linear-limitationalen Prozesse in der Abb. 2.9 fett gezeichnet ist.

---

[7]) Eine Kurve wird konvex von unten (konvex von links) genannt, wenn die zwischen zwei beliebigen Kurvenpunkten gezogene Sehne, also die gerade Verbindungslinie dieser Punkte, stets oberhalb oder auf der Kurve (rechts von der Kurve oder auf ihr) liegt oder, anders ausgedrückt, wenn die Kurve nicht oberhalb (nicht rechts) von einer zwischen beliebigen Kurvenpunkten gezogenen Sehne liegt. Verläuft die Kurve stets unterhalb (links) von einer beliebig gezogenen Sehne, nennt man sie streng konvex von unten (bzw. von links). Man nennt eine Kurve konkav von unten (konkav von links), wenn sie nicht unterhalb (nicht links) von der zwischen beliebigen Punkten gezogenen Sehne verläuft, und streng konkav von unten (von links), wenn sie immer oberhalb (rechts) von dieser Sehne verläuft.

2.2.3 Kontinuierlich substituierbare Produktionsfaktoren

Im Kapitel 2.2.2 wurde der Isoquantenverlauf unter der Annahme abgeleitet, daß zwischen einer endlichen Anzahl effizienter Prozesse ausgewählt werden kann. Es ergab sich eine Isoquante mit geraden Stücken und Knicken in den Prozeßpunkten (vergl. Abb. 2.7). Diese Isoquanten beschreiben ganz bestimmte technische Produktionsbedingungen. Bei anderen Produktionsbedingungen ergeben sich andere Isoquantenverläufe. So verlaufen die Isoquanten stetig, wenn die Produktionsfaktoren kontinuierlich gegeneinander substituiert werden können.

Die Möglichkeit kontinuierlicher Substitution des einen Produktionsfaktors durch den anderen kann sich aus unterschiedlichen Gründen ergeben. Die erste Begründung knüpft an die Darstellung der stückweise linearen Isoquante bei Prozeßsubstitution (Abb. 2.7) an, in der von vier effizienten Prozessen ausgegangen wurde. Wird die Zahl der effizienten Prozesse vermehrt, so werden die linearen Isoquantenstücke kürzer, und die Zahl der Eckpunkte nimmt zu. Strebt die Anzahl der Prozesse gegen unendlich, so schrumpft die Länge der linearen Isoquantenstücke auf null. Die Isoquante besteht dann nur noch aus Prozeßpunkten, sie verläuft kontinuierlich und ist streng konvex zum Ursprung (Abb. 2.12). Jede Bewegung auf dieser Isoquante, auch eine sehr kleine, bedeutet einen Übergang zu einem anderen Prozeß und nicht eine Änderung der Prozeßmischung, wie sie sich bei endlich vielen Prozessen ergibt.

Ein solcher Übergang von einem Prozeß zu einem anderen kann als Übergang von einem Produktionsverfahren zu einem anderen gedeutet werden. Jedes dieser Produktionsverfahren zeichnet sich durch bestimmte Maschinen und durch einen Arbeitseinsatz bestimmter Qualität aus. Bewegungen auf der Isoquante bedeuten in diesem Fall Übergänge zu jeweils anderen Produktionsverfahren bzw. anderen Maschinen etc.

Soweit Arbeit und Kapital beliebig teilbar sind, kann man kontinuierliche Substituierbarkeit und damit stetig verlaufende Isoquanten auch anders ableiten, und zwar ohne den Übergang von einem Punkt der Isoquante zu einem anderen mit einem Wechsel des Produktionsverfahrens zu identifizieren. Beispielhaft sei ein Fall aus der landwirtschaftlichen Produktion betrachtet. Die Größe eines Kartoffelfeldes[8]) kann stetig variiert werden. Ebenso ist die Zahl der darauf eingesetzten Arbeitseinheiten, gemessen z.B. in Arbeitsstunden, stetig variierbar. Je mehr Arbeitsstunden auf einem Feld eingesetzt werden, desto intensiver kann das Wachstum überwacht werden, desto sorgfältiger kön-

---

[8]) Wie in der Einleitung erwähnt wurde, wird der Produktionsfaktor Boden zum Realkapital gezählt.

nen die Kartoffeln geerntet werden und desto größer ist die Ernte bei gegebener Anbaufläche. Ein Mehr an Arbeitseinsatz kann durch eine Verkleinerung der Anbaufläche so ausgeglichen werden, daß ein unveränderter Ernteertrag erzielt wird. Diese Substitution des einen Produktionsfaktors durch den anderen bedeutet keinen Wechsel des Produktionsverfahrens.

Substitutionsmöglichkeiten dieser Art sind auch in der industriellen Produktion anzutreffen, und zwar selbst dort, wo der erste Augenschein auf Limitationalität der Faktoren hindeutet. So mag beispielsweise die Produktion von Ziegelsteinen in gewissen Teilbereichen des Betriebes nur mit Produktionsfaktoren möglich sein, die in festem Einsatzverhältnis zueinander stehen. In anderen Teilbereichen der Produktion sind die Produktionsfaktoren jedoch stetig substituierbar. Beispielsweise kann die Lagerung der fertigen Steine vor dem Abtransport auf einem mehr oder weniger großen Areal vorgenommen werden. Je größer das Areal ist, desto geringer ist der Aufwand an Arbeitszeit bei der Ablagerung neu produzierter Steine und beim Beladen der Transportmittel.

Gegen die genannten Beispiele könnte eingewendet werden, daß sie lediglich die stetige Substituierbarkeit von Arbeit durch *Boden* oder umgekehrt anzeigen. Beispiele gleicher Art ließen sich für eine stetige Substituierbarkeit von Arbeit und Maschinen aus zwei Gründen nicht finden. Einmal erforderten Maschinen bestimmter Konstruktion einen aus technischen Gründen festen Arbeitseinsatz, so daß im Rahmen *eines* Produktionsverfahrens eine Substituierbarkeit überhaupt nicht möglich sei. Zum anderen könne von *stetiger* Substituierbarkeit auch deshalb nicht die Rede sein, weil sich immer nur eine ganze Maschine zusätzlich aufstellen ließe, nicht aber eine halbe Maschine. Mangelnde Teilbarkeit verhindere kontinuierliche Substituierbarkeit, so daß stetig verlaufende Isoquanten im Rahmen nur eines Produktionsverfahrens nicht vertretbar seien.

Bei dieser Argumentation wird jedoch übersehen, daß man selbst dann, wenn aus technischen Gründen zur Bedienung einer Maschine immer nur ein ganz bestimmter Arbeitseinsatz nötig ist, von einer stetigen Substitution sprechen kann. Bei den in einem Betrieb eingesetzten Maschinen werden im Lauf der Zeit Reparaturen und Wartungsarbeiten fällig, die ihre vorübergehende Außerbetriebsetzung notwendig machen. Größere Betriebe unterhalten für diesen Fall in der Regel eine eigene, mit Spezialkräften besetzte Abteilung. Je mehr Arbeitskräfte in dieser Abteilung zur Verfügung stehen, desto besser können die Maschinen gewartet werden und desto geringer ist deshalb die Wahrscheinlichkeit, daß die eine oder andere von ihnen ausfällt; desto geringer sind auch die reparaturbedingten Stillstandszeiten. M.a.W., der Einsatz von mehr Arbeitsstunden für Reparatur- und Wartungsarbeiten kann zur Einsparung von Kapital in der Weise führen, daß die Jahresproduktion mit weniger Maschinen hergestellt werden kann; Arbeitskräfte und Maschinen sind gegeneinander substituierbar, ohne daß sich das Produktionsverfahren ändern muß. Eine solche Substitution darf auch als kontinuierlich betrachtet werden. Der Begriff der stetigen Variierbarkeit des Einsatzes eines Produktionsfaktors nämlich impliziert nicht seine Zerlegbarkeit in „unendlich kleine" Portionen. Die stetige Variierbarkeit ist schon dann als gegeben anzusehen, wenn von einem Produktionsfaktor eine *im Verhältnis zur schon eingesetzten Menge* sehr kleine zusätzliche Menge eingesetzt werden kann. Hinsichtlich des Kapitals in Form von Maschinen etc. ist diese Annahme zumindest auf sektoraler und gesamtwirtschaftlicher Ebene gerechtfertigt; eine zusätzlich eingesetzte Maschine im Betrieb i der Branche j stellt im Verhältnis zum gesamten Realkapitaleinsatz der Branche oder der Volkswirtschaft eine sehr kleine Menge dar.

Mit dieser Argumentation kann noch nicht ohne weiteres gerechtfertigt werden, Isoquanten als „stetig" im mathematischen Sinne zu behandeln, wie es im folgenden getan wird. Mit ihr ist lediglich gezeigt worden, daß die Substitution zwischen den Faktoren auf aggregierter Ebene durch im mathematischen Sinn stetige Isoquanten approximierbar ist. Dabei entsteht ein Approximationsfehler. Sein relatives Gewicht ist jedoch umso geringer, je größer die betrachtete Produktionseinheit ist.

2.2.3.1 Der Isoquantenverlauf

Zur Ableitung der Isoquante bei kontinuierlich substituierbaren Produktionsfaktoren wird vom Produktionspunkt C_1 $(\bar{A}_1, \bar{K}_1)$ ausgegangen, dem die Produktionsmenge $\bar{X}$ zugeordnet ist (Abb. 2.10). Um einen weiteren Isoquantenpunkt zu erhalten, erhöht man den Kapitaleinsatz von C_1 ausgehend um den Betrag $\Delta K = \bar{K}_2 - \bar{K}_1 = \overline{D_1 C_2}$ und prüft, auf wieviel Arbeitskraft man verzichten kann, ohne daß die Produktionsmenge verändert wird. Ist beim herrschenden technischen Wissen diese eingesparte Menge des Faktors Arbeit $\Delta A = \bar{A}_2 - \bar{A}_1 = \overline{C_1 D_1}$, so gelangt man vom Produktionspunkt C_1 zum Produktionspunkt C_2. Man kann daher die durch Punkt C_1 dargestellte Faktorkombination ohne Veränderung des Outputs durch die dem Punkt C_2 entsprechende Kombination ersetzen. Will man weitere Punkte der Isoquante für $\bar{X}$ finden, kann man von C_2 aus den Substitutionsvorgang fortsetzen. Man erhöht den Kapitaleinsatz um dieselbe Menge ΔK wie beim Übergang von C_1 nach C_2 und bestimmt die Abnahme des Arbeitseinsatzes, bei der das Produktionsergebnis unverändert bleibt. Dabei ist es wichtig zu wissen, ob bei dieser

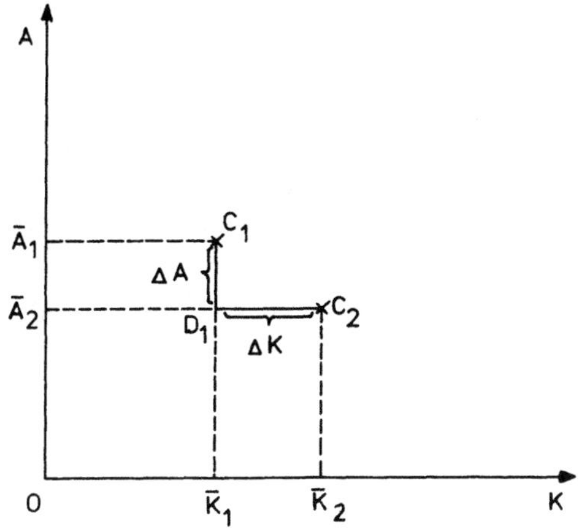

Abb. 2.10

abermaligen Substitution der Arbeitseinsatz um mehr, weniger oder um den gleichen Betrag zurückgehen kann wie beim Übergang von C_1 nach C_2. Erfahrungsgemäß ist die Abnahme der Einsatzmenge eines Faktors umso schwerer auszugleichen, je weniger von ihm und je mehr von dem anderen Produktionsfaktor bereits eingesetzt wird. Das heißt, jede weitere Zunahme des Kapitaleinsatzes um den vorgegebenen Betrag ΔK ermöglicht nur eine geringere Arbeitsersparnis als die vorhergehende. Geometrisch äußert sich das darin (Abb. 2.11), daß die Suche nach neuen Punkten ($C_2, C_3, \ldots, C_5$) der Isoquante durch jeweilige Hinzufügung eines konstanten Kapitalbetrages zu einer Treppenlinie führt, bei der die Stufenbreite gleich bleibt ($\Delta K = \overline{D_1 C_2} = \overline{D_2 C_3} = \ldots = \overline{D_4 C_5} = \ldots$), die Stufenhöhe aber sinkt. Wenn dieses geometrisch beschriebene „Gesetz“ nicht nur für die in der Zeichnung verwendete Stufen-

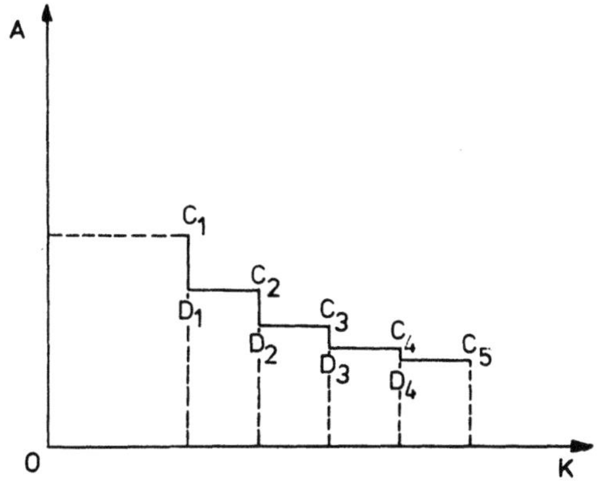

Abb. 2.11

breite, sondern auch für jedes andere $\Delta K < \overline{D_1 C_2}$ gilt, wenn also unabhängig von der gewählten Stufenbreite die Stufenhöhe bei sukzessivem Einsatz weiteren Kapitals abnimmt, dann ist die Isoquante streng konvex von links und von unten (Abb. 2.12). Dieses Ergebnis läßt sich in gleicher Weise ableiten, wenn man den umgekehrten Weg wählt und ständig Kapital durch Arbeit substituiert: Ist die Ersetzung einer bestimmten Arbeitsmenge umso schwieriger, je mehr Kapital bereits eingesetzt ist, dann gilt gleichzeitig, daß die Substitution einer vorgegebenen Kapitalmenge einen umso höheren zusätzlichen Arbeitseinsatz erfordert, je arbeitsintensiver der Produktionsprozeß bereits ist.

Mit dieser Regel für die Ersetzung des einen Produktionsfaktors durch den anderen ist die Isoquante nicht vollständig beschrieben. Es bleibt zu klären, wie sie in der Nähe der beiden Achsen verläuft, also in den Bereichen des ersten Quadranten, für die in der Abbildung 2.12 die Isoquante nicht weitergezeichnet wurde. Wenn die fortgesetzte Substitution des einen Produktionsfaktors durch den anderen schließlich dazu führt, daß von dem ersetzten Faktor überhaupt nichts mehr im Produktionsprozeß eingesetzt wird, muß die Isoquante auf die beiden Achsen stoßen. Der willkürlich vorgegebene Output $\bar{X}$ kann dann nicht nur mit einer Kombination der beiden Produktionsfaktoren, sondern auch unter alleiniger Verwendung von Arbeit oder aber von Kapital hergestellt werden. Die Isoquante beginnt in einem Punkt auf der Ordinate und führt, von diesem Punkt aus gesehen, in einer Linkskurve zu einem Punkt auf der Abszisse. Die beiden Produktionsfaktoren sind hier *vollständig gegeneinander substituierbar,* keiner der beiden Inputs ist zur Produktion unbedingt erforderlich. Dieser Fall ist allerdings nicht sehr plausibel, besonders hinsichtlich einer vollständigen Ersetzbarkeit der Arbeitskraft.

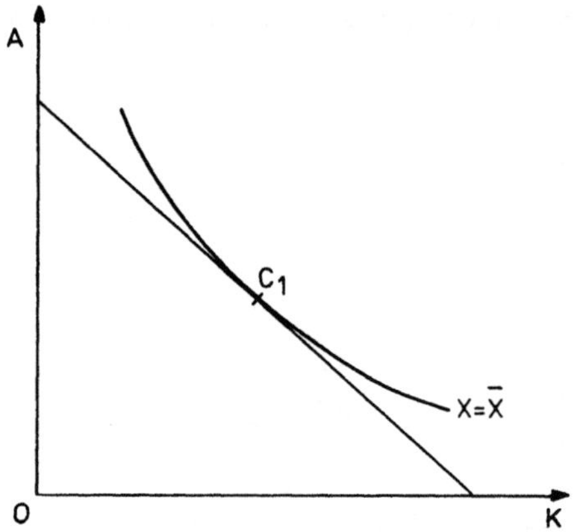

Abb. 2.12

Nähert sich die Isoquante der Arbeits- oder Kapitalachse immer mehr, wenn ständig Kapital durch Arbeit bzw. Arbeit durch Kapital substituiert wird, erreicht sie jedoch nur asymptotisch, spricht man von *asymptotischer Substituierbarkeit* der Produktionsfaktoren; nur bei einem „unendlich großen" Einsatz des einen Faktors kann man auf den anderen Faktor vollständig verzichten. Die asymptotische Substituierbarkeit bildet den Grenzfall zwischen der vollständigen und der unvollständigen Substituierbarkeit. Bei der *unvollständigen Substituierbarkeit* sind zwei Unterfälle zu unterscheiden. Zunächst ist es möglich, daß sich die Isoquante einer Parallelen zur Arbeitsachse immer mehr annähert, je niedriger die Kapitalintensität der Produktion von $\bar{X}$ ist, während sie sich für gegen unendlich strebende Werte der Kapitalintensität einer Parallelen zur Kapitalachse annähert. Hier kann der eine Faktor bis zu einer gewissen Grenze durch den anderen ersetzt werden, diese Grenze ist nicht überschreitbar. Die beiden Parallelen zu den Achsen geben den Arbeits- bzw. Kapitaleinsatz an, der auch bei fortgesetztem Mehreinsatz des anderen Faktors nicht unterschritten werden kann, der also zur Herstellung der Menge $\bar{X}$ unbedingt erforderlich ist. Unvollständige Substituierbarkeit liegt außerdem vor, wenn bei dauernder Zunahme der eingesetzten Menge eines Faktors der Einsatz des anderen Faktors von einem bestimmten Punkt an konstant bleiben und schließlich sogar wieder steigen muß, damit der Output konstant bleibt. Die Isoquante besitzt dann die in der Abb. 2.13 gezeichnete Form. Sie nähert sich zunächst den Achsen und entfernt sich dann wieder von ihnen. Sie sieht etwa wie eine Haarnadel aus. Allerdings erfüllen lediglich die Punkte auf

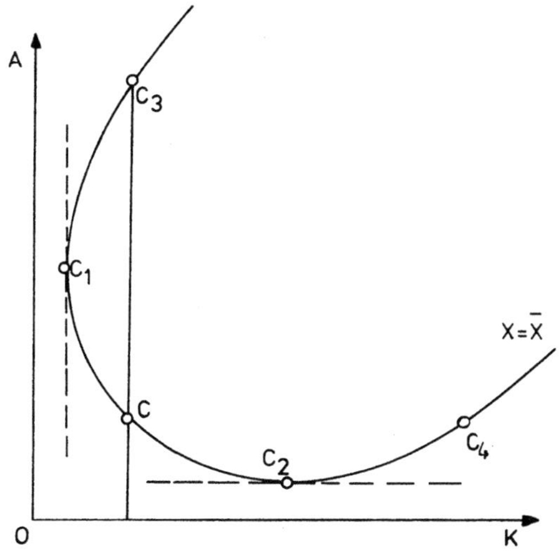

Abb. 2.13

dem Bogen $\widehat{C_1 C_2}$ das technologische Effizienzkriterium, während Punkte wie C_3 und C_4 ineffizient sind. Die Punkte auf der Isoquante oberhalb von C_1 und rechts von C_2 gehören deshalb nicht zum Substitutionsgebiet, d.h. zu jenem Bereich, in dem bei einer Senkung der Einsatzmenge eines Faktors der Output nur aufrecht erhalten werden kann, wenn von dem anderen Faktor entsprechend mehr eingesetzt wird.

2.2.3.2 Die Grenzrate der Substitution

In jedem der geschilderten Fälle ist der eine Faktor immer schwerer zu ersetzen, je weniger von dem anderen Faktor noch eingesetzt ist. Die Substitutionsmöglichkeiten sind somit vom Verhältnis der eingesetzten Faktormengen A und K abhängig. Will man die Substitutionsmöglichkeiten für einen beliebigen Punkt der Isoquante genauer erfassen, kann man an diese Erkenntnis anschließen und die sogenannte *Substitutionsrate* (in einigen Monographien auch *Durchschnittsrate der Substitution* genannt) ermitteln. Sie ist gleich dem Quotient aus den absoluten Beträgen der ersetzten und der ersetzenden Faktormenge[9]). Beträgt also die Zunahme des Kapitaleinsatzes ΔK und die bei konstantem Output mögliche Abnahme des Arbeitseinsatzes ΔA, so ist die Substitutionsrate von Arbeit durch Kapital gleich $|\Delta A/\Delta K|$. In Abb. 2.14 ist die Substitutionsrate geometrisch dargestellt. Dabei wird der Übergang vom

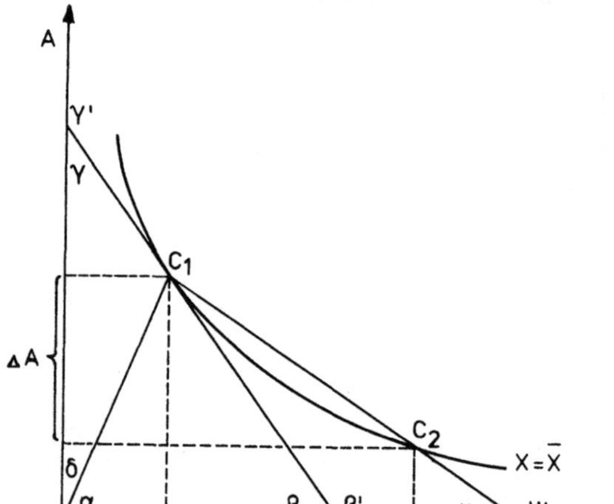

Abb. 2.14

[9]) Im Zähler steht immer der ersetzte, im Nenner der ersetzende Faktor.

Produktionspunkt C_1 nach C_2 betrachtet. Die Durchschnittsrate der Substitution von Arbeit und Kapital ist gleich dem absoluten Betrag der an der Kapitalachse gemessenen Steigung der Verbindungslinie dieser beiden Punkte. Sie beträgt $|\tan \mu|$ oder[10]) $|\tan \mu'|$. Die Größe der Steigung hängt bei gegebenem Verlauf der Isoquante von der Lage des ursprünglichen Produktionspunktes und der Menge des zusätzlich eingesetzten Kapitals ab.

Wird ein kleinerer Betrag an zusätzlichem Kapital eingesetzt, d.h. wählt man ΔK dementsprechend kleiner, dann rückt der Punkt C_2 näher an den Punkt C_1 heran. Den Grenzwert

$$\lim_{\Delta K \to 0} \left| \frac{\Delta A}{\Delta K} \right| = \left| \frac{dA}{dK} \right| \equiv r \tag{2.5}$$

bezeichnet man als die *Grenzrate der Substitution von Arbeit durch Kapital*. Sie zeigt an, um welchen Betrag der Arbeitseinsatz gesenkt werden kann, ohne daß der Output sich ändert, wenn der Kapitaleinsatz um einen infinitesimal kleinen Betrag erhöht wird. Diese Senkung des Arbeitseinsatzes beträgt $dA = r\, dK$. Deshalb kann auch gesagt werden, daß die Grenzrate der Substitution von Arbeit durch Kapital näherungsweise die Abnahme des Arbeitseinsatzes bestimmt, die bei konstanter Produktion infolge einer Zunahme des Kapitaleinsatzes um $dK = 1$ Einheit möglich ist. Die Grenzrate der Substitution ist somit ein Ausdruck für die Substitutionsmöglichkeiten in einem bestimmten Punkt der Isoquante. Wählt man einen anderen Produktionspunkt, ergibt sich (in der Regel) eine andere Grenzrate der Substitution.

Die Grenzrate der Substitution von Arbeit durch Kapital ist absolut gleich der Steigung der Isoquante in dem betrachteten Produktionspunkt. Da die Isoquante von links nach rechts fällt, ist die durch den Differentialquotienten dA/dK gemessene Steigung negativ, so daß zwischen den beiden Größen die Beziehung $r = -(dA/dK)$ besteht. Im Punkt C_1 in der Abbildung 2.14 beispielsweise ist die Grenzrate der Substitution $r = \tan \beta$, während die Isoquantensteigung $dA/dK = \tan(180° - \beta) = -\tan \beta$ beträgt.

Betrachtet man einen Substitutionsprozeß, der sich in umgekehrter Richtung vollzieht, bei dem also Kapital durch Arbeit ersetzt wird, dann ergibt sich als *Grenzrate der Substitution von Kapital durch Arbeit:*

$$r^* \equiv \left| \frac{dK}{dA} \right| . \tag{2.6}$$

Sie gibt die Senkung des Kapitaleinsatzes an, die bei konstantem Output durch eine sehr kleine, genau genommen, infinitesimal kleine Erhöhung des

---

[10]) In der Abb. 2.14 ist $\tan \mu = \tan(180° - \mu') = -\tan \mu'$, d.h. $|\tan \mu| = |\tan \mu'|$.

Arbeitseinsatzes ermöglicht wird und ist geometrisch gesehen gleich dem Absolutbetrag der an der Arbeitsachse gemessenen Steigung der Isoquante. Die Grenzrate der Substitution von Kapital durch Arbeit im Punkt C_1 (Abb. 2.14) beträgt somit $r^* = \tan \gamma = -\tan \gamma'$.

Wie aus der Abbildung 2.14 zu ersehen ist, besteht zwischen der Grenzrate der Substitution von Kapital durch Arbeit und der Grenzrate der Substitution von Arbeit durch Kapital die Beziehung $r^* = 1/r$, denn $r^* = \tan \gamma = = \tan (90^\circ - \beta) = 1/\tan \beta = 1/r$.

Verfolgt man die Steigung der Isoquante in den Punkten, die sich bei fortwährender Substitution des einen Produktionsfaktors durch den anderen ergeben, dann stellt man fest, daß die Grenzrate der Substitution abnimmt. Bei einer Substitution von Arbeit durch Kapital wird die zugehörige Grenzrate r kleiner, und bei der Ersetzung von Kapital durch Arbeit nimmt r^* ab. Man bezeichnet diesen Tatbestand als das *„Gesetz von der abnehmenden Grenzrate der Substitution"*. Der Substitutionsvorgang zeigt diese Eigenschaft immer dann, wenn die Isoquante konvex zur Arbeits- und zur Kapitalachse ist. Da die Konvexität der Isoquante darauf beruht, daß sich ein Produktionsfaktor umso schwerer ersetzen läßt, je weniger von ihm und je mehr von dem anderen Faktor bereits eingesetzt wird, ist das Gesetz von der abnehmenden Grenzrate der Substitution eine alternative Formulierung dieses Sachverhalts[11]).

2.2.3.3 Die Substitutionselastizität

Die Frage nach den Substitutionsmöglichkeiten in einer Volkswirtschaft oder Branche ist nicht zufriedenstellend beantwortet, wenn nur die Grenzrate der Substitution angegeben wird. Das läßt sich an der Abbildung 2.15 illustrieren. Darin ist je eine Isoquante für zwei Branchen I und II angegeben. Es sei angenommen, beide Branchen würden im Punkt C produzieren. In diesem Punkt weisen beide Isoquanten dieselbe Steigung auf. Folglich sind die Grenzraten der Substitution für beide Branchen gleich. Würde die Grenzrate der

---

[11]) In einem Teil der angelsächsischen Literatur wird dieses Gesetz als das Gesetz von der steigenden Grenzrate der Substitution bezeichnet. Dabei handelt es sich um keinen Gegensatz zu dem obigen Ergebnis. Der steigende Wert der Substitutionsrate folgt lediglich aus der anders gewählten Definition. Dort stehen die ersetzende Faktormenge im Zähler und die ersetzte im Nenner. Wird die eingesparte Menge des substituierten Faktors bei sukzessivem Mehreinsatz einer vorgegebenen Menge des anderen Faktors kleiner, so wird nunmehr bei konstantem Zähler der Nenner immer kleiner und somit der gesamte Quotient größer.

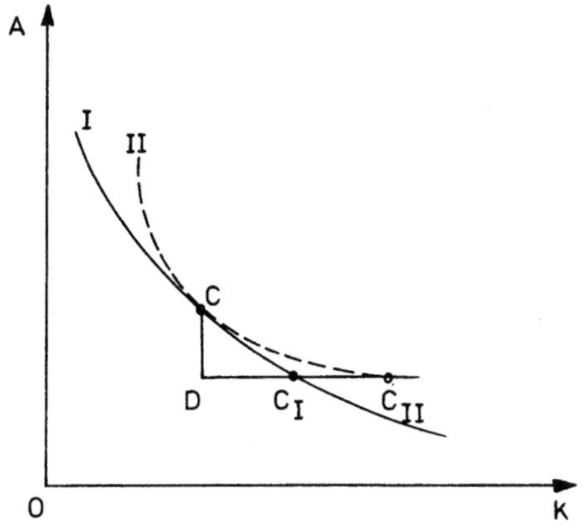

Abb. 2.15

Substitution die Substitutionsmöglichkeiten exakt angeben können, müßten sie im Beispiel für beide Branchen gleich sein. Das zu behaupten, würde darüber hinwegtäuschen, daß es in der Branche II schwieriger als in der Branche I ist, Arbeit durch Kapital zu ersetzen: Eine Abnahme des Arbeitseinsatzes um $\overline{CD}$ erfordert in der Branche II einen um $\overline{C_I C_{II}}$ größeren Mehreinsatz von Kapital als in der Branche I, wenn die Produktionsmenge jeweils aufrecht erhalten werden soll. Die Grenzrate der Substitution reicht somit zur vollständigen Beschreibung der Substitutionsmöglichkeiten nicht aus. Man muß ein weiteres Maß suchen. Dabei kann man sich die Tatsache zunutze machen, daß jeder Substitutionsprozeß (in der Abb. 2.15 z.B. der Übergang vom Produktionspunkt C zum Punkt C_I bzw. C_{II}) die Grenzrate der Substitution und zugleich das Verhältnis der eingesetzten Faktormengen verändert. *Bezieht man die relative Änderung der Faktorintensität auf die relative Änderung der Grenzrate der Substitution, erhält man die sogenannte Substitutionselastizität*[12]), ein Maß, das die Substitutionsmöglichkeiten besser angeben kann als die Grenzrate die Substitution. Das äußere Erscheinungsbild der für die Substitutionselastizität gegebenen Definition ist jedoch nicht einheitlich, sondern hängt davon ab, ob man die relative Änderung von K/A oder A/K durch die relative Änderung von r oder r^* dividiert. Insgesamt sind vier Formulierungen denkbar, und alle sind gebräuchlich. Mit Hilfe der Abbildung 2.16 lassen sie sich einander gegenüberstellen und vergleichen. Dort ist ein beliebiger Punkt auf der Isoquante für $\overline{X}$ ausgewählt und mit C_1 bezeichnet worden. Ihm entsprechen die Einsatzmengen $\overline{C_1 B}$ der Arbeit und $\overline{OB}$ des Kapitals. Bezieht man diese Mengen aufeinander, erhält man entweder die Arbeitsintensität $A/K = \tan\alpha$ oder die Kapitalintensität $K/A = \tan\delta$. Die Grenzrate der Substitution von Arbeit

[12]) Dieses Instrument wurde von *Hicks* [1932] entwickelt.

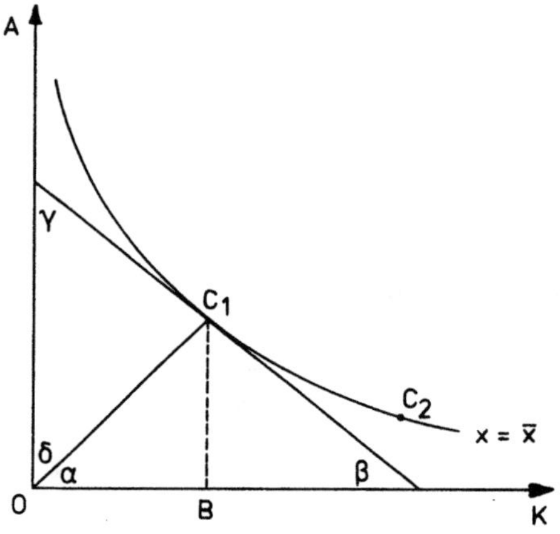

Abb. 2.16

durch Kapital ist $r = -(dA/dK) = \tan\beta$ und entsprechend ist $r^* = -(dK/dA) = \tan\gamma$. Bewegt man sich auf der Isoquante, erreicht man in der Abbildung 2.16 beispielsweise den Punkt C_2, für den sich andere Grenzraten der Substitution und andere Faktorproportionen ergeben. Die Winkel α, β, γ und δ erhalten eine andere Größe. Errechnet man, wie stark sich die Faktormengenverhältnisse bei einer infinitesimal kleinen Variation der Grenzraten der Substitution ändern, d.h. läßt man C_2 sehr nahe an C_1 heranrücken, so ergibt sich die Substitutionselastizität als der Quotient aus den beiden relativen Änderungen. Die Betrachtung aller denkbaren Winkelpaare ergibt die Elastizität in ihren verschiedenen Formulierungen.

Die erste gebräuchliche Formulierung wird mit Hilfe der auf die Abszisse bezogenen Winkel α und β gegeben. Danach ist die Substitutionselastizität gleich der relativen Veränderung des Einsatzverhältnisses von Arbeit und Kapital bezogen auf die relative Veränderung der Grenzrate der Substitution der Arbeit durch das Kapital. Man erhält somit

$$b_1 = \frac{d\,(A/K)}{A/K} \Big/ \frac{dr}{r} = \frac{d\,(A/K)}{dr} \cdot \frac{r}{A/K} \tag{2.7}$$

Die relative Veränderung des $\tan\alpha$ wird durch die relative Veränderung des $\tan\beta$ dividiert. Da beide Winkel stets gemeinsam größer oder kleiner werden, ist die so definierte Substitutionselastizität immer positiv. Ihre Extremwerte sind null und unendlich. Der Extremwert null wird erreicht, wenn ein Rückgang des Arbeitseinsatzes aus technischen Gründen nicht durch eine Erhöhung des Kapitals so ausgeglichen werden kann, daß die Produktionsmenge konstant $\bar{X}$ bleibt, d.h., wenn nur ein einziger limitationaler Prozeß vorhanden ist. Ist es dagegen möglich, eine Einheit des Faktors Arbeit stets durch die gleiche

Kapitalmenge zu ersetzen unabhängig davon, wie hoch der Arbeitsinput ist, so bereitet eine fortwährende Substitution keinerlei Schwierigkeiten. Die Elastizität nimmt dann den anderen Extremwert an und wird unendlich.

Die zweite gebräuchliche Formulierung stellt auf die mit der Ordinate gebildeten Winkel δ und γ ab. Danach ist die Substitutionselastizität gleich der relativen Veränderung des Einsatzverhältnisses von Kapital zu Arbeit (also des tan δ) bezogen auf die relative Veränderung der Grenzrate der Substitution des Kapitals durch die Arbeit (also des tan γ):

$$b_2 = \frac{d\,(K/A)}{K/A} \Big/ \frac{dr^*}{r^*} = \frac{d\,(K/A)}{dr^*} \cdot \frac{r^*}{K/A} \tag{2.8}$$

Wie aus Abbildung 2.16 ersichtlich ist, ist die so definierte Substitutionselastizität stets positiv, denn wenn sich δ um einen bestimmten positiven (negativen) Betrag verändert, resultiert daraus eine ebenfalls positive (negative) Veränderung des Winkels γ.

Nach der dritten gebräuchlichen Formulierung ist die Substitutionselastizität gleich dem Quotienten aus der relativen Veränderung der Kapitalintensität und der relativen Veränderung der Grenzrate der Substitution von Arbeit durch Kapital:

$$b_3 = \frac{d\,(K/A)}{K/A} \Big/ \frac{dr}{r} = \frac{d\,(K/A)}{dr} \cdot \frac{r}{K/A} \tag{2.9}$$

Die relative Veränderung des Tangens des Winkels δ wird hier auf die relative Veränderung von tan β bezogen. Da beide Winkel sich gegenläufig entwickeln, wenn der eine Faktor durch den anderen ersetzt wird, ist b_3 negativ.

Auch die vierte denkbare Formulierung ist gebräuchlich. Danach ist die Substitutionselastizität gleich dem Quotienten aus der relativen Veränderung des Einsatzmengenverhältnisses von Arbeit und Kapital und der relativen Veränderung der Grenzrate der Substitution von Kapital und Arbeit:

$$b_4 = \frac{d\,(A/K)}{A/K} \Big/ \frac{dr^*}{r^*} = \frac{d\,(A/K)}{dr^*} \cdot \frac{r^*}{A/K} \tag{2.10}$$

Hier bezieht man die relative Änderung des Tangens des Winkels α auf die relative Änderung von tan γ. Da sich beide Winkel im Substitutionsprozeß gegenläufig entwickeln, ist b_4 negativ.

Es läßt sich zeigen, daß die so definierten Ausdrücke für die Substitutionselastizität in einem gegebenen Punkt auf der Isoquante denselben absoluten Wert haben. Für den Beweis ist zu berücksichtigen, daß $(K/A) = 1/(A/K)$ und $r^* = 1/r$ ist, so daß sich b_2, b_3, b_4 in folgender Form schreiben lassen:

$$b_2 = \frac{d\,(K/A)}{dr^*} \cdot \frac{A/K}{r}$$

$$b_3 = \frac{d\,(K/A)}{dr} \cdot r \cdot \frac{A}{K}$$

$$b_4 = \frac{d\,(A/K)}{dr^*} \cdot \frac{1}{r \cdot A/K}$$

Dabei ist $d\,(K/A)$ das Differential des Quotienten K/A. Mit der Quotientenregel der Differentialrechnung erhält man $d\,(K/A) = [-1/(A/K)^2] \cdot d\,(A/K)$, und entsprechend ist $dr^* = (-1/r^2) \cdot dr$. Setzt man diese beiden Ergebnisse in die oben angegebenen Ausdrücke für b_2, b_3, b_4 ein und kürzt, so erhält man

$$\begin{aligned} b_2 &= b_1 \\ b_3 &= -b_1 \\ b_4 &= -b_1 \\ |b_1| &= |b_2| = |b_3| = |b_4|. \end{aligned} \tag{2.11}$$

Es macht also keinen Unterschied, welche der vier angegebenen Elastizitäten man zur Beschreibung der Substitutionsmöglichkeiten benutzt. Die absoluten Werte sind einander gleich, und es ist lediglich darauf zu achten, welches Vorzeichen die betreffende Elastizität besitzt. Aus diesem Grunde wird im folgenden meist von „der" Substitutionselastizität b gesprochen. In der Regel wird b als positiv angenommen, entspricht also der Elastizität b_1 oder b_2.

Die Substitutionselastizität steht in enger Beziehung zur Isoquantenkrümmung. Um das aufzuzeigen, wird der Ausdruck für die (positive) Substitutionselastizität b_1 mit dK erweitert und $r = -(dA/dK)$ gesetzt. Statt b_1 wird b geschrieben. Man erhält dann

$$b = \frac{d\,(A/K)}{dr} \cdot \frac{r}{A/K} = \frac{d\,(A/K)}{dK} \cdot \frac{r}{A/K} \Big/ \frac{d\,(-dA/dK)}{dK}$$

Der erste Term $d\,(A/K)/dK$ besagt, daß der Quotient A/K nach K differenziert werden soll. Führt man die Differentiation durch und berücksichtigt man, daß $dA/dK = -r$ ist, so ergibt sich

$$d\,(A/K)/dK = [K\,(dA/dK) - A]/K^2 = -[r + (A/K)] \cdot (1/K)$$

Differenziert man den Term $-dA/dK$, wie angegeben, nach K, erhält man den Ausdruck $-d^2 A/dK^2$. Insgesamt gewinnt man

$$b = \frac{r}{A}[r + A/K] \cdot \frac{1}{(d^2 A/dK^2)} \tag{2.12}$$

Der Term $d^2 A/dK^2$ ist die Veränderung der Steigung, also die Krümmung, der Isoquante, und r, A und K sind in dem gegebenen Punkt der Isoquante feste Werte. Folglich besagt diese Gleichung: **Die Substitutionselastizität ist ein positives Vielfaches des reziproken Wertes der Isoquantenkrümmung.** Die Isoquante verläuft umso flacher, je größer die Substitutionselastizität ist. Je höher b ist, desto langsamer nimmt die Grenzrate der Substitution der Arbeit durch das Kapital ab, wenn Arbeit durch Kapital ersetzt wird. Eine Isoquante der Produktionsfunktion für eine Volkswirtschaft oder eine Branche, in der die Technik eine weitgehende und leichte Substitution eines Produktionsfaktors durch den anderen zuläßt, ist vergleichsweise flach zu zeichnen (Abb. 2.17 a). Für den Fall, daß die Produktionstechnik eine Substitution verhältnismäßig schwierig macht, ist sie relativ „krumm" einzutragen (Abb. 2.17 b).

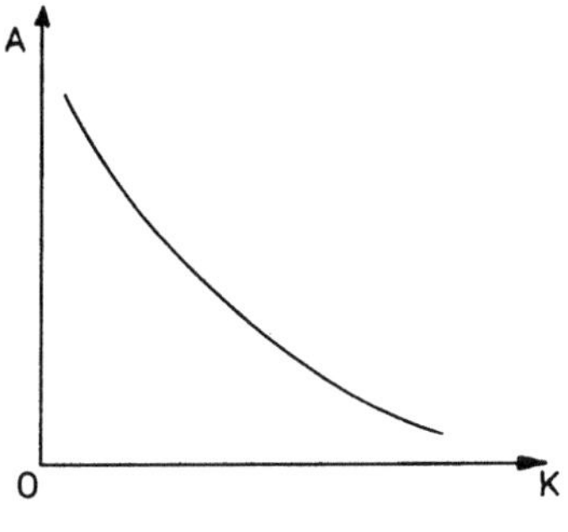

Abb. 2.17 a

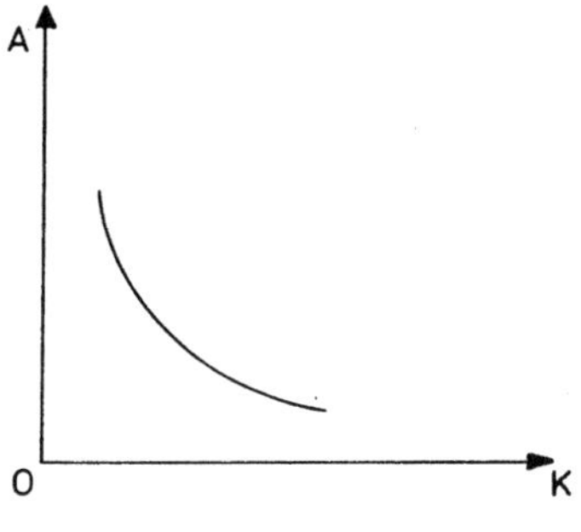

Abb. 2.17 b

Den Extremwerten 0 und ∞ der Substitutionselastizität entsprechen Krümmungen von ∞ und 0. Ist die Krümmung in dem betrachteten Isoquantenpunkt unendlich, handelt es sich um den Eckpunkt der rechtwinkligen Isoquante eines limitationalen Prozesses und die Substitutionselastizität ist null. Die Produktionsfaktoren können nicht gegeneinander substituiert werden. Ist die Krümmung in jedem Isoquantenpunkt gleich null, so ist die Isoquante eine Gerade, und der Elastizitätskoeffizient ist unendlich. In diesem Fall kann allerdings das „Gesetz von der abnehmenden Grenzrate der Substitution" nicht mehr gelten: Die Grenzrate der Substitution wird hier bei einer Ersetzung des einen Faktors durch den anderen nicht kleiner, sondern hat bei jedem Einsatzverhältnis der Produktionsfaktoren denselben Wert.

Die Substitutionselastizität in einem beliebigen Punkt C_1 der Isoquante $X = \overline{X}$ (Abb. 2.18) soll nun geometrisch bestimmt werden. Dies wird dadurch erschwert, daß sie als Punktelastizität definiert ist. Sie gibt deshalb die Substitutionsmöglichkeiten nur dann numerisch exakt an, wenn der Substitutionsvorgang nicht aus einer „unendlich kleinen" Umgebung des Punktes C_1 herausführt. Unendlich kleine Veränderungen des Faktoreinsatzverhältnisses und der Grenzrate der Substitution sind im Arbeit-Kapital-Diagramm nicht darstellbar. Zeichnerisch darstellbar sind lediglich solche Veränderungen des Faktoreinsatzverhältnisses, die man nicht mehr als unendlich klein bezeichnen kann. Auf geometrischem Wege ist deshalb nur ein Näherungswert für die Elastizität in C_1 bestimmbar. Dabei geht man wie folgt vor[13]).

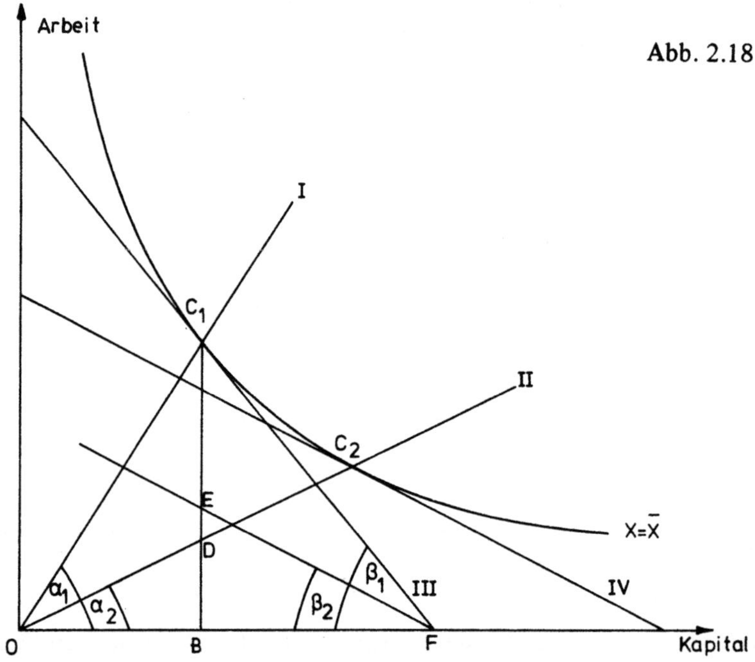

Abb. 2.18

In dem durch C_1 in Abbildung 2.18 gekennzeichneten Ausgangspunkt der Untersuchung betragen die eingesetzte Menge des Faktors Arbeit $\overline{C_1B}$ und der Kapitalinput $\overline{OB}$. Das Faktormengenverhältnis, angegeben durch $\tan \alpha_1$, ist somit $\overline{C_1B}/\overline{OB}$. Substituiert man eine kleine Menge Arbeit durch einen entsprechenden Mehrinput von Kapital, so daß die Produktmenge gleich bleibt, gelangt man auf der Isoproduktkurve von C_1 zum unmittelbar benachbarten Punkt C_2 (um die Zeichnung übersichtlich zu machen, sind C_1 und C_2 relativ weit auseinander gezeichnet). Dem Punkt C_2 entspricht das durch $\tan \alpha_2$

[13]) s. *Jones, R.W.*, „Neutral" Technological Change and the Isoquant Map. American Economic Review **55** (1965), Figur 1 auf S. 849.

angegebene Faktormengenverhältnis $\overline{BD}/\overline{OB}$. Die Veränderung der Faktorproportion ist somit $\tan\alpha_2 - \tan\alpha_1 = \overline{BD}/\overline{OB} - \overline{C_1B}/\overline{OB} = -\overline{C_1D}/\overline{OB}$.

Die relative Veränderung ergibt sich, wenn diese Differenz auf den Anfangswert $\tan\alpha_1$ bezogen wird:

$$\frac{d\,(A/K)}{A/K} \approx \frac{\tan\alpha_2 - \tan\alpha_1}{\tan\alpha_1} = -\frac{\overline{C_1D}}{\overline{OB}} \Big/ \frac{\overline{C_1B}}{\overline{OB}} = -\frac{\overline{C_1D}}{\overline{C_1B}}.$$

Zur Bestimmung der ungefähren Höhe der Substitutionselastizität ist noch die relative Veränderung der Grenzrate der Substitution der Arbeit durch das Kapital zu finden. Der dem Ausgangspunkt C_1 zugehörige Wert wird durch die Steigung der Tangente III an die Isoquante in C_1 bestimmt. Er beträgt

$$r = \tan\beta_1 = \overline{C_1B}/\overline{BF}.$$

Im benachbarten Punkt C_2 ist IV die Tangente. Verschiebt man sie parallel solange, bis sie durch F geht, so kann man ihre Steigung durch $\tan\beta_2$ messen und erhält

$$\tan\beta_2 = \overline{BE}/\overline{BF}.$$

Die Veränderung der Grenzrate der Substitution läßt sich gewinnen, indem man die Differenz der Tangentensteigungen bildet.

$$dr \approx \tan\beta_2 - \tan\beta_1 = \overline{BE}/\overline{BF} - \overline{C_1B}/\overline{BF} = -\overline{C_1E}/\overline{BF}.$$

Wird diese Differenz auf die Grenzrate der Substitution des Punktes C_1 bezogen, erhält man deren relative Veränderung

$$dr/r \approx \frac{\tan\beta_2 - \tan\beta_1}{\tan\beta_1} = -\frac{\overline{C_1E}}{\overline{BF}} \Big/ \frac{\overline{C_1B}}{\overline{BF}} = -\frac{\overline{C_1E}}{\overline{C_1B}}.$$

Damit läßt sich die Substitutionselastizität annähernd bestimmen:

$$b = \frac{d\,(A/K)}{A/K} \Big/ \frac{dr}{r} \approx -\frac{\overline{C_1D}}{\overline{C_1B}} \Big/ -\frac{\overline{C_1E}}{\overline{C_1B}} = \frac{\overline{C_1D}}{\overline{C_1E}}. \tag{2.13}$$

C_1, D und E sind Punkte auf dem Lot von C_1 auf die Abszisse. C_1 ist der Ausgangspunkt der Substitution und liegt auf der Isoquante, D liegt auf dem Fahrstrahl vom Ursprung zum neuen Produktionspunkt C_2, und E ist ein Punkt der durch F verlaufenden Parallelen zur Tangente an die Isoquante im neuen Produktionspunkt C_2.

2.3 Faktorintensität, Grenzrate der Substitution und Produktionsfunktion

2.3.1 Die Lage einer Isoquante

In den bisherigen Ausführungen wurden die Grenzrate der Substitution und damit die Steigung der Isoquante in dem beliebig gewählten Produktionspunkt vorgegeben. Für eine bestimmte Produktionsfunktion kann diese Steigung jedoch nicht vorgegeben werden, sie sollte vielmehr durch die Funktion determiniert sein. Die Kenntnis der Substitutionselastizität und des Effizienzparameters der Produktionsfunktion ermöglicht es nicht, die Lage der Isoquante im (A, K)-Diagramm vollständig zu bestimmen. Sie geben nur den Mengenindex und die Krümmung der Isoquante an, nicht aber, mit welcher Steigung die Isoquante durch den jeweiligen Produktionspunkt läuft. Es ist eine unendlich große Anzahl von Isoquanten mit dem gleichen Mengenindex und der gleichen Krümmung denkbar, die alle durch den gleichen Produktionspunkt gehen. Zwei dieser Isoquanten sind in der Abb. 2.19 gezeichnet. Obwohl ihre Form völlig identisch ist, unterscheiden sie sich durch ihre Lage, weil in dem Produktionspunkt C die Grenzrate der Substitution auf der einen größer ist als auf der anderen. Damit die Produktionsfunktion eindeutig identifizierbar ist, muß sie deshalb zu jedem Wert der Grenzrate der Substitution die zugehörige Faktorintensität angeben, oder, was dasselbe bedeutet, bei vorgegebenem Einsatzverhältnis der Produktionsfaktoren müssen aus der Produktionsfunktion die Grenzrate der Substitution und somit das Verhältnis der Grenzproduktivitäten abgeleitet werden können.

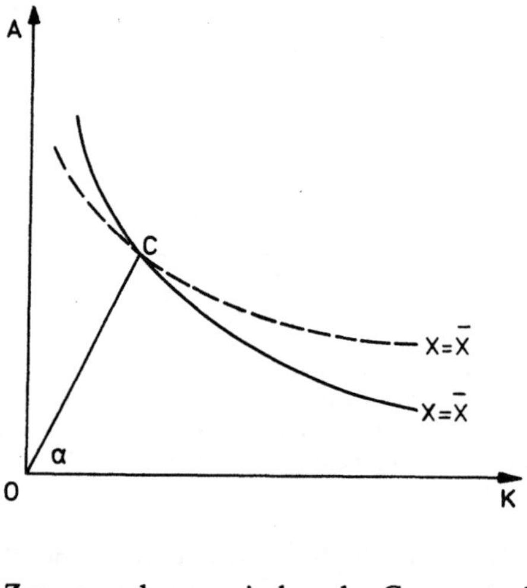

Abb. 2.19

Wenn auf den Zusammenhang zwischen der Grenzrate der Substitution und dem Einsatzverhältnis der Faktoren im einzelnen eingegangen werden soll, ist die Kenntnis der Begriffe Grenzprodukt und Grenzproduktivität notwendig. Sie werden im folgenden definiert und auf ihre Beziehung zur Grenzrate der Substitution hin untersucht.

2.3.2 *Grenzprodukt, Grenzproduktivität und Grenzrate der Substitution*

Wenn man den Einsatz eines Produktionsfaktors bei konstantem Einsatz des anderen um einen kleinen Betrag erhöht, dann wird sich der Output in der Regel um ein bestimmtes Quantum erhöhen. Man bezeichnet diese Outputänderung als das *Grenzprodukt* oder den *Grenzertrag* des Faktors, dessen Einsatz zugenommen hat, und man sagt, das Grenzprodukt sei positiv, wenn der Output zunimmt. Tritt der seltenere Fall ein, daß die Produktionsmenge gleichbleibt oder abnimmt, so ist das Grenzprodukt gleich null bzw. negativ. Mit der Produktionsfunktion $X = F(A, K)$ kann das Grenzprodukt, z.B. des Produktionsfaktors Arbeit, berechnet werden. Beträgt die Erhöhung des Arbeitseinsatzes dA und bleibt der Kapitaleinsatz konstant, so ändert sich die Produktion um das Grenzprodukt der Arbeit $(\partial X/\partial A)\, dA = F_A dA$. Entsprechend ändert sich der Output bei einer Erhöhung des Kapitaleinsatzes und konstantem Arbeitseinsatz um das Grenzprodukt des Kapitals $(\partial X/\partial K)\, dK = F_K dK$. Bezieht man den zusätzlichen Output auf die zusätzlich eingesetzte Faktormenge, erhält man die *Grenzproduktivität* des jeweiligen Produktionsfaktors. Die Grenzproduktivität der Arbeit beträgt also

$$\frac{(\partial X/\partial A) \cdot dA}{dA} = \partial X/\partial A$$

bzw. in anderer Schreibweise

$$\frac{F_A dA}{dA} = F_A .$$

Analog berechnet man für die Grenzproduktivität des Kapitals

$$\frac{(\partial X/\partial K)\, dK}{dK} = \partial X/\partial K = F_K .$$

Die Ausdrücke F_A und F_K ($\partial X/\partial A$ und $\partial X/\partial K$) stellen die partiellen Ableitungen der Produktionsfunktion nach der Einsatzmenge der Arbeit bzw. des Kapitals dar. Somit gilt: *Die Grenzproduktivität eines Produktionsfaktors ist gleich der partiellen Ableitung der Produktionsfunktion nach der Einsatzmenge dieses Faktors.* Die partiellen Ableitungen der Produktionsfunktion und somit die Grenzproduktivitäten hängen normalerweise von der Höhe des Arbeits- und des Kapitaleinsatzes ab. Will man diese Abhängigkeit verdeutlichen, kann man

$$F_A = F_A(A, K)$$

und (2.14)

$$F_K = F_K(A, K)$$

schreiben. Diese Funktionen werden *Grenzproduktivitätsfunktionen* oder Grenzertragsfunktionen genannt. Ihre Eigenschaften hängen von denen der zugrundeliegenden Produktionsfunktion ab.

Häufig wird nach der Produktionsänderung als Folge des Mehreinsatzes eines Faktors um gerade eine Einheit gefragt. Dann ist $dA = 1$ bzw. $dK = 1$. In diesem Fall sind das Grenzprodukt und die Grenzproduktivität zahlenmäßig gleich groß. Es ist daher nicht immer notwendig, zwischen beiden Begriffen zu unterscheiden. Jedoch ist darauf hinzuweisen, daß ein Unterschied in der Dimension beider Größen besteht. Die Grenzproduktivität hat die Dimension „Produktionsmenge : Faktormenge", die Dimension des Grenzprodukts ist „Produktionsmenge : Faktormenge mal Faktormenge" = „Produktionsmenge". Um keine Begriffsverwirrungen auftreten zu lassen, sollte dieser Dimensionsunterschied stets beachtet werden.

Wenn der Einsatz beider Produktionsfaktoren gleichzeitig um dA bzw. dK variiert wird, ändert sich die Produktion um

$$dX = (\partial X/\partial A)\, dA + (\partial X/\partial K)\, dK \tag{2.15}$$

$$= F_A\, dA + F_K\, dK\,.$$

Wie die Gleichung zeigt, **ist die Änderung des Outputs gleich der Summe aus den mit ihren Grenzproduktivitäten gewichteten Änderungen der Faktoreinsatzmengen.** Selbstverständlich gilt die Formel auch für $dA < 0$ und/oder $dK < 0$, d.h. wenn von einem Faktor oder beiden Faktoren weniger eingesetzt wird.

Von besonderem Interesse ist diejenige Kombination der Mengenänderungen dA und dK, die zu einer Bewegung entlang einer Isoquante führt. Auf einer Isoquante ist ex definitione die Veränderung der Produktionsmenge gleich null, so daß aus der Gleichung (2.15)

$$dX = 0 = F_A \cdot dA + F_K \cdot dK$$

oder

$$-(dA/dK) = F_K/F_A \tag{2.16}$$

folgt. Da $-(dA/dK)$ bei konstanter Produktion die Grenzrate der Substitution angibt, heißt dieses Ergebnis: **Die Grenzrate der Substitution von Arbeit durch Kapital ist dem Verhältnis der Grenzproduktivität des Kapitals zur**

Grenzproduktivität der Arbeit gleich. Eine andere Formulierung dieses Sachverhaltes lautet: Der absolute Betrag der Isoquantensteigung ist gleich dem Verhältnis der Grenzproduktivitäten.

Es gilt somit

$$r = F_K/F_A = F_K(A, K)/F_A(A, K). \tag{2.17}$$

Analog ist

$$r^* = F_A/F_K = F_A(A, K)/F_K(A, K), \tag{2.18}$$

d.h. die Grenzrate der Substitution von Kapital durch Arbeit ist gleich dem Verhältnis der Grenzproduktivitäten von Arbeit und Kapital.

Mit den Ausdrücken (2.17) und (2.18) läßt sich die Definition der Substitutionselastizität in eine Form bringen, die für spätere Ableitungen benötigt wird. Statt von der Substitutionselastizität als dem Quotient aus der relativen Änderung des Faktoreinsatzverhältnisses und der relativen Änderung der Grenzrate der Substitution zu sprechen, kann die folgende Ausdrucksweise gewählt werden: Die Substitutionselastizität ist gleich dem Verhältnis aus der relativen Veränderung des Faktoreinsatzverhältnisses und der relativen Änderung des Verhältnisses der Grenzproduktivitäten. Zum Beispiel kann die Elastizität

$$b = \frac{d\,(K/A)}{K/A} \Big/ \frac{dr^*}{r^*} \quad (\equiv b_2 \text{ in Formel 2.8})$$

unter Berücksichtigung von Gleichung (2.18) wie folgt geschrieben werden:

$$b = \frac{d\,(K/A)}{K/A} \Big/ \frac{d\,(F_A/F_K)}{F_A/F_K}. \tag{2.19}$$

2.3.3 Die Substitutionsfunktion

Mit den in Kapitel 2.3.2 dargestellten Begriffen kann ein Instrument zur Beschreibung der Beziehungen zwischen der Grenzrate der Substitution und dem Verhältnis der Faktormengen diskutiert werden, das auf *Lerner* [1933/34] zurückgeht und als *Substitutionsfunktion* bezeichnet wird. *Eine Substitutionsfunktion gibt an, wie hoch die jeweilige Grenzrate der Substitution (das Verhältnis der Grenzproduktivitäten) ist, wenn das Verhältnis der Faktormengen bei konstanter Produktionsmenge alternative Werte annimmt.* Die geometrische Darstellung einer Substitutionsfunktion nennt man *Substitutionskurve.*

Diese Definition läßt verschiedene Schreibweisen der Substitutionsfunktion (-kurve) zu. Man kann die Grenzraten der Substitution r oder r^* wahlweise den Faktormengenverhältnissen A/K oder K/A gegenüberstellen. Im folgenden wird die Definition anhand der Grenzrate der Substitution von Arbeit durch Kapital, r, und der Arbeitsintensität A/K geometrisch erläutert.

In Abb. 2.12 ist die Isoquante für die konstante Produktionsmenge $\bar{X}$ gezeichnet. Wenn der Produktionspunkt auf dieser Isoquante von rechts unten nach links oben rückt, werden die Arbeitsintensität und die Grenzrate der Substitution von Arbeit durch Kapital größer. Steigenden Werten von A/K sind steigende Werte von r zugeordnet. Die Substitutionskurve steigt an, z.B. so wie es in der Abbildung 2.20 a gezeichnet ist.

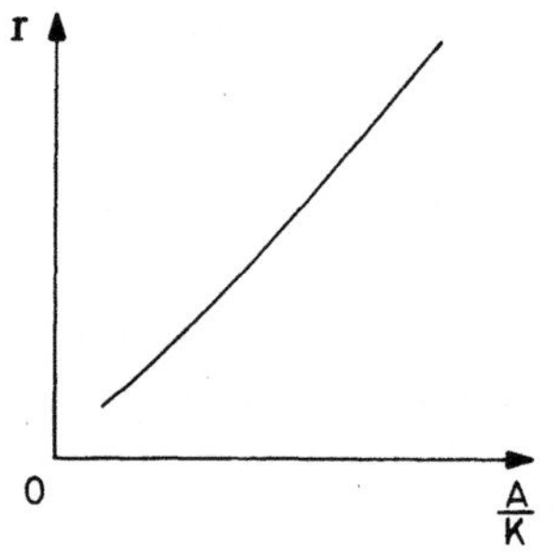

Abb. 2.20 a

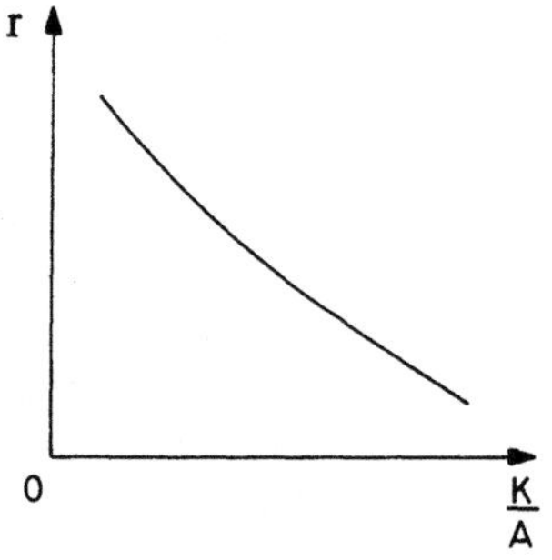

Abb. 2.20 b

Stellt man die Grenzrate der Substitution von Arbeit durch Kapital nicht der Arbeits-, sondern der Kapitalintensität gegenüber, ergibt sich aus der Abb. 2.12 eine von links nach rechts fallende Substitutionskurve (Abb. 2.20 b).

Die Substitutionsfunktion, die der in Abb. 2.20 a gezeichneten Kurve entspricht, kann unter Berücksichtigung der Gleichung (2.17) ermittelt werden. Wie die Gleichung zeigt, hängt das Verhältnis der Grenzproduktivitäten und mit ihm die Grenzrate der Substitution von den eingesetzten Mengen der Produktionsfaktoren ab. Aus der Vielzahl möglicher Faktormengenkombinationen werden diejenigen ausgewählt, mit denen eine konstante Produktionsmenge $\bar{X}$ hergestellt werden kann. Sie werden durch die Gleichung

$$\bar{X} = F(A, K) \qquad (2.20)$$

determiniert. Wird die Arbeitsintensität A/K zur Abkürzung mit κ bezeichnet, ist $A = (A/K) \cdot K = \kappa \cdot K$, und das Gleichungspaar (2.17), (2.20) kann wie folgt geschrieben werden:

$$r = F_K(\kappa \cdot K, K)/F_A(\kappa \cdot K, K) \tag{2.21}$$

$$\bar{X} = F(\kappa \cdot K, K) \tag{2.22}$$

Es enthält die drei Variablen r, K und κ. Die beiden Gleichungen können zu einer zusammengefaßt werden, wenn (2.22) nach K aufgelöst und in (2.21) eingesetzt wird. Dann wird (2.21) zu einer Gleichung in r und κ, die in abgekürzter Schreibweise

$$r = r(\kappa) \quad (\text{für } X = \text{const.}) \tag{2.23a}$$

lautet. Da r mit zunehmendem κ steigt, ist die Ableitung der Substitutionsfunktion (2.23a) positiv:

$$\partial r/\partial \kappa > 0.$$

Die zur Substitutionskurve in Abb. 2.20 b gehörende Substitutionsfunktion kann analog abgeleitet und in der Form

$$r = r(k) \quad (\text{für } X = \text{const.}) \tag{2.23b}$$

mit $k \equiv K/A$ geschrieben werden. Gleichung (2.23b) hat die Eigenschaft

$$\partial r/\partial k < 0,$$

d.h. die Grenzrate der Substitution von Arbeit durch Kapital nimmt mit steigender Kapitalintensität ab. Der Grund für diese Eigenschaft ist in dem konvexen Verlauf der Isoquante zu sehen, geht also auf das „Gesetz" von der abnehmenden Grenzrate der Substitution zurück.

Obwohl die Substitutionsfunktion gegenüber der Substitutionselastizität zusätzliche Informationen über die Eigenschaften des Produktionsprozesses vermittelt, ist ihr Verlauf von der Höhe der Substitutionselastizität nicht unabhängig. Um dies zu zeigen, soll die Elastizität der Substitutionsfunktion (2.23a) angegeben werden. Sie beträgt

$$b_{\mathrm{I}} = \frac{d\kappa}{dr} \cdot \frac{r}{\kappa}. \tag{2.24}$$

Aus der Definitionsgleichung (2.7) für die Substitutionselastizität b_1 folgt mit $A/K \equiv \kappa$:

$$b_1 = \frac{d\kappa}{dr} \cdot \frac{r}{\kappa} . \tag{2.25}$$

Somit ist

$$b_{\mathrm{I}} = b_1 > 0 . \tag{2.26}$$

Analog ergibt sich für die Elastizität der Substitutionsfunktion (2.23b):

$$b_{\mathrm{II}} = b_3 < 0 . \tag{2.27}$$

Somit gilt: **Die Elastizität der Substitutionsfunktion ist gleich der Substitutionselastizität.**

Die Substitutionsfunktion und die Substitutionskurve werden unter der Annahme abgeleitet, daß die Produktion konstant ist, d.h. daß man sich auf einer vorgegebenen Isoquante bewegt. Untersucht man den gleichen Zusammenhang entlang einer anderen Isoquante, kann sich eine andere Substitutionskurve ergeben. Bei den gebräuchlichsten Produktionsfunktionen, den homogenen Produktionsfunktionen (auf ihre Eigenschaften wird in Abschnitt 3.1 eingegangen), trifft das nicht zu. Bei homogenen Produktionsfunktionen erhält man für jede Isoquante die gleiche Substitutionskurve, d.h. ihr Verlauf ist von dem Mengenindex der gewählten Isoquante unabhängig. Das gleiche gilt für homothetische Produktionsfunktionen, die im Kapitel 3.2 besprochen werden.

2.4 Skaleneffekte und Produktionsfunktion

Alle bisherigen Überlegungen bezogen sich auf den Verlauf und die Lage *einzelner* Isoquanten. Der Produktionsfunktion entspricht jedoch eine *Schar* von Isoproduktlinien. Diese Schar von Isoquanten läßt sich erst zeichnen, wenn Klarheit über den Abstand von Isoquanten gleicher Mengendifferenzen auf beliebigen vom Ursprung gezogenen Fahrstrahlen herrscht. Wie weit liegen die Isoquanten mit vorgegebener Produktionsmengendifferenz voneinander entfernt? Jede Produktionsfunktion muß auf diese Frage eine Antwort geben können.

2.4.1 Die Skalenelastizität

Die Antwort soll mit Hilfe der Abb. 2.21 abgeleitet und erläutert werden, in der die Isoquante für $\bar{X}$ eingetragen ist. Ein beliebig gezogener Ursprungs-

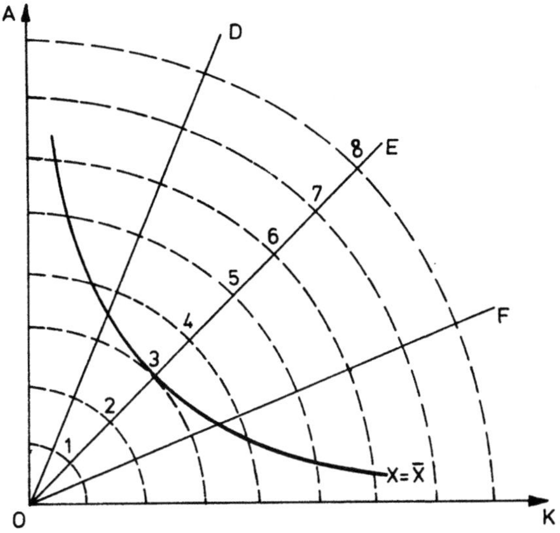

Abb. 2.21

strahl *OE* ist der geometrische Ort aller Faktorkombinationen, die ein bestimmtes Einsatzverhältnis der Produktionsfaktoren aufweisen. Er wird ein *Faktorbündel* genannt. *OD* und *OF* stellen andere Faktorbündel dar als *OE*. Auf einem dieser Ursprungsstrahlen, z.B. auf *OE*, wird bei *O* beginnend eine Skala abgetragen, indem man zunächst einen Punkt frei wählt und dann alle Punkte einzeichnet, die den doppelten, dreifachen, vierfachen, . . . , *n*-fachen Abstand vom Ursprung haben wie der eingangs gewählte Punkt. Auf diese Weise kann sich unter anderen die in Abb. 2.21 eingezeichnete Punktfolge 1, . . . , 8 (usw.) ergeben. Der Punkt 1 auf dieser Skala kennzeichnet einen bestimmten Arbeits- und Kapitalbetrag, die zusammengenommen als ein *Faktorpaket* bezeichnet werden. Der Punkt 2 repräsentiert die doppelte Arbeits- und Kapitalmenge wie der Punkt 1 und stellt somit zwei Faktorpakete dar. Der Punkt 3 liegt im Schnittpunkt des Strahles *OE* mit der Isoquante für $\bar{X}$. Somit können drei Faktorpakete, wenn sie Arbeit und Kapital in den von *OE* festgelegten Proportionen enthalten, den Output $X = \bar{X}$ hervorbringen.

Durch eine Drehung um den Ursprung wird die auf *OE* abgetragene Skala auf alle anderen Faktorbündel (Ursprungsstrahlen) und auf die Achsen abgebildet. Damit kann man für jeden Punkt im (A, K)-Diagramm angeben, welche Zahl von Faktorpaketen eingesetzt wird. Die Faktorpakete sind jedoch in allen Punkten, die nicht auf demselben Ursprungsstrahl liegen, d.h. nicht dem gleichen Faktorbündel angehören, unterschiedlich gefüllt. Alle Faktorpakete, die zu Faktorbündeln oberhalb *OE* gehören, enthalten relativ mehr, die Faktorpakete in den Faktorbündeln unterhalb *OE* relativ weniger Arbeit je Kapitaleinheit als die Faktorpakete im Faktorbündel *OE*.

Wenn man die Produktmenge X auf die Zahl λ der eingesetzten Faktorpakete bezieht, erhält man die durchschnittliche Produktivität P_F der Faktorpakete

$$P_F = X/\lambda.$$

Diesen Ausdruck nennt man auch *durchschnittlichen Skalenertrag* oder einfach Skalenertrag, returns to scale oder durchschnittliches Niveauprodukt. Die eingesetzten Faktoren, die hier paketweise zusammengefaßt sind, bringen das Produkt hervor. Das Grenzprodukt P_F' des Faktorpakets lautet entsprechend

$$P_F' = dX/d\lambda$$

und wird *marginaler Skalenertrag*, Grenzniveauprodukt oder marginal returns to scale genannt. Das Verhältnis des marginalen zum durchschnittlichen Skalenertrag

$$\epsilon \equiv P_F'/P_F = (dX/X)/(d\lambda/\lambda) \qquad (2.28)$$

nennt man *Skalenelastizität*, Niveauelastizität, Ergiebigkeitsgrad oder Elastizität der Produktion. Diese Elastizität kann in jedem Punkt des (A, K)-Diagramms eine andere Höhe haben. Sehr gebräuchlich sind jedoch Produktionsfunktionen, in denen sie für jeden Punkt die gleiche Höhe hat, nämlich die homogenen Produktionsfunktionen (Abschnitt 3.1).

2.4.2 Die Änderung der Produktionsmenge bei proportionaler Faktorvariation

Wenn die Skalenelastizität bekannt ist, kann die vierte der zu Beginn des Abschnitts 2 gestellten Fragen beantwortet werden, die dem Zusammenhang zwischen einer gleich großen relativen Änderung beider Faktormengen und der relativen Änderung des Outputs gilt. Dabei ist es von besonderer Bedeutung, ob die Skalenelastizität gleich eins, größer oder kleiner als eins ist.

Wenn die Skalenelastizität in einem Produktionspunkt gleich eins ist, dann ist der durchschnittliche Skalenertrag gleich dem marginalen. Eine Erhöhung der Zahl der Faktorpakete um den (infinitesimalen) Betrag $d\lambda$, d.h. um den relativen Betrag $d\lambda/\lambda$, führt zu einer Erhöhung der Outputs um den gleichen relativen Betrag $dX/X = d\lambda/\lambda$. Somit ist $(dX/X) \cdot 100\,\% = (d\lambda/\lambda) \cdot 100\,\%$.

Die prozentuale Zunahme der Zahl der Faktorpakete ist gleich der prozentualen Zunahme des Outputs. Da der durchschnittliche Skalenertrag konstant bleibt (weil er gleich dem marginalen ist), spricht man in diesem Fall von *konstanten Skalenerträgen* oder sagt, die Produktionsfunktion weise in dem betrachteten Produktionspunkt constant returns to scale auf.

Ist die Skalenelastizität in einem Punkt des Isoquantenschemas größer als eins, übersteigt der marginale den durchschnittlichen Skalenertrag. Hier führt eine relative Erhöhung der Zahl der Faktorpakete um $d\lambda/\lambda$ zu einer relativen Zunahme des Outputs, die größer ist als $d\lambda/\lambda$. Der durchschnittliche Skalenertrag nimmt zu. Deshalb wird gesagt, die Produktionsfunktion besitze in dem betreffenden Produktionspunkt *steigende Skalenerträge* oder increasing returns to scale. Auch die Bezeichnung economies of scale ist gebräuchlich.

Analog wird die Bezeichnung abgeleitet, wenn der Output prozentual um weniger steigt als die Zahl der eingesetzten Faktorpakete und die Skalenelastizität somit kleiner als eins ist. Hier nimmt der durchschnittliche Skalenertrag ab, und die Produktionsfunktion hat in dem untersuchten Produktionspunkt *sinkende Skalenerträge*, decreasing returns to scale oder diseconomies of scale.

Die aufgezeigte Rolle der Skalenelastizität bei proportionaler Veränderung beider Inputs kann geometrisch mit der Abb. 2.22 veranschaulicht werden. In der Abbildung ist die Isoquante für die Produktionsmenge X_0 gezeichnet. Mit dem Faktorbündel OF wird dieser Output in Punkt C_0 produziert. Die Skalenelastizität in C_0 betrage z.B. $\epsilon = \overline{OD} > 1$. Es wird gefragt, in welchem Produktionspunkt auf OF die um $R \cdot 100$ % höhere Warenmenge $X_1 = X_0 + R \cdot X_0 = (1 + R) X_0$ hergestellt werden kann. Zur Ermittlung dieses Punktes wird in den vierten Quadranten der Strahl g gezeichnet, der mit der Abszisse den Winkel π bildet. Dieser Winkel ist so gewählt, daß sein Tangens gleich der vorgegebenen Outputzunahme $(X_1 - X_0)/X_0 = dX/X = R$ ist. Die Parallele zur Abszisse durch D schneidet g in E. Dann ist

$$dX/X = \tan \pi = \overline{OD}/\overline{ED}.$$

Wird dieser Ausdruck mit dem reziproken Wert der Skalenelastizität multipliziert, ergibt sich der Relativbetrag, um den die Zahl der Faktorpakete zur Steigung des Outputs um $dX/X = R$ erhöht werden muß[14]). Man erhält

$$d\lambda/\lambda = (1/\overline{OD})\,(\overline{OD}/\overline{ED}) = 1/\overline{ED}.$$

Wird das Lot $\overline{EM}$ mit der im Abstand $\overline{OB} = 1$ gezogenen Parallele zur Abszisse zum Schnitt gebracht, erhält man den Punkt G. Der Strahl $OG \equiv g'$ bildet mit der Abszisse den Winkel τ. Dann gilt

$$d\lambda/\lambda = 1/\overline{ED} = 1/\overline{OM} = \tan \tau.$$

---

[14]) Aus $\epsilon = \dfrac{dX}{X} \bigg/ \dfrac{d\lambda}{\lambda}$ folgt $\dfrac{d\lambda}{\lambda} = \dfrac{1}{\epsilon} \cdot \dfrac{dX}{X}$.

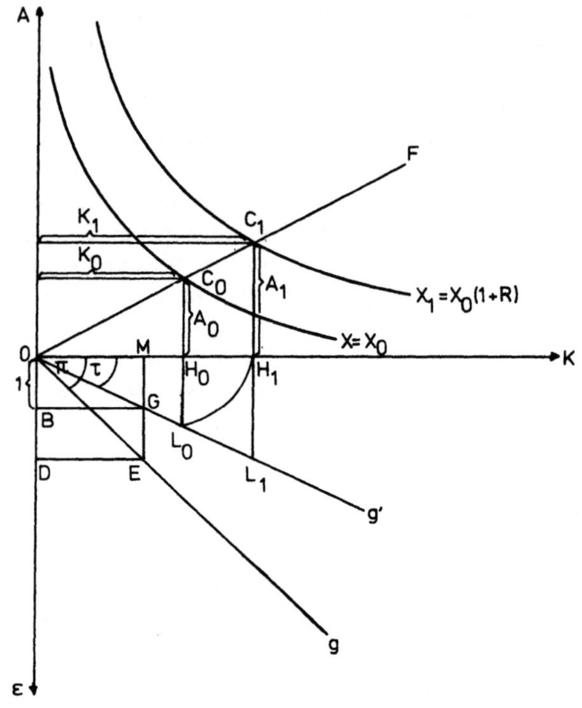

Abb. 2.22

τ (tan τ) ist kleiner als π (tan π), weil voraussetzungsgemäß economies of scale vorliegen ($\epsilon > 1$). Wären die Skalenerträge in Produktionspunkt C_0 konstant ($\epsilon = 1$), würden E und G zusammenfallen und daher τ und π gleich sein. Bei abnehmenden Skalenerträgen ($\epsilon < 1$) müßte E oberhalb von G liegen, so daß τ größer als π sein würde.

Eine Erhöhung der Zahl der Faktorpakete um tan τ bedeutet, daß die Einsatzmengen beider Produktionsfaktoren um tan τ zunehmen. Die Änderung des Kapitaleinsatzes beträgt

$$dK = K_1 - K_0 = \overline{OH_0} \cdot \tan \tau = \overline{L_0 H_0}.$$

Diese zusätzliche Kapitalmenge wird auf die Abszisse übertragen, in dem um H_0 der Kreis mit dem Radius $\overline{L_0 H_0}$ geschlagen wird (Abb. 2.22). Er schneidet die Abszisse in H_1. Der gesuchte Produktionspunkt ist somit C_1, der Abstand zwischen den Isoquanten mit den Mengenindizes X_0 und X_0 $(1 + R)$ beträgt $\overline{C_0 C_1}$. Wie die Abb. 2.22 zeigt, ist der Winkel τ umso kleiner, je größer die Skalenelastizität ist. Je kleiner τ ist, desto kürzer sind die Strecke $\overline{L_0 H_0}$ und der Isoquantenabstand $\overline{C_0 C_1}$. M.a.W., je höher (niedriger) die Skalenelastizität ist, desto geringer (größer) ist der Abstand zweier Isoquanten mit vorgegebener relativer Produktionsmengendifferenz R.

2.4.3 Skalenelastizität und Produktionselastizitäten

In enger Beziehung zur Skalenelastizität steht ein weiterer Elastizitätsbegriff, die sog. *Produktionselastizität*. Während die Skalenelastizität die relative Erhöhung des Outputs bestimmt, die einer vorgegebenen relativen Zunahme beider Inputs um denselben Betrag folgt, bezieht sich die Produktionselastizität stets nur auf einen Produktionsfaktor: *Die Produktionselastizität eines Faktors gibt an, um welchen Prozentsatz der Output steigt, wenn der Einsatz des Faktors bei konstantem Einsatz des anderen um ein Prozent erhöht wird.* Es sei z.B. angenommen, der Arbeitseinsatz steige bei konstantem Kapitaleinsatz ($dK = 0$) um dA. Dann steigt die Produktion (vgl. Formel (2.15)) um

$$dX = F_A \cdot dA.$$

Wird auf der rechten Seite mit A erweitert und die Gleichung durch X dividiert, folgt

$$dX/X = F_A \cdot (A/X) \cdot dA/A.$$

Um den Relativbetrag der Outputerhöhung zu erhalten, ist also die vorgegebene Zunahme dA/A des Arbeitseinsatzes mit der Produktionselastizität der Arbeit

$$F_A \cdot A/X \equiv \alpha \tag{2.29}$$

zu multiplizieren. Wird der Arbeitseinsatz z.B. um ein Prozent gesteigert und ist z.B. $\alpha = 0{,}6$, dann steigt der Output um 0,6 Prozent.

Die Produktionselastizität des Kapitals ist analog als diejenige prozentuale Outputzunahme definiert, die sich einstellt, wenn der Kapitaleinsatz bei konstantem Arbeitseinsatz um ein Prozent erhöht wird:

$$F_K \cdot K/X \equiv \beta. \tag{2.30}$$

Das Verhältnis K/X des Kapitalinputs zum Output bezeichnet man als *Kapitalkoeffizienten*, A/X analog als *Arbeitskoeffizienten*. Die Produktionselastizität eines Faktors ist somit gleich seiner Grenzproduktivität, multipliziert mit dem jeweiligen Faktorkoeffizienten.

Man kann die beiden Elastizitäten auch in der folgenden Form schreiben:

$$\alpha = F_A \Big/ \frac{X}{A}, \qquad \beta = F_K \Big/ \frac{X}{K}.$$

Die Quotienten X/A und X/K aus Output und Arbeits- bzw. Kapitaleinsatz nennt man die *(Durchschnitts-)Produktivitäten* der Arbeit bzw. des Kapitals. Die Produktionselastizität eines Faktors kann also als Quotient aus seiner Grenz- und seiner Durchschnittsproduktivität aufgefaßt werden.

Um die eingangs erwähnte enge Beziehung der Produktionselastizitäten zur Skalenelastizität aufzudecken, sei angenommen, beide Inputs würden simultan um dA/A bzw. dK/K gesteigert. Der Output steigt dann um

$$dX/X = \alpha \cdot dA/A + \beta \cdot dK/K. \tag{2.31}$$

Sind die relativen Zunahmen beider Inputs gleich, dann können sie durch die Zunahme der Anzahl eingesetzter Faktorpakete ausgedrückt werden:

$$dA/A = dK/K = d\lambda/\lambda.$$

Einsetzen in Gleichung (2.31) und Ausklammern liefert

$$dX/X = (\alpha + \beta)\, d\lambda/\lambda$$

und daher

$$\epsilon = \alpha + \beta. \tag{2.32}$$

Die Gleichung (2.32) besagt, **daß die Skalenelastizität in jedem Produktionspunkt gleich der Summe der Produktionselastizitäten ist.** Zwar können die Produktionselastizitäten von Produktionspunkt zu Produktionspunkt variieren, doch müssen sie zusammen stets ϵ ergeben. Findet man zum Beispiel, daß eine Produktionsfunktion sich durch konstante Produktionselastizitäten auszeichnet, ist auch die Skalenelastizität konstant. Dagegen ist der Schluß von einer konstanten Skalenelastizität auf konstante Produktionselastizitäten nicht zulässig.

Literaturhinweise zum 2. Kapitel

Allen, R.G.D.: Mathematik für Volks- und Betriebswirte. Berlin 1956, Abschn.13.1–13.7 (bes. zu Kap. 2.2.3).

Brown, M.: On the Theory and Measurement of Technological Change. Cambridge 1968, 13–20.

Carlson, S.: A Study on the Pure Theory of Production. New York 1956, Chapter II.

Danφ, S.: Industrial Production Models. Wien–New York 1967, Chapter III (zu Kap. 2.2.1, 2.2.2), Chapter IV, A, B, C.

Ferguson, C.E.: The Neoclassical Theory of Production and Distribution. Cambridge 1969, Part I, Ch. 2, 3, 4.

Frisch, R.: Theory of Production. Dordrecht 1965, Chapter 5.

Gahlen, B., unter Mitarbeit von *F. Rahmeyer*: Einführung in die Wachstumstheorie. Bd. 1: Makroökonomische Produktionstheorie. Tübingen 1973, Kap. 3.2.

Henderson, J., und *R. Quandt*: Mikroökonomische Theorie. 3. Aufl., München 1973, Abschn. 3.1, 9.1.

Hicks, J.: Theory of Wages. London 1932, Chapter VI, Abschn. I und II (zu Kap. 2.2.3.3).

Johansen, L.: Production Functions. Amsterdam–London 1972, Chapter 4.

Kilger, W.: Produktions- und Kostentheorie. Wiesbaden 1958, Kapitel 1.

Klaus, J.: Produktions- und Kostentheorie. Stuttgart 1974, 36–50.

Krelle, W.: Produktionstheorie. Tübingen 1969, Kapitel IV und V.

Lerner, A.P.: Notes on Elasticity of Substitution, II: The Diagrammatical Representation. Review of Economic Studies 1 (1933/34), 68–71 (zu Kap. 2.2 und 2.3). Siehe auch die Kurzaufsätze folgender Autoren zur Substitutionselastizität in der gleichen Zeitschrift:
In 1 (1933/34) von *Sweezy* (67–68), *Kahn* (72–78), *Hicks* (78–80), *Tarshis* (144–147), *Lerner* (147–148), *Meade* (149–152) (152–153).
In 2 (1934/35) von *Machlup* (202–213).
In 3 (1935/36) von *Friedman* (147–148), *Robinson, J.* (148–150), *Lerner* (150–151), *Machlup* (151–152).

Lücke, W.: Produktions- und Kostentheorie. 3. Aufl., Würzburg 1973, Abschn. 2.2.1.1–2.2.4.1.

Müller, J.H.: Produktionstheorie. In: *Ehrlicher*, u.a. (Hrsg.), Kompendium der Volkswirtschaftslehre. Göttingen 1972, Abschn. I A – I G, VII.

Schneider, E.: Theorie der Produktion. Wien 1934, Kap. 1.

– : Einführung in die Wirtschaftstheorie. Teil II, 12. Aufl., Tübingen 1969, Abschn. 5.

Schneider, H.: Mikroökonomie. Eine Einführung in die Preis-, Produktions- und Wohlfahrtstheorie. München 1973, Kap. 5.1.

Schumann, J.: Grundzüge der mikroökonomischen Theorie. Berlin–Heidelberg–New York 1971, Abschn. II B.

3. Teilweise spezifizierte Produktionsfunktionen

Mit Hilfe der Produktionsfunktion werden in der Wirtschaftstheorie die Produktionsbedingungen einer Wirtschaft oder Branche erfaßt. Je nach dem beabsichtigten Zweck der Analyse und je nach den vorhandenen Kenntnissen über die Produktionsbedingungen wird die Funktion teilweise oder vollständig spezifiziert sein. Genügt es für eine bestimmte theoretische Analyse bereits zu wissen, ob die Produktionsfaktoren gegeneinander substituiert werden können oder nicht, braucht man die Funktion nicht näher zu spezifizieren. Soll dagegen die Realität der Produktion einer Branche möglichst exakt angegeben werden, wird man jede der vier erläuterten Fragen genau, womöglich mit Hilfe je eines Parameters zu beantworten suchen. Daraus ergibt sich die Notwendigkeit, in diesem Lehrbuch sowohl teilweise als auch vollständig spezifizierte Produktionsfunktionen zu untersuchen. Dabei versteht man unter teilweise spezifizierten Produktionsfunktionen solche, bei denen nur einige Produktionsgegebenheiten durch Parameter angegeben sind. Dagegen enthalten vollständig spezifizierte Produktionsfunktionen Parameter für alle Eigenschaften.

3.1 Homogene Produktionsfunktionen

Die gebräuchlichsten der teilweise spezifizierten Produktionsfunktionen sind die *homogenen Produktionsfunktionen*. Eine homogene Produktionsfunktion $X = F(A, K)$ ist durch folgende Eigenschaft definiert:

$$F(\lambda \cdot A, \lambda \cdot K) \equiv \lambda^{\nu} \cdot F(A, K); \qquad \nu = \text{const.} > 0. \tag{3.1}$$

Dieser Ausdruck besagt, daß eine Steigerung des Einsatzes beider Produktionsfaktoren um das λ-fache eine Erhöhung des Funktionswertes – also der Produktionsmenge – auf das λ^{ν}-fache bewirkt. Die Konstante ν wird als *Homogenitätsgrad* der Produktionsfunktion bezeichnet.

Die Skalenelastizität der homogenen Produktionsfunktion beträgt

$$\epsilon = \nu, \tag{3.2}$$

d.h. **homogene Produktionsfunktionen weisen in jedem Produktionspunkt dieselbe Skalenelastizität auf. Sie ist dem Homogenitätsgrad der Funktion gleich.** Zum Beweis dieses Satzes werden zwei Basismengen $A = A_0$ bzw. $K = K_0$ der Produktionsfaktoren willkürlich festgesetzt. Sie stellen (wie im

Kapitel 2.4 definiert worden ist) ein Faktorpaket dar, und λ ist die Einsatzmenge dieser Faktorpakete. Mit ihnen kann die Produktionsmenge

$$X = F(\lambda \cdot A_0, \lambda \cdot K_0) \tag{3.3}$$

hergestellt werden. Unter Berücksichtigung der Gleichung (3.1) kann (3.3) umgeschrieben werden zu

$$X = \lambda^{\nu} \cdot F(A_0, K_0). \tag{3.4}$$

Differenziert man Gleichung (3.4) nach λ, ergibt sich

$$dX/d\lambda = \nu \cdot \lambda^{\nu\text{-}1} \cdot F(A_0, K_0).$$

Durch Erweiterung dieser Gleichung mit λ/X und Berücksichtigung von Gl. (3.4) erhält man

$$\frac{dX}{d\lambda} \cdot \frac{\lambda}{X} \equiv \epsilon = \nu \cdot \lambda^{\nu\text{-}1} \cdot F(A_0, K_0) \cdot \frac{\lambda}{\lambda^{\nu} \cdot F(A_0, K_0)}.$$

Wird auf der rechten Seite gekürzt, ergibt sich Gleichung (3.2). Damit ist der Beweis erbracht.

Je nach der Höhe der Skalenelastizität sind bei der homogenen Produktionsfunktion drei Spezialfälle zu unterscheiden. Nimmt die Skalenelastizität in jedem Produktionspunkt den Wert eins an, ist die Produktionsfunktion homogen vom Grade eins. Man nennt sie in diesem Fall auch *linear-homogen.* Werden die Einsatzmengen beider Faktoren um einen bestimmten, für jeden Faktor gleichen Prozentsatz erhöht (vermindert), so steigt (sinkt) der Output bei einer linear-homogenen Produktionsfunktion ebenfalls um diesen Prozentsatz. Nehmen die eingesetzten Faktormengen z.B. um $dA/A = dK/K = d\lambda/\lambda = R \mathrel{\hat{=}} R \cdot 100\,\%$ zu, muß auch das Produktionsergebnis um $R \cdot 100\,\%$ steigen.

Ist die Produktionsfunktion homogen vom Grade $\epsilon > 1$, d.h. liegen economies of scale vor, dann braucht man zur Erhöhung der Produktion um $R \cdot 100\,\%$ nicht auch die Einsatzmengen aller Faktoren um $R \cdot 100\,\%$ zu steigern. Eine geringere Zunahme beider Inputs reicht bereits aus.

Liegt der Homogenitätsgrad der Produktionsfunktion zwischen null und eins, erfordert die Outputzunahme R stets eine überproportionale Zunahme beider Inputs.

3.1.1 Die Darstellung des Isoquantenschemas

Diese Eigenschaften lassen sich unter Verwendung der Abb. 3.1 geometrisch formulieren. Dort sind die Isoquanten einer homogenen Produktionsfunktion für die Outputmengen X_0, $X_1 = X_0 \cdot (1 + R)$ und $X_2 = X_1 \cdot (1 + R) = X_0 \cdot (1 + R)^2$ gezeichnet, die von dem willkürlich gewählten Fahrstrahl OF in den Punkten C_0, C_1 und C_2 geschnitten werden. Wird die Definitionsgleichung für die Skalenelastizität umgeschrieben, erhält man

$$d\lambda/\lambda = (1/\epsilon) \cdot (dX/X),$$

oder, unter Berücksichtigung von $d\lambda/\lambda = dK/K$,

$$dK/K = (1/\epsilon) \cdot (dX/X).$$

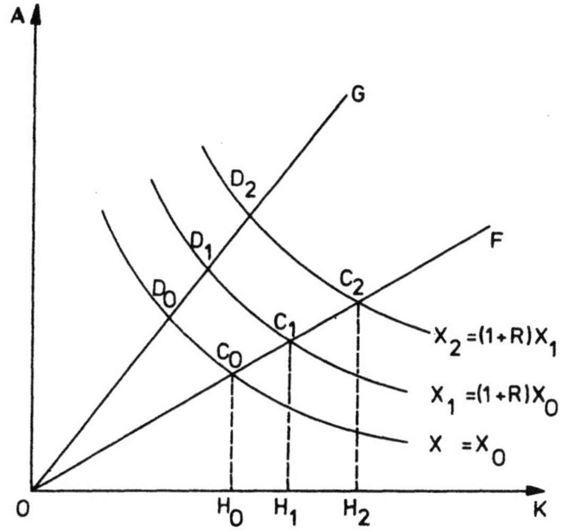

Abb. 3.1

Setzt man die Streckenabschnitte ein, ergibt sich

$$\overline{H_0H_1}/\overline{OH}_0 = (1/\epsilon) \cdot [(1 + R) \cdot X_0 - X_0] / X_0 = R/\epsilon.$$

Da nach dem Strahlensatz $\overline{H_0H_1}/\overline{OH}_0 = \overline{C_0C_1}/\overline{OC}_0$ ist, gilt $R/\epsilon = \overline{C_0C_1}/\overline{OC}_0$. Entsprechend erhält man

$$\overline{C_1C_2}/\overline{OC}_1 = R/\epsilon.$$

Diese Ergebnisse besagen, daß bei homogenen Produktionsfunktionen der Isoquantenabstand vom Ursprung um den relativen Betrag R/ϵ steigt, wenn der Output um R zunimmt. Soll der Output beispielsweise verdoppelt werden ($R = 1$), dann ist die Isoquante bei constant returns to scale doppelt so weit vom Nullpunkt entfernt einzuzeichnen wie die ursprüngliche Isoquante. Liegen diseconomies of scale vor, muß der Abstand mehr als verdoppelt werden, während er bei economies of scale auf weniger als das Doppelte steigen muß.

Diese Zusammenhänge gelten nicht nur für den gewählten Fahrstrahl OF, sondern auch für alle anderen, so für OG in der Abb. 3.1. Es ist deshalb möglich, bei Benutzung des in der Abb. 2.22 verwendeten Verfahrens eine Isoquante mit beliebig vorgegebenem Mengenindex graphisch aus einer anderen abzuleiten. In der Abb. 3.2 ist dazu die Isoquante für $X = X_0$ eingezeichnet. Zur Konstruktion der Isoquante für die um $R \cdot 100\,\%$ höhere Produktmenge X_1 wird zunächst ein Fahrstrahl, z.B. OC_0, eingetragen. Nach der in Abb. 2.22 benutzten Methode wird der Winkel τ bestimmt, dessen Tangens gleich der

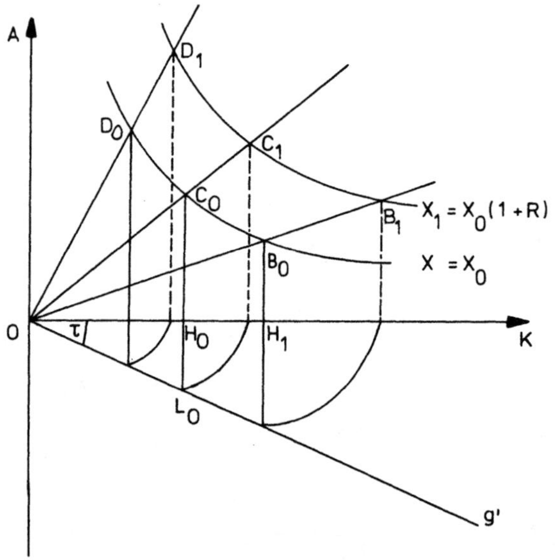

Abb. 3.2

notwendigen relativen Zunahme von A und K ist. Sodann werden weitere Fahrstrahlen OD_0 und OB_0 gezogen. Von den Schnittpunkten der Fahrstrahlen mit der Isoquante für $X = X_0$ werden Lote auf die Abszisse gefällt und nach unten verlängert, bis sie auf den Strahl g' stoßen. Der Abstand der Fußpunkte auf g' von der Abszisse (z.B. $\overline{H_0 L_0}$) ist gleich der absoluten Erhöhung des Kapitaleinsatzes, die von C_0 (B_0 bzw. D_0) ausgehend notwendig ist, um die Produktion auf X_1 zu erhöhen. Wird der jeweils notwendige Kapitalzuwachs auf die Abszisse übertragen und wird im so erhaltenen Abszissenpunkt die Senkrechte errichtet, erhält man B_1, C_1 und D_1 als Schnittpunkte mit dem zugehörigen Fahrstrahl. Da diesen Punkten ein gegenüber B_0, C_0 und D_0 um $(R/\epsilon) \cdot 100\,\%$ erhöhte Einsatzmenge beider Faktoren entspricht, liegen sie auf der Isoquante für

$X_1 = X_0 \cdot (1 + R)$. Zieht man weitere Fahrstrahlen und konstruiert entsprechende Punkte, ergibt sich die neue Isoquante. **Das Isoquantenschema der homogenen Produktionsfunktion ist also vollständig ableitbar, sobald eine Isoquante bekannt ist.** Zum Beispiel ist es möglich, die Isoquante für $X_2 = X_1\ (1 + R) = X_0\ (1 + R)^2$ zu ermitteln, indem das Verfahren von der Isoquante $X = X_1$ ausgehend wiederholt wird. Man kann auch ein anderes R vorgeben, den zugehörigen Winkel τ konstruieren und wie beschrieben vorgehen.

Die benutzte Methode hat eine Schwäche. Sie besteht darin, daß die Abstände von Isoquanten mit gleichen *absoluten* Produktionsmengendifferenzen nicht unmittelbar angegeben werden können. Solche Isoquanten sind häufig zu zeichnen. Man will, wenn man die Isoquante für eine Produktionsmenge X_0 kennt, ohne großen geometrischen Aufwand auch die Isoquanten für die Mengen $2X_0, 3X_0, \ldots$ oder $X_0 + \Delta X, X_0 + 2\Delta X, \ldots$ zeichnen. Eine einfache geometrische Bestimmung ist möglich. Zur Ableitung dieses geometrischen Verfahrens wird die Definitionsgleichung für die Skalenelastizität umformuliert zu

$$dX/X = \epsilon \cdot d\lambda/\lambda.$$

Das Integral dieser Gleichung lautet

$$\ln X = \epsilon \cdot \ln \lambda + \ln c,$$

wobei die Integrationskonstante als $\ln c$ geschrieben ist. Durch Entlogarithmieren erhält man die Produktionsmenge in Abhängigkeit von der Zahl der eingesetzten Faktorpakete:

$$X = c \cdot \lambda^{\epsilon}. \tag{3.5}$$

Dabei steht c für den Output, der mit einem Faktorpaket ($\lambda = 1$) produzierbar ist. In den Abb. 3.3 a – c ist diese Gleichung für $\epsilon < 1$, $\epsilon = 1$ und $\epsilon > 1$ in die zweiten Quadranten gezeichnet. Wie ersichtlich, ist die entstehende Kurve für $\epsilon < 1$ streng konkav, für $\epsilon > 1$ streng konvex zur λ-Achse, und für $\epsilon = 1$ linear. Um die Isoquanten mit gleichen absoluten Produktmengendifferenzen ΔX bei abnehmenden, konstanten und steigenden Skalenerträgen zu ermitteln, sind in die ersten Quadranten Fahrstrahlen mit gleicher Steigung eingetragen. Ferner ist angenommen, daß jedes Faktorpaket genau eine Arbeitseinheit enthält, so daß λ und A auf derselben Achse gemssen werden können. Jetzt werden auf den negativen Abszissen die Produktmengen X_0, $X_1 = X_0 + \Delta X$, $X_2 = X_1 + \Delta X = X_0 + 2\Delta X$ usw. abgetragen. Geht man von dem Abszissenpunkt im zweiten Quadranten senkrecht nach oben zu der Kurve $X = c \cdot \lambda^{\epsilon}$ und von dort parallel zur Abszisse nach rechts in den ersten Quadranten, erhält man einen Schnittpunkt mit dem Fahrstrahl, der den zu der gewählten Produktionsmenge gehörenden Einsatz der Produktionsfaktoren angibt. Dies Verfahren wird für alle Produktionsmengen $X_1, X_2, \ldots$ durchgeführt, und man erhält so die Isoquanten mit konstanten Mengendifferenzen ΔX.

Die Abb. 3.3 a zeigt, daß die Abstände der Isoquanten mit konstanten Mengendifferenzen bei abnehmenden Skalenerträgen größer werden. Je mehr bereits produziert wird, desto stärker müssen die Faktoreinsatzmengen gesteigert werden, um eine zusätzliche Menge ΔX herzustellen. Bei konstanten Skalenerträgen (Abb. 3.3 b) ist die notwendige Zunahme der Inputs entlang eines Fahrstrahls unabhängig von der Produktionsmenge. Der Abstand von Isoquan-

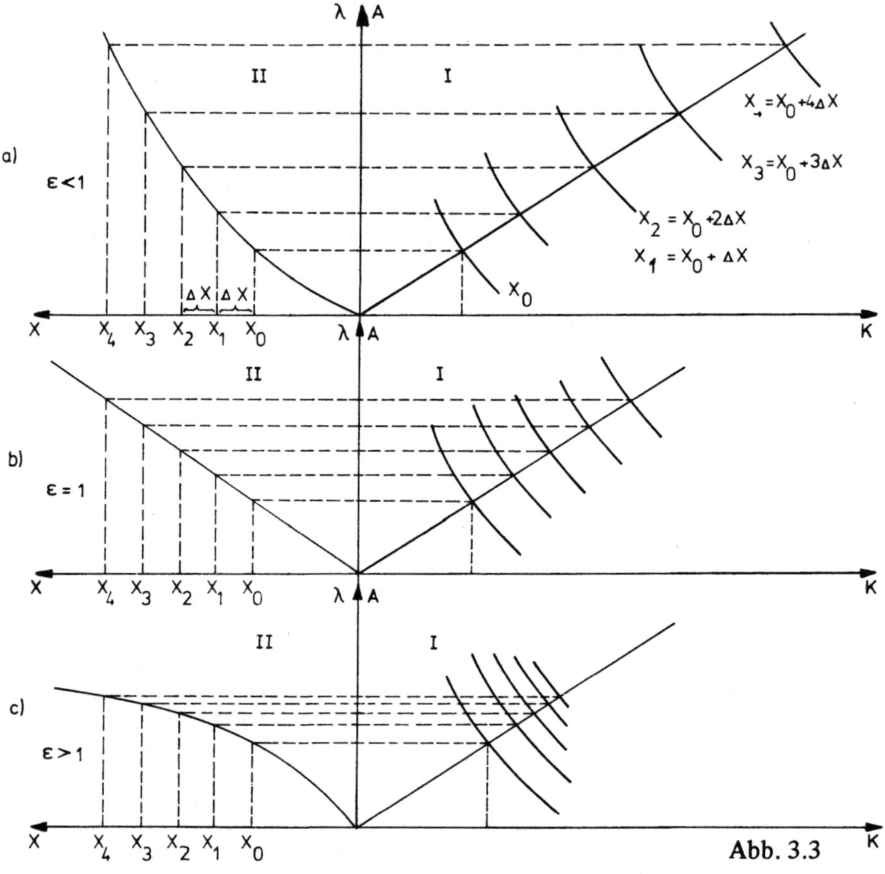

Abb. 3.3

ten mit konstanten Mengendifferenzen ist konstant. Bei zunehmenden Skalenerträgen (Abb. 3.3 c) nimmt dieser Abstand mit zunehmender Produktion ab. Das heißt, jede zusätzliche Produktionsmenge erfordert einen umso geringeren Einsatz zusätzlicher Produktionsfaktoren, je höher die Produktion bereits ist.

3.1.2 Die wichtigsten Eigenschaften der linear-homogenen Produktionsfunktion

Die linear-homogene Produktionsfunktion ist unter den genannten drei Spezialfällen am einfachsten zu handhaben. Sie wird in der ökonomischen

Literatur überaus häufig benutzt und soll als erste im einzelnen untersucht und erläutert werden. Sie besitzt u.a. die folgenden Eigenschaften:

Die erste Eigenschaft: Bei der linear-homogenen Produktionsfunktion hängen die (durchschnittliche) Arbeitsproduktivität und die (durchschnittliche) Kapitalproduktivität allein vom Verhältnis der eingesetzten Faktormengen ab.

Nach diesem Satz ist die absolute Höhe der Faktoreinsätze für das Produktionsergebnis je Arbeits- und Kapitaleinheit nicht maßgeblich. Die Produktivitäten stimmen in allen Punkten auf einem gegebenen Strahl aus dem Ursprung des Isoquantensystems überein. Sie ändern sich nur, wenn dieser Strahl verlassen wird, d.h. zu einem anderen Verhältnis der Faktormengen übergegangen wird.

Formuliert man die erste Eigenschaft algebraisch, erhält man

$$X/A = f(K/A); \quad X/K = g(A/K). \tag{3.6}$$

Das gleiche wie (3.6) besagt die Formulierung

$$X = A \cdot f(K/A); \quad X = K \cdot g(A/K). \tag{3.7}$$

Zum Beweis, daß die linear-homogene Produktionsfunktion $X = F(A, K)$ diese Eigenschaft hat, kann man von der Definitionsgleichung (3.1) ausgehen. Aus ihr folgt wegen $\nu = 1$

$$F(\lambda \cdot A, \lambda \cdot K) = \lambda \cdot F(A, K) \tag{3.8}$$

für beliebiges λ. Ist $\lambda = 1/A$, ergibt sich

$$F(1, K/A) = 1/A \cdot F(A, K) = 1/A \cdot X$$

oder

$$X = A \cdot F(1, K/A),$$

d.h. F hängt nur noch von K/A ab. Die 1 in dieser Gleichung kann weggelassen werden, wenn eine Funktion f mit der Eigenschaft $f(K/A) \equiv F(1, K/A)$ definiert wird. Dann ist

$$X = A \cdot f(K/A).$$

Entsprechend gilt für $\lambda = 1/K$

$$X = K \cdot F(A/K, 1) \equiv K \cdot g(A/K).$$

Auf einem Strahl aus dem Ursprung des Koordinatensystems (für den das Mengenverhältnis der Faktoren konstant ist) verhält sich der Output somit proportional zu den Einsatzmengen beider Faktoren, wobei die Proportionalitätskonstante gleich $f(K/A)$ bzw. $g(A/K)$ ist.

Die zweite Eigenschaft: Die Grenzproduktivitäten der Arbeit und des Kapitals sind allein vom *Verhältnis* der eingesetzten Faktormengen abhängig. In anderer Formulierung besagt dieser Satz: Die partiellen Ableitungen der Produktionsfunktion hängen nur von der Faktorintensität ab. Die Zahl der eingesetzten Faktorpakete ist nicht bestimmend.

Die Eigenschaft läßt sich im Hinblick auf den Produktionsfaktor Arbeit unter Verwendung der bereits bewiesenen Beziehung $X = A \cdot f(K/A)$ (siehe Gleichung (3.7)) ableiten. Differenziert man sie partiell nach A, ergibt sich

$$\partial X/\partial A = f(K/A) + A \cdot f'(K/A) \cdot \frac{\partial (K/A)}{\partial A}$$

Darin bezeichnet f' die Ableitung der Funktion f nach K/A. Wegen $\partial (K/A)/\partial A = -K/A^2$ ist die Grenzproduktivität der Arbeit

$$\partial X/\partial A = f(K/A) - (K/A) \cdot f'(K/A). \tag{3.9}$$

Aus dieser Grenzproduktivitätsfunktion – einem Spezialfall der ersten Gleichung in (2.14) – ist unmittelbar ersichtlich, daß die Grenzproduktivität der Arbeit allein von der Kapitalintensität abhängig ist. In der Abb. 3.4 ist somit die Grenzproduktivität der Arbeit in allen Punkten auf dem Fahrstrahl I

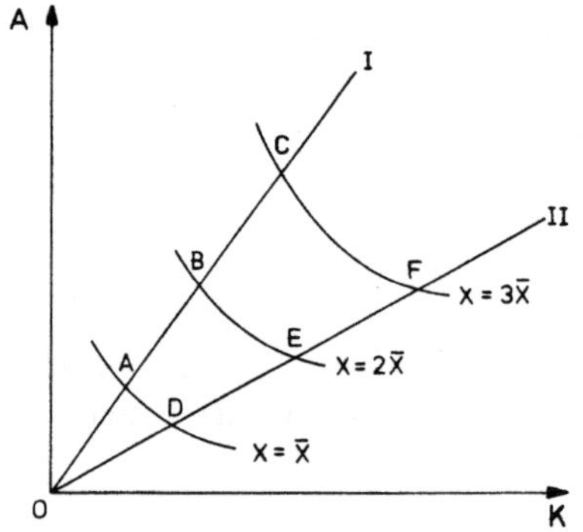

Abb. 3.4

gleich, beispielsweise in den Punkten A, B und C. Wegen $X/A = f(K/A)$ stimmen auch die Durchschnittsproduktivitäten der Arbeit in A, B, C und allen anderen Punkten auf dem Strahl I überein. Analog gelten diese Aussagen für den Fahrstrahl II und die Punkte D, E und F. Da den Punkten auf dem Strahl

II eine andere Kapitalintensität gemeinsam ist als auf dem Strahl I, weichen die marginalen und durchschnittlichen Arbeitsproduktivitäten in A, B und C von denen in D, E und F ab.

Für die Grenzproduktivität des Kapitals läßt sich die zweite Eigenschaft beweisen, indem man die Gleichung $X = A \cdot f(K/A)$ partiell nach K differenziert. Man erhält dann die Grenzproduktivitätsfunktion des Kapitals

$$\partial X/\partial K = A \cdot f'(K/A) \cdot \frac{\partial (K/A)}{\partial K} = A \cdot f'(K/A) \cdot 1/A = f'(K/A). \tag{3.10}$$

Das Resultat zeigt, daß die Grenzproduktivität des Kapitals nur von der Kapitalintensität abhängig ist.

Bleiben die Grenzproduktivitäten der Faktoren bei Bewegungen auf einem Fahrstrahl konstant, muß auch der Quotient aus ihnen, die Grenzrate der Substitution, unverändert bleiben. Da die Grenzrate der Substitution der Steigung der Isoquante dem Absolutbetrage nach gleich ist, müssen alle Isoquanten einer linear-homogenen Produktionsfunktion im Schnittpunkt mit einem Ursprungsstrahl die gleiche Steigung aufweisen. Für den geometrischen Ort von Punkten mit gleicher Grenzrate der Substitution ist die Bezeichnung *Isokline* gebräuchlich. **Die Isoklinen der linear-homogenen Produktionsfunktion sind also Strahlen aus dem Ursprung.**

Dieser Verlauf der Isoklinen läßt sich auch aus der Substitutionsfunktion der linear-homogenen Produktionsfunktion ableiten. Zur Ermittlung der Substitutionsfunktion wird die Gleichung (3.9) durch die Gleichung (3.10) dividiert. Man erhält

$$\frac{\partial X/\partial A}{\partial X/\partial K} = F_A/F_K = \frac{f(K/A)}{f'(K/A)} - K/A. \tag{3.11}$$

Aus dieser Substitutionsfunktion ist abzulesen, daß sich die Grenzrate der Substitution nur ändert, wenn zu anderen Werten der Kapitalintensität übergegangen wird. Alle Produktionspunkte mit gleicher Kapitalintensität weisen auch die gleiche Grenzrate der Substitution auf. Das bedeutet nichts anderes, als daß die Isokline ein Strahl aus dem Ursprung ist.

Die dritte Eigenschaft: Die Substitutionselastizität ist in allen Punkten auf einem Ursprungsstrahl des Isoquantensystems gleich. Sie hängt nur vom Einsatzverhältnis der Faktoren ab. Die durch die Substitutionselastizität gemessenen Möglichkeiten der Ersetzung des einen Faktors durch den anderen sind nicht von der Anzahl, sondern nur von der Füllung der eingesetzten Faktorpakete abhängig. Man kann dies mit Hilfe der Abb. 3.5 zeigen. In den dort eingezeichneten Punkten C_0 und C_1 auf dem Strahl I sind die Grenzproduktivi-

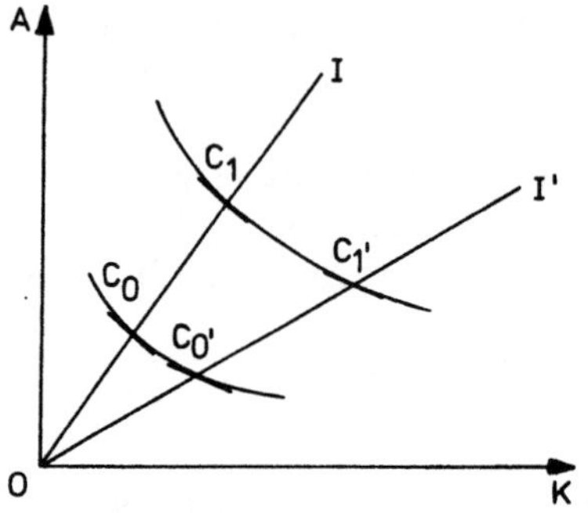

Abb. 3.5

täten wegen der zweiten Eigenschaft linear-homogener Funktionen gleich. Deshalb muß dies auch für ihr Verhältnis und somit für die Grenzrate der Substitution zutreffen. Wird bei konstanter Produktionsmenge die Kapitalintensität von C_0 ausgehend um einen vorgegebenen, infinitesimal kleinen Prozentsatz gesteigert, kommt man zum Punkt C_0' auf dem Strahl I'. Auf dem gleichen Strahl gelangt man zum Punkt C_1', wenn die Kapitalintensität von C_1 (statt C_0) ausgehend um den vorgegebenen Prozentsatz zunimmt. Die Grenzraten der Substitution in C_0' und C_1' müssen entsprechend der zweiten Eigenschaft ebenfalls übereinstimmen. Deshalb muß sich die Grenzrate der Substitution beim Übergang von C_0 nach C_0' prozentual genauso geändert haben wie beim Übergang von C_1 nach C_1'. Das ist aber nur möglich, wenn die Substitutionselastizität in C_0 und C_1 übereinstimmt.

Was dieses Ergebnis für die Krümmung der Isoquante bedeutet, wenn man sich auf dem gegebenen Strahl weiter vom Ursprung entfernt, läßt sich ausgehend von der Formel (2.12) zeigen. Sie kann umgeformt werden zu

$$d^2A/dK^2 = (1/b) \cdot r\,[r + A/K] \cdot 1/A. \tag{3.12}$$

Da b, r und A/K entlang einer Isokline konstant sind, ändert sich die Krümmung umgekehrt proportional zum Arbeitseinsatz. A (und K) sind aber auf einem Ursprungsstrahl proportional zu der Menge eingesetzter Faktorpakete. **Die Isoquantenkrümmung ist somit umso kleiner, je mehr Faktorpakete eingesetzt werden**, d.h. je weiter man sich auf der Isokline vom Ursprung entfernt.

Es kann auch analytisch gezeigt werden, daß die Substitutionselastizität bei der linear-homogenen Produktionsfunktion entlang einem Fahrstrahl konstant ist. Dazu wird von der Formel (2.19) ausgegangen, in der die Substitutionselastizität als Quotient aus der relativen Änderung des Einsatzverhältnisses der Produktionsfaktoren und der relativen Änderung des Verhältnisses der Grenzproduktivitäten dargestellt wird. Unter Berücksichtigung von (3.9) und (3.10) führt die Umwandlung von (2.19) zu

$$d\,(\ln\, F_A/F_K) = d\,\left(\ln\, \frac{f-(K/A)\cdot f'}{f'}\right)$$

oder[1])

$$\frac{d\,(F_A/F_K)}{F_A/F_K} = \frac{f'}{f-(K/A)\cdot f'} \cdot \frac{f'f'-(K/A)f''f'-f'f'-ff''+(K/A)f'f''}{f'^2} \cdot d\,(K/A).$$

Dabei ist $f'' = \partial f'\,(K/A)/\partial\,(K/A) = \partial^2 f\,(K/A)/\partial\,(K/A)^2$. Durch Vereinfachung folgt

$$\frac{d\,(F_A/F_K)}{F_A/F_K} = \frac{-ff''}{f'(f-(K/A)\cdot f')} \cdot d\,(K/A).$$

Dieses Ergebnis wird in die Gleichung (2.19) eingesetzt. Dabei kürzt sich $d\,(K/A)$ heraus, und man erhält

$$b = -\,\frac{f'\,(f-K/A\,f')}{(K/A)\,ff''}\,. \qquad (3.13)$$

Die Ausdrücke f, f' und die zweite Ableitung f'' der Arbeitsproduktivität nach der Kapitalintensität ändern sich nur dann, wenn die Kapitalintensität K/A andere Werte annimmt. Deshalb hängt auch b nur von K/A ab. Gebräuchlich sind auch Produktionsfunktionen, bei denen die Substitutionselastizität nicht nur auf einem, sondern auf allen Fahrstrahlen, d.h. in jedem Punkt des Isoquantenschemas, die gleiche Höhe hat[2]). Die Änderung der Kapitalintensität ist somit bei der linear-homogenen Produktionsfunktion eine notwendige, nicht aber hinreichende Bedingung dafür, daß sich b ändert[3]).

---

[1]) Bei der Durchführung der Differentiation sind die Regeln

$$d\,[\ln u] = \frac{1}{u} \cdot du$$

und

$$d\left[\ln \frac{u\,(x)}{v\,(x)}\right] = \frac{v}{u} \cdot d\left(\frac{u\,(x)}{v\,(x)}\right) = \frac{v}{u} \cdot \frac{v \cdot u'dx - u \cdot v'dx}{v^2}$$

zu beachten.

[2]) Vgl. die Ausführungen über die CES-Produktionsfunktion im Kapitel 5.1.

[3]) Außerdem ist $\epsilon = 1$ keine notwendige, sondern nur eine hinreichende Bedingung dafür, daß b auf einem Fahrstrahl konstant bleibt. Diese Eigenschaft besitzt auch die homothetische Produktionsfunktion. Vgl. dazu Kapitel 3.2.1.

Man kann die Substitutionselastizität (3.13) anhand der allgemeinen Form $X = F(A, K)$ der linear-homogenen Produktionsfunktion umformulieren, indem man die Grenzproduktivitätsfunktionen $F_A = \partial X/\partial A = f - (K/A) \cdot f'$ sowie $F_K = \partial X/\partial K = f'$ (Gleichung (3.9) bzw. (3.10)) verwendet und berücksichtigt, daß $F \cdot F_{KA} = F \cdot \partial F_K(A, K)/\partial A = X \cdot \partial f'(K/A)/\partial A = = X \cdot f'' \cdot (-K/A^2) = -(K/A)(X/A) \cdot f'' = -(K/A)ff''$ ist. Der Ausdruck für b lautet dann

$$b = \frac{F_K \cdot F_A}{F \cdot F_{KA}}. \tag{3.14}$$

Sind die Isoquanten streng konvex zu beiden Achsen, d.h. gilt das Gesetz von der abnehmenden Grenzrate der Substitution, nimmt K/A mit wachsendem r^* zu. b ist also positiv. Dann muß wegen $F_K > 0, F_A > 0, F > 0$ die Kreuzableitung F_{KA} der linear-homogenen Produktionsfunktion ebenfalls positiv sein. Die Kreuzableitung $F_{KA} \equiv \partial(\partial X/\partial K)/\partial A$ gibt die Änderung der Grenzproduktivität des Kapitals an, wenn sich der Arbeitseinsatz ceteris paribus ändert. Nach dem Satz von *Young* [*Allen* 1956, S. 311ff.] gilt

$$F_{KA} = F_{AK}, \tag{3.15}$$

so daß die Kreuzableitung auch die Änderung der Grenzproduktivität der Arbeit bestimmt, wenn sich bei konstantem Arbeitseinsatz der Kapitaleinsatz ändert. Man erhält daher eine weitere Eigenschaft der linear-homogenen Produktionsfunktion: Im Substitutionsgebiet steigt die Grenzproduktivität eines Faktors, wenn von dem anderen ceteris paribus mehr eingesetzt wird. Das bedeutet z.B., daß die Grenzproduktivität der eingesetzten Arbeit steigt, wenn die Kapitalausstattung der bestehenden Arbeitsplätze erhöht wird.

Die vierte Eigenschaft: Die Produktionsmenge ist gleich der Summe der mit ihren Grenzproduktivitäten multiplizierten Faktoreinsätze:

$$X = (\partial X/\partial A) \cdot A + (\partial X/\partial K) \cdot K = F_A \cdot A + F_K \cdot K. \tag{3.16}$$

Die Gültigkeit dieser Relation kann man aufzeigen, indem man die Ausdrücke (3.9) und (3.10) für die Grenzproduktivität der Arbeit und des Kapitals einsetzt:

$$A \cdot (\partial X/\partial A) + K \cdot (\partial X/\partial K) =$$

$$= A \cdot [f(K/A) - (K/A) \cdot f'(K/A)] + K \cdot f'(K/A) = A \cdot f(K/A) = X$$

Die Bedeutung der vierten Eigenschaft zeigt sich bei der Untersuchung verteilungstheoretischer Probleme (Kapitel 4.2). Außerdem kann man mit ihr die direkten Ableitungen zweiter Ordnung (F_{AA} bzw. F_{KK}) in Abhängigkeit von der gemischten Ableitung F_{AK} darstellen:

Differenziert man die Gleichung

$$F(A, K) = F_A(A, K) \cdot A + F_K(A, K) \cdot K$$

total, erhält man

$$F_A \cdot dA + F_K \cdot dK =$$

$$= A \cdot F_{AA} \cdot dA + A \cdot F_{AK} \cdot dK + F_A \cdot dA + K \cdot F_{KA} \cdot dA + K \cdot F_{KK} \cdot dK + F_K \cdot dK.$$

Bringt man alle Ausdrücke in dieser Gleichung auf die linke Seite und klammert die Differentiale dA und dK aus, so erhält man

$$(A \cdot F_{AA} + K \cdot F_{KA}) \cdot dA + (A \cdot F_{AK} + K \cdot F_{KK}) \cdot dK = 0.$$

Da dA und dK willkürlich vorgegebene Änderungen sind, ist diese Gleichung nur erfüllt, wenn

$$F_{AA} = -(K/A) \cdot F_{KA} \tag{3.17}$$

und

$$F_{KK} = -(A/K) \cdot F_{AK} \tag{3.18}$$

ist. Jede linear-homogene Produktionsfunktion muß daher die Eigenschaften (3.17) und (3.18) besitzen. Da F_{AK} und F_{KA} positiv sind, sind F_{AA} und F_{KK} negativ.

Die Bedeutung dieser Eigenschaften läßt sich folgendermaßen verdeutlichen: Wenn der Arbeitseinsatz bei konstantem Kapitaleinsatz um dA erhöht wird, ändert sich die Grenzproduktivität der Arbeit um

$$dF_A = F_{AA} \cdot dA < 0.$$

Analog gilt für eine Erhöhung des Kapitaleinsatzes um dK bei konstantem Arbeitseinsatz:

$$dF_K = F_{KK} \cdot dK < 0.$$

Diese Ergebnisse besagen: Bei der linear-homogenen Produktionsfunktion nimmt die Grenzproduktivität eines Faktors ab, wenn von diesem Faktor bei konstantem Einsatz des anderen mehr eingesetzt wird.

Hiermit werden die Überlegungen zur linear-homogenen Produktionsfunktion abgeschlossen. In der Folge soll auf die allgemeinere Form der *homogenen* Produktionsfunktion eingegangen werden. Analog zu dem bisherigen Vorgehen werden zunächst ihre wichtigsten Eigenschaften diskutiert.

3.1.3 Die wichtigsten Eigenschaften der homogenen Produktionsfunktion

Die erste Eigenschaft: Eine Produktionsfunktion $X = F(A, K)$, die homogen vom Grade ϵ ist, kann man in jeder der folgenden Formen schreiben:

$$X = A^{\epsilon} \cdot f(K/A), \qquad \textbf{(3.19)}$$

$$X = K^{\epsilon} \cdot g(A/K). \qquad \textbf{(3.20)}$$

Zum Beweis dieser Eigenschaft wird von dem Ausdruck ausgegangen, der die Produktionsfunktion mit dem Homogenitätsgrad ϵ definiert. Er lautet (vgl. Formel (3.1))

$$F(\lambda \cdot A, \lambda \cdot K) = \lambda^{\epsilon} \cdot F(A, K). \qquad (3.21)$$

Setzt man $\lambda = 1/A$ bzw. $\lambda = 1/K$, erhält man

$$F(1, K/A) = (1/A)^{\epsilon} \cdot F(A, K) = (1/A)^{\epsilon} \cdot X \qquad (3.22)$$

und

$$F(A/K, 1) = (1/K)^{\epsilon} \cdot F(A, K) = (1/K)^{\epsilon} \cdot X. \qquad (3.23)$$

Werden die erste dieser Gleichungen mit A^{ϵ} und die zweite mit K^{ϵ} multipliziert und $F(1, K/A) \equiv f(K/A)$ sowie $F(A/K, 1) \equiv g(A/K)$ gesetzt, ergibt sich die erste Eigenschaft.

Sie zeigt, daß die durchschnittliche Arbeits- und die durchschnittliche Kapitalproduktivität nicht allein vom Einsatz*verhältnis* der Faktormengen abhängig sind, wie das für linear-homogene Funktionen nachgewiesen wurde. Die Produktivitäten werden auch durch die absolute Höhe der Faktoreinsätze bestimmt. Man kann nämlich schreiben:

$$X/A = A^{\epsilon-1} \cdot f(K/A), \quad X/K = K^{\epsilon-1} \cdot g(A/K). \qquad (3.24)$$

Um die Bedeutung dieser Gleichungen aufzuzeigen, soll gefragt werden, wie die Produktivitäten von der Zahl eingesetzter Faktorpakete λ, also vom Niveau des Produktionsprozesses, abhängen. Es sei angenommen, daß ein Faktorpaket die vorgegebene Arbeits- und Kapitalmenge A_0 bzw. K_0 enthält. Das Prozeßniveau λ entspricht dann den Faktormengen

$$A = \lambda \cdot A_0, \; K = \lambda \cdot K_0.$$

Damit können die Gleichungen (3.24) umgeschrieben werden zu

$$X/A \;=\; \lambda^{\epsilon-1} \cdot A_0^{\epsilon-1} \cdot f(K_0/A_0)$$

$$X/K \;=\; \lambda^{\epsilon-1} \cdot K_0^{\epsilon-1} \cdot g(A_0/K_0)$$

Erhöht man das Prozeßniveau um $d\lambda$, d.h. werden Arbeits- und Kapitaleinsatz in der Weise erhöht, daß ihr Einsatzverhältnis konstant gleich A_0/K_0 bleibt, erhält man für die Änderung der Grenzproduktivität der Arbeit

$$d(X/A)/d\lambda = (\epsilon - 1) \cdot \lambda^{\epsilon-2} \cdot A_0^{\epsilon-1} \cdot f(K_0/A_0).$$

Die Multiplikation dieser Gleichung mit $\lambda/(X/A)$ ergibt die Elastizität der Arbeitsproduktivität in bezug auf das Prozeßniveau:

$$\left(d\left(\frac{X}{A}\right)\Big/ d\lambda\right) \cdot \left(\lambda\Big/\frac{X}{A}\right) = \tag{3.25}$$

$$(\epsilon - 1) \cdot \lambda^{\epsilon-2} \cdot \lambda \cdot A_0^{\epsilon-1} \cdot f\left(\frac{K_0}{A_0}\right)\Big/ \lambda^{\epsilon-1} \cdot A_0^{\epsilon-1} \cdot f\left(\frac{K_0}{A_0}\right) = \epsilon - 1.$$

Analog erhält man aus der Gleichung für die Produktivität des Kapitals

$$\left(d\left(\frac{X}{K}\right)\Big/ d\lambda\right) \cdot \left(\lambda\Big/\frac{X}{K}\right) = \epsilon - 1. \tag{3.26}$$

Beide Ergebnisse besagen, daß die Elastizität der Faktorproduktivitäten in bezug auf das Prozeßniveau gleich der um eins verminderten Skalenelastizität ist. Liegen decreasing returns to scale vor ($\epsilon < 1$), nimmt die durchschnittliche Produktivität beider Faktoren mit steigendem Prozeßniveau ab. Bei constant returns to scale, also bei der linear-homogenen Produktionsfunktion, ist die Elastizität der Faktorproduktivitäten null, die Produktivitäten ändern sich längs eines Fahrstrahles nicht. Bei increasing returns to scale ($\epsilon > 1$) nehmen die durchschnittlichen Produktivitäten zu, wenn die Produktionsmenge bei konstantem Einsatzverhältnis der Produktionsfaktoren ausgedehnt wird. Ihre prozentuale Zunahme ist geringer als die prozentuale Erhöhung des Prozeßniveaus, solange $1 < \epsilon < 2$ gilt.

Die zweite Eigenschaft: Ist die Produktionsfunktion $X = F(A, K)$ homogen vom Grade ϵ, so sind die Grenzproduktivitätsfunktionen

$$\partial X/\partial A = F_A(A, K)$$

und

$$\partial X/\partial K = F_K(A, K)$$

homogen vom Grade $\epsilon - 1$.

Diese Eigenschaft besagt, daß eine Erhöhung des Prozeßniveaus um $(d\lambda/\lambda) \cdot 100\,\%$ zu einer Veränderung der Grenzproduktivität der Arbeit und des Kapitals um $(\epsilon - 1)(d\lambda/\lambda) \cdot 100\,\%$ führt. Es gilt somit

$$\frac{d(\partial X/\partial A)}{\partial X/\partial A} \Big/ \frac{d\lambda}{\lambda} = \frac{d(\partial X/\partial K)}{\partial X/\partial K} \Big/ \frac{d\lambda}{\lambda} = \epsilon - 1. \tag{3.27}$$

Zum Beweis werden zunächst die speziellen Schreibweisen der Grenzproduktivitätsfunktionen homogener Produktionsfunktionen abgeleitet. Aus der Gleichung (3.19) erhält man durch partielles Differenzieren nach A

$$\partial X/\partial A = A^{\epsilon} \cdot f'(K/A) \cdot \partial(K/A)/\partial A + f(K/A) \cdot \epsilon \cdot A^{\epsilon-1}.$$

Wird $A^{\epsilon-1}$ ausgeklammert und berücksichtigt, daß $\partial(K/A)/\partial A = -K/A^2$ ist, ergibt sich folgende Grenzproduktivitätsfunktion der Arbeit:

$$\partial X/\partial A = A^{\epsilon-1}\,[\epsilon \cdot f(K/A) - (K/A) \cdot f'(K/A)]. \tag{3.28}$$

Analog erhält man durch partielles Differenzieren nach K

$$\partial X/\partial K = A^{\epsilon} \cdot f'(K/A) \cdot \frac{\partial(K/A)}{\partial K}.$$

Da $\partial(K/A)/\partial K = 1/A$ ist, kann man für die Grenzproduktivitätsfunktion des Kapitals schreiben:

$$\partial X/\partial K = A^{\epsilon-1} f'(K/A). \tag{3.29}$$

Um zu zeigen, wie die Grenzproduktivitäten mit dem Prozeßniveau λ variieren, wird geschrieben:

$$A = \lambda \cdot A_0, \quad K = \lambda \cdot K_0.$$

Dann ergibt sich aus Gleichung (3.28) und Gleichung (3.29):

$$\partial X/\partial A = \lambda^{\epsilon-1} \cdot A_0^{\epsilon-1} \cdot [\epsilon \cdot f(K_0/A_0) - (K_0/A_0) \cdot f'(K_0/A_0)]$$

und

$$\partial X/\partial K = \lambda^{\epsilon-1} \cdot A_0^{\epsilon-1} \cdot f'(K_0/A_0).$$

Zunächst wird die Gleichung für $\partial X/\partial A$ näher betrachtet. Ihr natürlicher Logarithmus lautet

$$\ln \partial X/\partial A = (\epsilon - 1) \cdot \ln \lambda + \ln A_0^{\epsilon-1} \cdot [\ldots].$$

Wird berücksichtigt, daß der zweite Summand auf der rechten Seite konstant und sein Differential somit null ist, ergibt sich

$$d[\ln \partial X/\partial A] = (\epsilon - 1) \cdot d[\ln \lambda] + 0$$

oder

$$\frac{d(\partial X/\partial A)}{\partial X/\partial A} = (\epsilon - 1) \cdot d\lambda/\lambda.$$

Analog erhält man

$$\frac{d(\partial X/\partial K)}{\partial X/\partial K} = (\epsilon - 1) \cdot d\lambda/\lambda.$$

Die Multiplikation dieser beiden Gleichungen mit $\lambda/d\lambda$ schließt den Beweis ab.

Da sich die Grenzproduktivitäten von Arbeit und Kapital bei Bewegungen auf dem Fahrstrahl um denselben Prozentsatz verändern, müssen ihr Verhältnis und damit die Steigung der Isoquanten (die Grenzrate der Substitution) im Schnittpunkt mit einem gegebenen Fahrstrahl überall gleich sein. Dies kann mit Hilfe der Substitutionsfunktion der homogenen Produktionsfunktion gezeigt werden. Zu ihrer Ermittlung sind die Grenzproduktivitäten der Faktoren durcheinander zu teilen (Gleichung (3.28) und Gleichung (3.29)). Man erhält die Substitutionsfunktion

$$r^* = \frac{\partial X/\partial A}{\partial X/\partial K} = \epsilon \cdot \frac{f(K/A)}{f'(K/A)} - K/A. \tag{3.30}$$

Wie ersichtlich ist, hängt die Grenzrate der Substitution (das Verhältnis der Grenzproduktivitäten) allein vom Verhältnis der Faktormengen ab. Das Prozeßniveau ist für ihre Höhe nicht maßgeblich.

Für die *Produktionselastizitäten* ergibt sich aus der ersten und zweiten Eigenschaft die nachstehende Folgerung: Da die Grenz- und die Durchschnittsproduktivität eines Faktors bei Änderungen des Prozeßniveaus um gleiche Prozentsätze variieren, bleibt der Quotient aus diesen beiden Größen konstant. Dieser Quotient stellt die Produktionselastizität des betreffenden Faktors dar. Variationen des Prozeßniveaus lassen somit bei homogenen Produktionsfunktionen die Produktionselastizitäten unverändert. Die Elastizitäten α und β nehmen nur dann andere Werte an, wenn der vorgegebene Fahrstrahl verlassen wird.

Die dritte Eigenschaft: Die Substitutionselastizität ist in allen Punkten auf einem Fahrstrahl durch den Ursprung des Isoquantensystems gleich.

Aus dieser Eigenschaft homogener Produktionsfunktionen folgt, daß die Isoquanten umso weniger gekrümmt sind, je weiter sie vom Ursprung entfernt sind. (Vgl. dazu die Besprechung der dritten Eigenschaft linear-homogener Produktionsfunktionen, S. 75–78.) Zum Beweis dieser Eigenschaft ist aufzuzeigen, daß die Substitutionselastizität nur von dem Einsatzverhältnis der Faktoren abhängt. Dazu wird von der Substitutionsfunktion (3.30) ausgegangen. Zunächst wird die relative Änderung der Grenzrate der Substitution von Kapital durch Arbeit ermittelt, indem logarithmiert und anschließend differenziert wird. Es ergibt sich

$$\frac{dr^*}{r^*} = d\left(\frac{\partial X/\partial A}{\partial X/\partial K}\right) \Big/ \frac{\partial X/\partial A}{\partial X/\partial K} = \frac{f' \cdot d[\epsilon \cdot (f/f') - (K/A)]}{\epsilon \cdot f - (K/A) \cdot f'} .$$

Wegen $d\,[\epsilon \cdot (f/f') - (K/A)] = [\{\epsilon \cdot (f'f' - ff'')/f'^2\} - 1] \cdot d\,(K/A) =$ $= [\{(\epsilon - 1)\, f'f' - \epsilon \cdot ff''\}/f'f'] \cdot d\,(K/A)$ erhält man daraus

$$\frac{dr^*}{r^*} = \frac{\epsilon\, ff'' - (\epsilon - 1)\, f'^2}{(K/A) \cdot f'^2 - \epsilon\, ff'} \cdot d\,(K/A). \tag{3.31}$$

Die Multiplikation dieser Gleichung mit $(K/A)/d(K/A)$ liefert den reziproken Wert der Substitutionselastizität, und es ergibt sich durch Umstellung

$$b = \frac{d\,(K/A)}{K/A} \Big/ \frac{dr^*}{r^*} =$$

$$= - \frac{f'\,[\epsilon \cdot f - (K/A) \cdot f']}{\epsilon \cdot (K/A) ff'' - (\epsilon - 1)\,(K/A) f'^2} . \tag{3.32}$$

Alle Ausdrücke auf der rechten Seite dieser Gleichung hängen nur vom Einsatzverhältnis der Produktionsfaktoren ab. Deshalb ist auch b nur vom Einsatzverhältnis der Faktoren abhängig.

Für linear-homogene Produktionsfunktionen wurde gezeigt, daß die Substitutionselastizität in Ausdrücken der Funktion $X = F(A, K)$ formuliert werden kann. Das gleiche gilt für Produktionsfunktionen, die homogen von einem beliebigen Grad ϵ sind. Man kann schreiben:

$$b = \frac{F_A F_K}{\epsilon \cdot F \cdot F_{AK} - (\epsilon - 1) F_A F_K}. \text{[4]} \qquad (3.33)$$

Wie ersichtlich ist, enthalten beide Formulierungen der Substitutionselastizität die für constant returns to scale gefundenen Ausdrücke als Spezialfälle: (3.32) enthält (3.13), (3.33) geht in (3.14) über, wenn $\epsilon = 1$ gesetzt und Gleichung (3.15) berücksichtigt wird.

Für einige Ableitungen im Kapitel 3.1.4 ist es nützlich, zwei (in der Literatur weniger gebräuchliche) Ausdrücke für die Substitutionselastizität zu entwickeln. Dividiert man dazu in dem für b gewonnenen Ausdruck Zähler und Nenner durch $F_A \cdot F_K$, erhält man

$$b = \frac{1}{\epsilon \cdot (F \cdot F_{AK})/(F_A \cdot F_K) - (\epsilon - 1)}. \qquad (3.34)$$

Wird nun berücksichtigt, daß $F_{AK} = F_{KA}$ ist, und wird die Elastizität der Grenzproduktivität (des Grenzertrages) des Kapitals bezüglich des Arbeitseinsatzes $F_{KA} \cdot A/F_K$ mit σ_{KA} bezeichnet, kann man wegen $(F \cdot F_{KA})/(F_A \cdot F_K) = (F_{KA} \cdot A/F_K)/(A \cdot F_A/F) = \sigma_{KA}/\alpha$ auch schreiben

$$b = \frac{1}{(\epsilon/\alpha) \cdot \sigma_{KA} - (\epsilon - 1)}. \qquad (3.35)$$

Ebenso ist es möglich, die Elastizität der Grenzproduktivität (des Grenzertrages) der Arbeit bezüglich des Kapitaleinsatzes, σ_{AK}, einzuführen[5]) und die Substitutionselastizität in der Form

$$b = \frac{1}{(\epsilon/\beta) \cdot \sigma_{AK} - (\epsilon - 1)} \qquad (3.36)$$

zu schreiben.

---

[4]) Der Beweis für diese Formel kann (u.a.) geführt werden, indem man sie unter Verwendung der Identität $F(A, K) = A^{\epsilon} \cdot f(K/A)$ auf die Formel (3.32) zurückführt. Dazu werden die Ausdrücke $F_A \cdot F_K$ und $F \cdot F_{AK}$ bestimmt. Man erhält
$F_A \cdot F_K = A^{\epsilon-1} [\epsilon \cdot f - (K/A) f'] \cdot A^{\epsilon-1} \cdot f' = A^{2\epsilon-2} \cdot f' [\epsilon \cdot f - (K/A) \cdot f']$ und
$F \cdot F_{AK} = A^{\epsilon} \cdot f \cdot [f' (\epsilon - 1) \cdot A^{\epsilon-2} - (K/A) \cdot f'' \cdot A^{\epsilon-2}] =$
$= A^{2\epsilon-2} \cdot f \cdot [(\epsilon - 1) f' - (K/A) f'']$. Werden diese Ausdrücke in die Gleichung für b eingesetzt, so folgt
$b = \{A^{2\epsilon-2} \cdot f' [\epsilon \cdot f - (K/A) \cdot f']\} / \{\epsilon \cdot A^{2\epsilon-2} \cdot f \cdot [(\epsilon - 1) f' - (K/A) f''] -$
$- (\epsilon - 1) \cdot A^{2\epsilon-2} \cdot f' [\epsilon \cdot f - (K/A) \cdot f']\}$. Der Term $A^{2\epsilon-2}$ kürzt sich heraus, und der Nenner des verbleibenden Bruches kann vereinfacht werden zu $- \epsilon \cdot (K/A) \cdot ff'' +$ $+ (\epsilon - 1) \cdot (K/A) \cdot f'^2$. Bringt man das Minuszeichen aus dem Nenner vor den Bruchstrich, ist $b = -f' [\epsilon \cdot f - (K/A) \cdot f'] / [\epsilon \cdot (K/A) \cdot ff'' - (\epsilon - 1) \cdot (K/A) \cdot f'^2]$, q.e.d.

[5]) σ_{KA} und σ_{AK} sind nicht unabhängig voneinander. Wie ersichtlich ist, gilt: $\sigma_{KA}/\sigma_{AK} = \alpha/\beta$.

Die vierte Eigenschaft: Die Summe der mit ihren Grenzproduktivitäten gewichteten Faktoreinsatzmengen ist gleich der mit dem Homogenitätsgrad gewichteten Produktionsmenge:

$$\epsilon \cdot X = F_A \cdot A + F_K \cdot K. \tag{3.37}$$

Diese Gleichung wird die *Eulersche* Formel[6]) genannt.

Die vierte Eigenschaft läßt sich beweisen, indem man auf der rechten Seite von Gleichung (3.37) $F_A = \partial X/\partial A$ und $F_K = \partial X/\partial K$ durch die partiellen Ableitungen von $X = A^\epsilon \cdot f(K/A)$ substituiert. Sie wurden bei der Besprechung der zweiten Eigenschaft homogener Produktionsfunktionen ermittelt und betragen $\partial X/\partial A = A^{\epsilon-1} [\epsilon \cdot f - (K/A)f']$ und $\partial X/\partial K = A^{\epsilon-1} \cdot f'$. Man erhält mit ihnen

$$\epsilon \cdot X = A^{\epsilon-1} \cdot A\,[\epsilon \cdot f - (K/A)f'] + A^{\epsilon-1} \cdot K \cdot f'$$

oder

$$\epsilon \cdot X = \epsilon \cdot A^\epsilon \cdot f - A^{\epsilon-1} \cdot K \cdot f' + A^{\epsilon-1} \cdot K \cdot f' = \epsilon \cdot A^\epsilon \cdot f. \tag{3.38}$$

Da $A^\epsilon \cdot f(K/A) = X$ gilt, ist damit der Beweis für die vierte Eigenschaft erbracht.

Mit diesen Ausführungen sind die vier wichtigsten Eigenschaften homogener Produktionsfunktionen angegeben. Sie können bei der Ableitung von einigen in der Literatur häufig angesprochenen Implikationen homogener Produktionsfunktionen verwendet werden. Das soll im folgenden Abschnitt 3.1.4 geschehen.

3.1.4 Einige Ableitungen aus homogenen, speziell linear-homogenen Produktionsfunktionen

3.1.4.1 Ertragsfunktionen (Ertragskurven)

Eine Ertragsfunktion ergibt sich aus der Produktionsfunktion, indem man die Einsatzmenge eines Produktionsfaktors bei konstanter Einsatzmenge des

---

[6]) Für die allgemeinere Funktion $y = f(x_1, x_2, \ldots, x_n)$, die homogen vom Grade ν ist und stetige partielle Ableitungen besitzt, hat die *Eulersche* Formel die Gestalt

$$\nu \cdot y = f_1 x_1 + f_2 x_2 + \ldots + f_n x_n = \sum_{i=1}^{n} f_i x_i,$$

wobei $f_i = \partial f/\partial x_i$ ist.

anderen Faktors bzw. der anderen Faktoren variiert. Aus der Produktionsfunktion $X = F(A, K)$ ergibt sich folgende Ertragsfunktion der Arbeit:

$$X = F(A, \bar{K}). \tag{3.39}$$

Charakteristisch für diese Funktion ist es, daß die Arbeitsmenge variabel ist, während Kapital mit der festen Menge $\bar{K}$ im Produktionsprozeß eingesetzt wird. Analog kann eine Ertragsfunktion für den Faktor Kapital durch

$$X = F(\bar{A}, K) \tag{3.40}$$

symbolisiert werden. Die graphische Darstellung einer Ertragsfunktion wird *Ertragskurve* genannt. Jede dieser Ertragskurven gilt nur für die vorgegebene Menge des nicht variierten Faktors. Gibt man eine andere Einsatzmenge vor, erhält man eine andere Ertragskurve.

A) Ertragsfunktionen (Ertragskurven) bei alternativen Werten des Homogenitätsgrades

Zunächst soll geometrisch untersucht werden, wie eine Ertragskurve verläuft, wenn die Produktionsfunktion linear-homogen ist. Dabei wird davon ausgegangen, daß die Isoquanten streng konvex zu beiden Achsen sind und der Output bei gegen null strebendem Einsatz des einen Faktors und endlicher, konstanter Einsatzmenge des anderen Faktors null wird. Dazu wird beispielhaft mit Hilfe der Abb. 3.6 geprüft, wie bei konstantem Arbeitseinsatz $\bar{A}$ die Produktion mit steigendem Kapitalinput K wächst.

In der Abbildung 3.6 sind fünf Isoquanten mit den Mengenindizes $X_1, \ldots, X_5$ eingezeichnet. Bei gegebenem Arbeitseinsatz $\bar{A} = \overline{OP_0}$ können die Mengen X_i $(i = 1, \ldots, 5)$ mit den Kapitaleinsätzen $\overline{P_0P_i}$ produziert werden. Die gleichen Mengen X_i könnten auch hergestellt werden, wenn nicht in P_i, sondern in C_i auf dem Fahrstrahl I produziert würde. Die in C_i – und damit in P_i – erzeugte Menge wird nach dem in Abschnitt 3.1.1 (s. dort Abb. 3.3) besprochenen Verfahren auf der negativen Abszisse abgebildet und von dort auf die Ordinate des darunter liegenden Achsenkreuzes übertragen. Wird auf der Abszisse dieses Achsenkreuzes die zur Produktion von X_i notwendige Kapitalmenge $\overline{P_0P_i}$ abgetragen (dazu ist von P_i das Lot nach unten zu fällen), erhält man einen Punkt D_i der Ertragskurve des Kapitals.

Wie die Abbildung zeigt, wird mit steigendem K auch X zunehmen. Jedoch muß zur fortlaufenden Erhöhung der Produktion um eine bestimmte Menge immer mehr Kapital zusätzlich eingesetzt werden. Oder umgekehrt formuliert: Dem Mehreinsatz von Kapital um eine vorgegebene Menge folgt eine Mehrproduktion, die umso geringer ist, je mehr Kapital bereits eingesetzt wird. Die

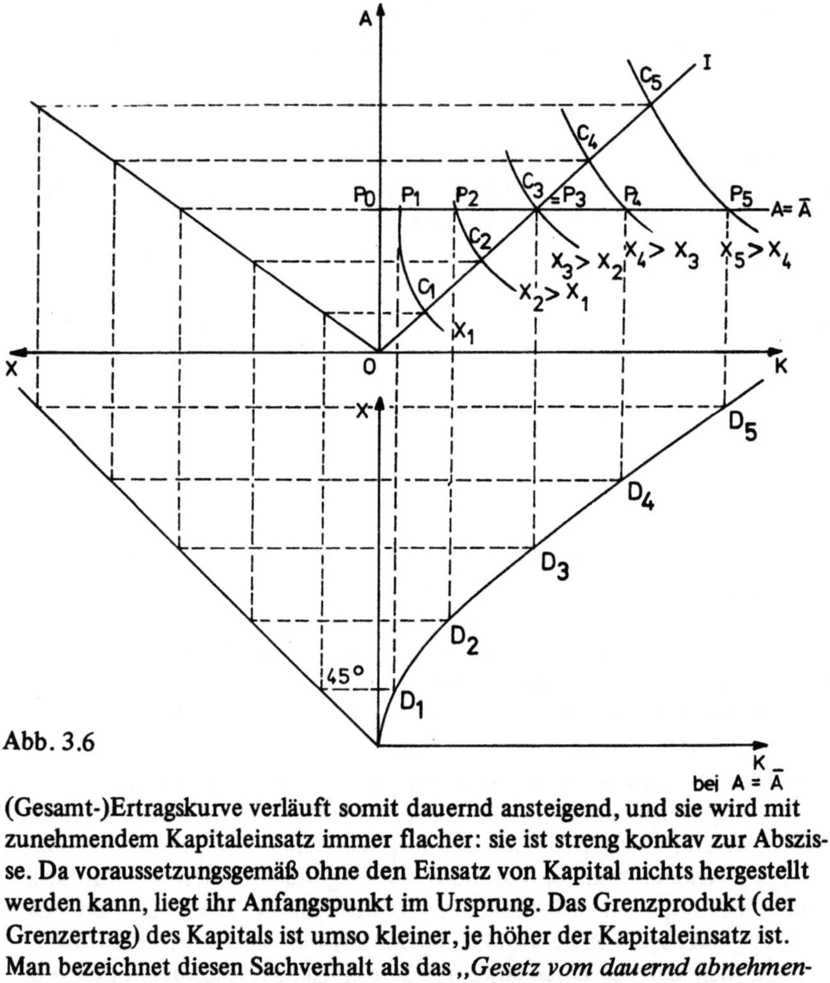

Abb. 3.6

(Gesamt-)Ertragskurve verläuft somit dauernd ansteigend, und sie wird mit zunehmendem Kapitaleinsatz immer flacher: sie ist streng konkav zur Abszisse. Da voraussetzungsgemäß ohne den Einsatz von Kapital nichts hergestellt werden kann, liegt ihr Anfangspunkt im Ursprung. Das Grenzprodukt (der Grenzertrag) des Kapitals ist umso kleiner, je höher der Kapitaleinsatz ist. Man bezeichnet diesen Sachverhalt als das „*Gesetz vom dauernd abnehmenden Grenzertrag*" oder sagt, die Produktionsfunktion weise *dauernd abnehmende Ertragszuwächse* auf. Da der Ertragszuwachs, d.h. das Grenzprodukt des Kapitals, nur abnehmen kann, wenn die Grenzproduktivität des Kapitals abnimmt, muß die graphische Darstellung der Grenzproduktivität des Kapitals in Abhängigkeit vom Kapitaleinsatz eine von links nach rechts ständig fallende Kurve ergeben, die sich für unbegrenzt wachsendes K immer mehr der Abszisse oder einer Parallelen zur Abszisse annähert (Abb. 3.7). Diese Kurve gibt gleichzeitig den Grenzertrag des Kapitals an, wenn der Kapitaleinsatz sukzessive um $dK = 1$ erhöht wird, denn dann ist $dX = F_K dK = F_K \cdot 1 = F_K$.

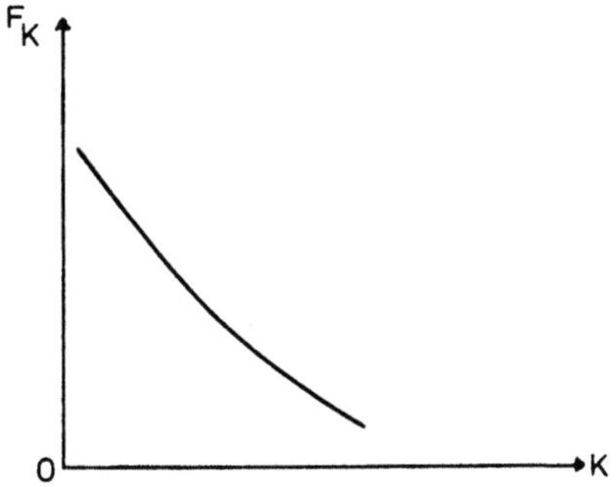

Abb. 3.7

Die in Abbildung 3.6 gezeichnete Ertragskurve des Kapitals gilt nur für die konstante Einsatzmenge $\bar{A}$ der Arbeit. Für einen anderen (aber konstanten) Arbeitsinput ergibt sich eine neue Kurve. Sie kann ermittelt werden, indem man das geschilderte Verfahren für den anderen (aber konstanten) Arbeitseinsatz wiederholt. Es gibt jedoch auch die Möglichkeit, die „neue" Ertragskurve unmittelbar aus der bereits vorhandenen abzuleiten (Abb. 3.8). Wenn bei konstantem Arbeitseinsatz $A = \bar{A}$ die Kapitalmenge $\overline{OB}$ eingesetzt wird, ist nach der gefundenen Ertragskurve die Produktion $\overline{BC}$. Wird nun der Arbeitseinsatz um *a* % erhöht, müßte – würde auch der Kapitaleinsatz um *a* % gesteigert $\tan \alpha = (1/100) \cdot a$), – wegen der konstanten Skalenerträge (alle Ergebnisse wurden bisher unter dieser Voraussetzung abgeleitet) die hergestellte Menge ebenfalls um *a* % größer werden und der Kapitalkoeffizient $(1 : \tan \beta)$ konstant bleiben. *E* muß ein Punkt der neuen Ertragskurve sein; denn ihm entspricht ein um *a* % erhöhter Kapitalstock und eine um *a* % gesteigerte Produktion. Man findet *E*, indem man den bei *C* gegebenen Kapitaleinsatz $\overline{OB}$ um die Rate $\tan \alpha$ erhöht ($\overline{BF} = \overline{BD}$) und die dort errichtete Senkrechte zum Schnitt mit dem Strahl *OC* bringt.

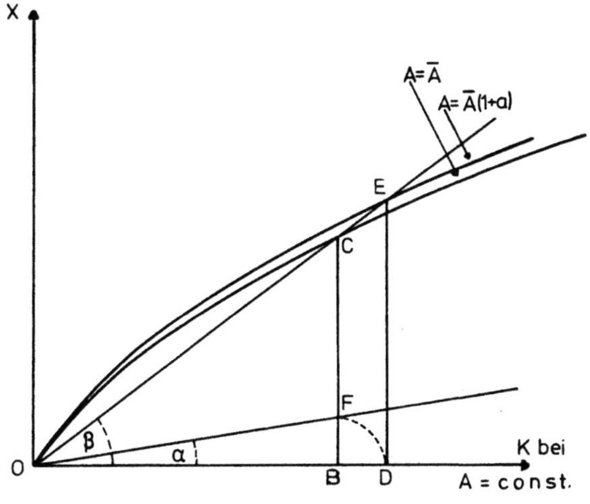

Abb. 3.8

Punkt C bzw. der ihm entsprechende Kapitalstock $\overline{OB}$ waren frei gewählt. Geht man von einem anderen Punkt auf der zur konstanten Arbeitsmenge $\bar{A}$ gehörenden Ertragskurve des Kapitals aus, läßt sich die Konstruktion in gleicher Weise ausführen. Man erhält so zahlreiche Punkte E, deren Verbindung zur Ertragskurve des Kapitals bei einer um a % höheren konstanten Arbeitsmenge führt.

In den Punkten C und E (bzw. entsprechenden Punkte-Paaren) ist die Steigung der Ertragskurve gleich. Das ergibt sich unmittelbar aus der Eigenschaft linear-homogener Produktionsfunktionen, nach der die Grenzproduktivität eines Faktors nur vom Verhältnis der Faktoreinsatzmengen abhängt, und daraus, daß in C und E die Faktorproportionen die gleichen sind (A und K wurden um a % erhöht).

Die Ableitung der bisherigen Ergebnisse beruht auf zwei Voraussetzungen. Die erste besagt, daß die Skalenerträge konstant sind ($\epsilon = 1$). Nach der zweiten verlaufen die Isoquanten streng konvex zu beiden Achsen. Im folgenden wird die erste Voraussetzung modifiziert. Zunächst wird geometrisch untersucht, wie die Ertragskurven verlaufen, wenn abnehmende bzw. zunehmende Skalenerträge vorliegen ($\epsilon \lessgtr 1$). Anschließend erfolgt der algebraische Beweis der dabei gefundenen Ergebnisse. Wie bisher wird unterstellt, daß die Isoquanten streng konvex zu den Achsen sind.

Der Ertragskurvenverlauf soll beispielhaft für den Faktor Kapital ermittelt werden. In der Abb. 3.9 ist die Konstruktion für den Fall *abnehmender Ska-*

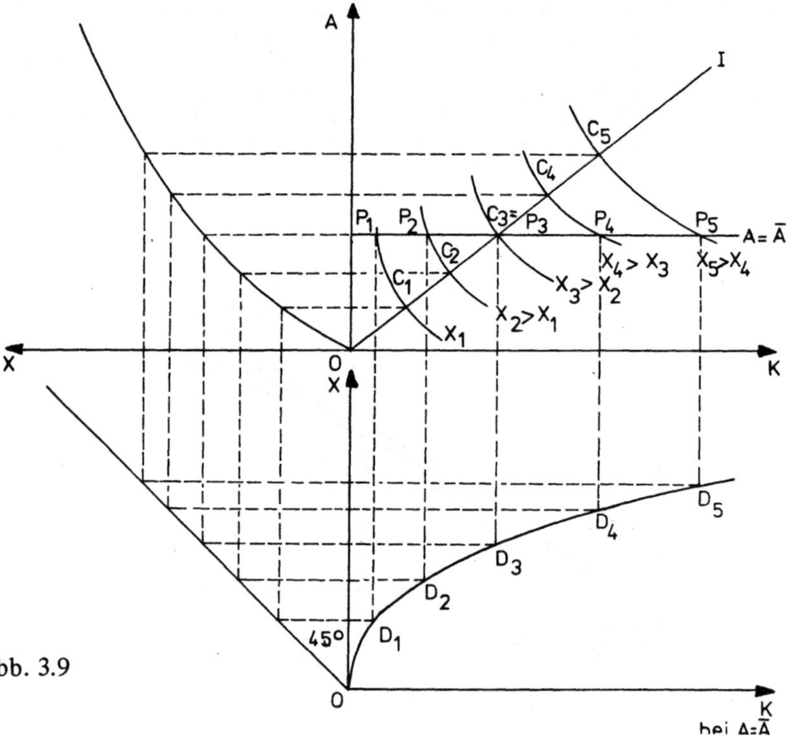

Abb. 3.9

lenerträge durchgeführt. Das Konstruktionsverfahren ist das gleiche wie in der Abb. 3.6, doch ist die Übertragungslinie im oberen linken Quadranten wegen der abnehmenden Skalenerträge zur *A*-Achse hin gebogen (vergl. dazu Abb. 3.3 a). Es ergibt sich eine Ertragskurve des Kapitals mit dauernd abnehmenden Ertragszuwächsen.

Bei *zunehmenden Skalenerträgen* erhält man im Gegensatz zu den bisherigen Ergebnissen nicht in jedem Fall dauernd abnehmende Grenzerträge. Ob die Ertragskurve konkav zur Abszisse verläuft oder nicht, hängt in diesem Fall von mehreren Größen ab: Von der Skalenelastizität, der Substitutionselastizität und der Produktionselastizität des variablen Faktors (hier: des Kapitals). Der Einfluß der Skalenelastizität ϵ auf den Verlauf der Grenzertragskurve läßt sich mit den Abb. 3.10 und 3.11 verdeutlichen. In der Abb. 3.10 ist angenommen daß ϵ relativ groß und die Übertragungslinie im oberen linken Quadranten entsprechend stark gekrümmt ist. Dabei ergibt sich eine Ertragskurve mit dauernd zunehmenden Ertragszuwächsen. Dagegen erhält man in der Abb.

Abb. 3.10

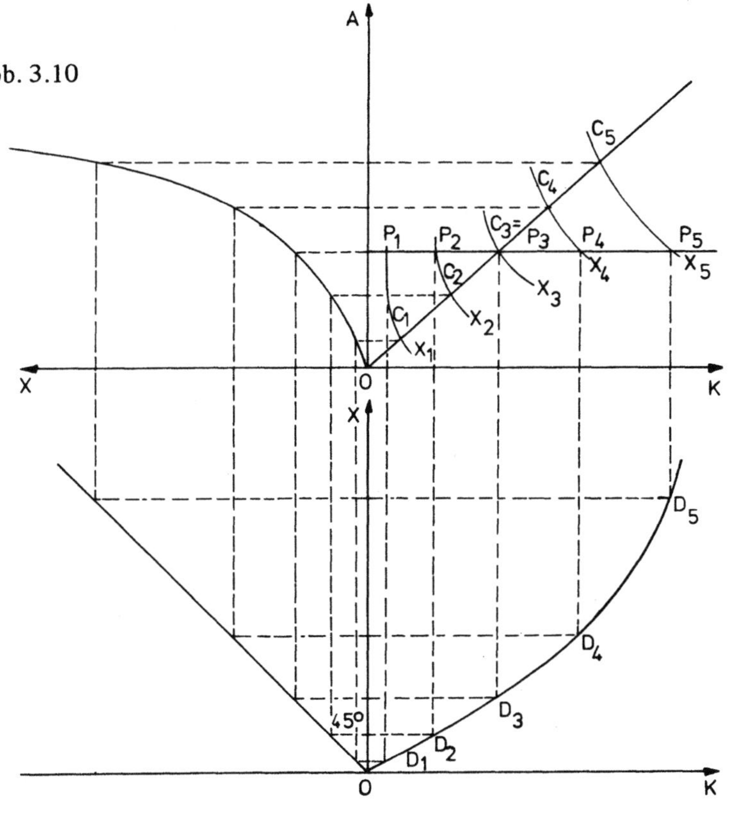

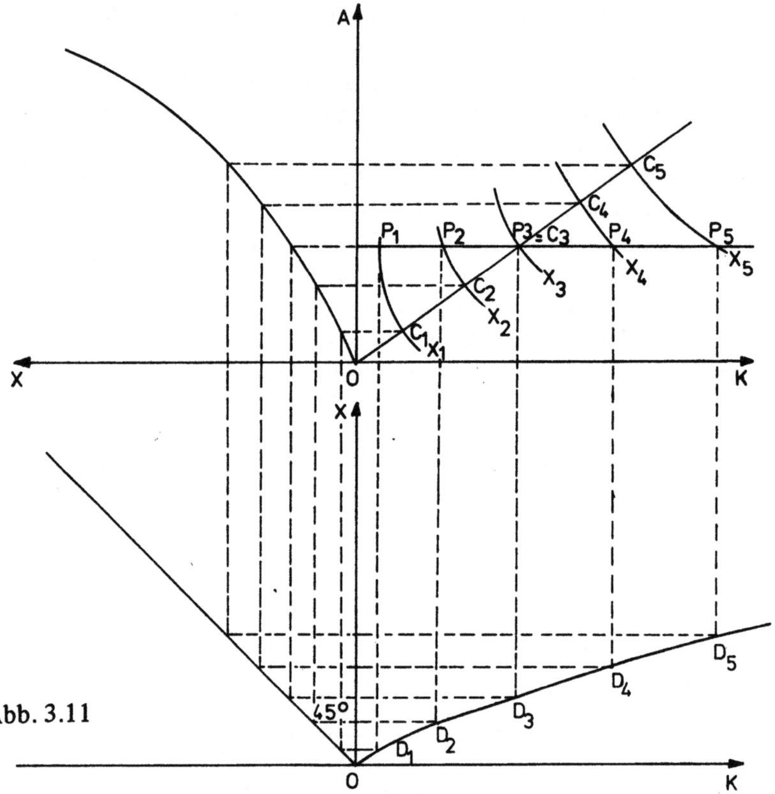

Abb. 3.11

3.11, in der von schwächer steigenden Skalenerträgen ausgegangen wurde, leicht abnehmende Ertragszuwächse. Damit läßt sich als Ergebnis formulieren: Je höher ϵ, desto eher ist mit zunehmenden Ertragszuwächsen zu rechnen.

Die Bedeutung der Substitutionselastizität, b, und der Produktionselastizität des Kapitels, β, läßt sich mit der Abb. 3.11 veranschaulichen: Je größer b z.B. in den Punkten C_4 und C_5 ist, desto weniger stark sind die durch sie verlaufenden Isoquanten gekrümmt. Die Punkte P_4 und P_5 liegen weiter links und die zugehörigen Ertragskurvenpunkte D_4, D_5 oberhalb der eingezeichneten Ertragskurve. Je größer also b ist, desto weniger nehmen die Grenzerträge ab bzw. desto eher kommt es zu steigenden Grenzerträgen. Wenn β größer ist, verlaufen die Isoquanten durch C_4 und C_5 steiler, weil $r = F_K/F_A = (\beta/(\epsilon - \beta)) \cdot (A/K)$. Dadurch wird die Ertragskurve stärker nach oben gebogen; die Ertragszuwächse nehmen weniger stark ab oder sogar zu.

Zur rechnerischen Überprüfung und genaueren Formulierung der geometrisch gefundenen Ergebnisse wird von den Grenzproduktivitätsfunktionen

$$F_K = F_K(\bar{A}, K)$$

und

$$F_A = F_A(A, \bar{K})$$

des Kapitals bzw. der Arbeit ausgegangen (vgl. Formel (2.14)). Der Grenzertrag F_K des Kapitals nimmt mit steigendem Kapitaleinsatz ab, wenn

$$\partial F_K / \partial K \equiv F_{KK} < 0$$

ist. Analog gilt für die Arbeit

$$\partial F_A / \partial A \equiv F_{AA} < 0.$$

Die beiden Bedingungen können umformuliert werden, indem man die Elastizität des Grenzertrages eines Faktors bezüglich der von ihm eingesetzten Menge einführt. Für das Kapital ist sie definiert durch

$$F_{KK} \cdot (K/F_K) \equiv \sigma_{KK}, \tag{3.41}$$

und für die Arbeit durch

$$F_{AA} \cdot (A/F_A) \equiv \sigma_{AA}. \tag{3.42}$$

Die Ausdrücke (K/F_K) und (A/F_A) sind stets positiv[7]). $\sigma_{KK}(\sigma_{AA})$ besitzt also das gleiche Vorzeichen wie F_{KK} (F_{AA}). Somit gilt für alle Ertragskurven das Gesetz vom dauernd abnehmenden Grenzertrag, wenn stets

$$\sigma_{KK} < 0, \quad \sigma_{AA} < 0$$

gilt. Es ist demnach zu prüfen, wann homogene Produktionsfunktionen mit streng konvexen Isoquanten diese Eigenschaften besitzen.

Die Elastizitäten σ_{KK} und σ_{AA} können unter Verwendung der zweiten Eigenschaft homogener Produktionsfunktionen (s. Abschnitt 3.1.3) bestimmt

---

[7]) Dies folgt aus der Voraussetzung, daß die Isoquanten streng konvex zu beiden Achsen sein sollen. Ist das nämlich der Fall, dann sind die Isoquanten auch von links nach rechts fallend, d.h. dA/dK ist negativ. Da $dA/dK = -F_K/F_A$ ist, können F_K und F_A nur beide positiv oder beide negativ sein. Daß beide Grenzproduktivitäten negativ sind, ist aber mit der Annahme $\epsilon > 0$ unvereinbar.

werden. Sie besagt, daß die Grenzproduktivitätsfunktionen F_K (A, K) und F_A (A, K) homogen vom Grade $\epsilon - 1$ sind. Man kann deswegen die *Eulersche* Formel auf sie anwenden und erhält

$$F_K (\epsilon - 1) = (\partial F_K / \partial A) \cdot A + (\partial F_K / \partial K) \cdot K \equiv F_{KA} \cdot A + F_{KK} \cdot K \quad (3.43)$$

und

$$F_A (\epsilon - 1) = (\partial F_A / \partial A) \cdot A + (\partial F_A / \partial K) \cdot K \equiv F_{AA} \cdot A + F_{AK} \cdot K. \quad (3.44)$$

Die erste dieser Gleichungen läßt sich umformen zu

$$\sigma_{KK} = (\epsilon - 1) - \sigma_{KA}, \quad (3.45)$$

und aus Gleichung (3.44) ergibt sich

$$\sigma_{AA} = (\epsilon - 1) - \sigma_{AK}. \quad (3.46)$$

Die Elastizitäten σ_{KA} und σ_{AK} können aus den Gleichungen (3.35) und (3.36) ermittelt werden. Man erhält

$$\sigma_{KA} = \frac{\alpha}{\epsilon} \left(\frac{1}{b} + \epsilon - 1 \right)$$

$$\sigma_{AK} = \frac{\beta}{\epsilon} \left(\frac{1}{b} + \epsilon - 1 \right).$$

Die Elastizitäten der Grenzertragskurven des Kapitals und der Arbeit betragen daher

$$\sigma_{KK} = (\epsilon - 1) - \frac{\alpha}{\epsilon} \left(\frac{1}{b} + \epsilon - 1 \right) \quad (3.47)$$

bzw.

$$\sigma_{AA} = (\epsilon - 1) - \frac{\beta}{\epsilon} \left(\frac{1}{b} + \epsilon - 1 \right). \quad (3.48)$$

Durch Ausklammern und unter Berücksichtigung der Beziehung $\alpha + \beta = \epsilon$ (s. Gleichung (2.32)) kann man diese Ausdrücke umformen zu

$$\sigma_{KK} = (\epsilon - 1)\, \beta/\epsilon - (\alpha/\epsilon) \cdot 1/b$$

$$\sigma_{AA} = (\epsilon - 1)\, \alpha/\epsilon - (\beta/\epsilon) \cdot 1/b.$$

Der Grenzertrag des Kapitals nimmt daher ab, bleibt gleich, oder nimmt zu, je nachdem ob

$$(\epsilon - 1) \cdot \beta \lesseqgtr \alpha \cdot 1/b \tag{3.49}$$

ist, und entsprechend gilt für den Grenzertrag der Arbeit

$$(\epsilon - 1) \cdot \alpha \lesseqgtr \beta \cdot 1/b. \tag{3.50}$$

Zur Beantwortung der Frage, unter welchen Bedingungen die linken Seiten der Beziehungen (3.49) und (3.50) kleiner sind als die rechten, werden die darin vorkommenden Größen zunächst auf ihr Vorzeichen untersucht. Voraussetzungsgemäß ist $\epsilon > 0$, und wegen $F_A > 0, F_K > 0$ sind auch die Produktionselastizitäten α und β positiv. Die Substitutionselastizität b ist als das Verhältnis der relativen Änderungen von K/A und $r^* = F_A/F_K$ definiert. Da die Isoquanten streng konvex zu beiden Achsen sein sollen, nimmt K/A mit steigendem (sinkendem) F_A/F_K zu (ab). Deshalb ist b ebenfalls positiv. Unter Berücksichtigung dieser Ergebnisse ist es möglich, genauer anzugeben, wann die Ertragskurven beider Faktoren dauernd abnehmende Ertragszuwächse zeigen:

Wenn die Skalenerträge abnehmen oder konstant sind, ist die linke Seite der beiden Ungleichungen stets negativ oder null und damit kleiner als die (positive) rechte Seite, so daß die Elastizitäten der Grenzertragskurven beider Produktionsfaktoren immer negativ sind. Deshalb kann gesagt werden: **Sind die Isoquanten der homogenen Produktionsfunktion $X = F(A, K)$ streng konvex zu beiden Achsen und liegen abnehmende oder konstante Skalenerträge vor, dann gilt für die Ertragskurven beider Produktionsfaktoren das „Gesetz" vom dauernd abnehmenden Grenzertrag, d.h. alle Ertragskurven sind streng konkav zur Abszisse**[8]).

Bei zunehmenden Skalenerträgen ist eine so eindeutige Aussage nicht möglich, denn beide Seiten der Ungleichungen (3.49) und (3.50) sind positiv, und man weiß nicht, welche überwiegt. Kennt man die Produktionselastizität eines Faktors, können jedoch weitere Aussagen gemacht werden. Dies soll beispielhaft für die Ertragskurven des Kapitals geschehen. Dazu wird zunächst die Ungleichung (3.49) umgeformt. Man erhält nach Division durch die (positive) Größe $(\epsilon - 1)/b$ und unter Berücksichtigung von $\alpha = \epsilon - \beta$:

---

[8]) Ein erwähnenswerter Grenzfall ist die Kombination $b = \infty$, $\epsilon = 1$, bei der die Isoquanten linear sind. Hier ergeben sich stets auch lineare Ertragskurven.

$$\beta b \lesseqgtr \frac{\epsilon - \beta}{\epsilon - 1}$$

oder

$$b \lesseqgtr \frac{\epsilon - \beta}{(\epsilon - 1)\beta} - \frac{(\epsilon - 1)\beta}{(\epsilon - 1)\beta} + 1$$

und daher

$$b \lesseqgtr 1 - \frac{\epsilon}{1 - \epsilon} \cdot \frac{1 - \beta}{\beta}. \tag{3.51}$$

Der geometrische Ort aller Kombinationen von b und β, für die der Grenzertrag des Kapitals konstant bleibt, ist die negativ geneigte und durch den Punkt (1, 1) gehende Kurve, die in der Abb. 3.12 gezeichnet ist und sich ergibt, wenn in der obigen Formel das Gleichheitszeichen gilt. Nehmen b und β nur Werte an, die durch Punkte im ersten Quadranten dargestellt werden, die links von dieser Kurve liegen, gilt das Gesetz vom dauernd abnehmenden Ertragszuwachs bei partieller Variation des Kapitaleinsatzes, während es anderenfalls

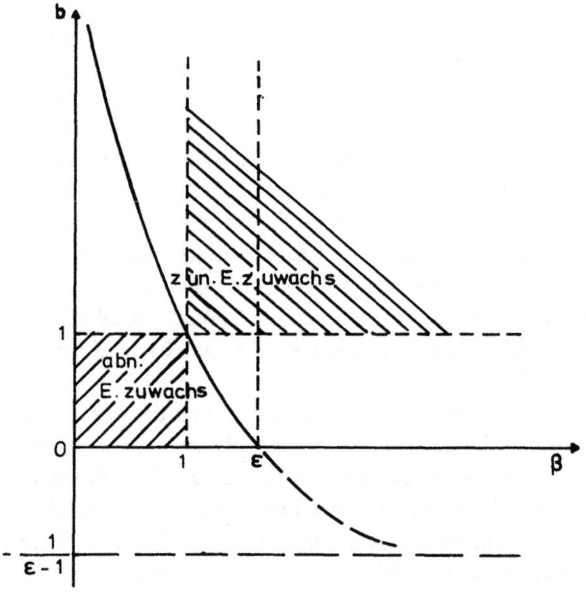

Abb. 3.12

nicht gilt. Liegen insbesondere die Kombinationen von b und β stets oberhalb dieser Kurve, nimmt der Ertragszuwachs ständig zu. Da die gezeichnete Kurve für beliebig vorgegebenes $\epsilon > 1$ stets durch den Punkt (1, 1) geht und eine negative Steigung besitzt, kann sie niemals einen der schraffierten Bereiche der ersten Quadranten der Abb. 3.12 durchqueren, so daß die folgenden Aussagen über die Form der Ertragskurve eines Produktionsfaktors, in diesem Fall des Kapitals, gemacht werden können:

1. **Für einen Produktionsfaktor gilt das Gesetz vom dauernd abnehmenden Ertragszuwachs dann (aber nicht nur dann), wenn die Substitutionselastizität kleiner oder gleich eins ist und die Produktionselastizität des Faktors unter eins liegt.** Es *kann* aber auch gelten, wenn eine dieser beiden Bedingungen nicht erfüllt ist.

2. **Die Ertragskurve zeigt dann (aber nicht nur dann) ständig zunehmende Ertragszuwächse, wenn die Substitutionselastizität größer oder gleich eins und die Produktionselastizität des Faktors größer als eins ist.** Die Ertragszuwächse *können* ständig zunehmen, wenn eine dieser beiden Bedingungen nicht erfüllt ist.

3. **Die Ertragskurve ist linear, wenn die Substitutionselastizität und die Produktionselastizität gleich eins sind**[9]).

Bei der Ableitung dieser Ergebnisse wurde davon ausgegangen, daß der Homogenitätsgrad der Produktionsfunktion bekannt und jede Isoquante streng konvex zu beiden Achsen ist. Auf der Grundlage dieser Annahmen wurde die Form der Ertragskurven (bis auf die genannten Unbestimmtheitsbereiche) abgeleitet. Der Zusammenhang zwischen Homogenitätsgrad, Isoquanten- und Ertragskurvenform kann unter einem anderen Blickwinkel betrachtet werden. Unter den Voraussetzungen, daß der Homogenitätsgrad ϵ bekannt ist und partielle Faktorvariationen zu streng monoton fallenden, aber stets positiven Grenzerträgen führen ($\sigma_{AA} < 0$, $\sigma_{KK} < 0$), läßt sich prüfen, ob die Isoquanten dem „Gesetz" von der abnehmenden Grenzrate der Substitution entsprechen. Dazu ist aus den gegebenen Werten von ϵ und σ_{AA} bzw. σ_{KK} das Vorzeichen der Substitutionselastizität b zu ermitteln, indem die Gleichungen (3.47) und (3.48) nach b aufgelöst werden. Es ergibt sich

$$b = \beta/[(\epsilon - 1) \cdot \alpha - \epsilon \cdot \sigma_{AA}] \tag{3.52}$$

bzw.

$$b = \alpha/[(\epsilon - 1) \cdot \beta - \epsilon \cdot \sigma_{KK}]. \tag{3.53}$$

Bei der Interpretation dieser Ergebnisse ist zu berücksichtigen, daß die Produktionselastizitäten beider Faktoren größer als null sind, da ihre Grenzerträge positiv sind. Daher ist das Vorzeichen von b gleich den Vorzeichen der Ausdrücke

[9]) Im vorliegenden Fall einer homogenen Produktionsfunktion mit nur zwei Produktionsfaktoren wird die erste dieser Bedingungen ($b = 1$) von der zweiten (β bzw. $\alpha = 1$) impliziert. Vgl. dazu die Ausführungen über die *Cobb-Douglas*-Funktion im Abschnitt 5.1.3.

in den eckigen Klammern in (3.52) und (3.53). Sind sie positiv, ist $b > 0$, d.h. es gilt das „Gesetz“ von der abnehmenden Grenzrate der Substitution. Wie ersichtlich, ist dies bei abnehmenden Ertragszuwächsen ($\delta_{AA} < 0$, $\delta_{KK} < 0$) immer dann der Fall, wenn steigende oder konstante Skalenerträge vorliegen ($\epsilon \geqslant 1$) oder wenn die Skalenerträge nur relativ wenig abnehmen.

B) Das klassische Ertragsgesetz

Im Mittelpunkt der bisherigen Überlegungen stand die Frage, wann sich aus einer homogenen Produktionsfunktion Ertragsfunktionen ergeben können, die dem „Gesetz“ von dauernd abnehmendem Ertragszuwachs genügen. Produktionsfunktionen mit derartigen Ertragskurven werden in der theoretischen Literatur, beispielsweise zur Wachstums- und Außenhandelstheorie, sehr häufig verwendet. Mit dem „Gesetz“ vom dauernd abnehmenden Ertragszuwachs darf ein anderes auf die Klassik zurückgehendes „Gesetz“ der Produktion nicht verwechselt werden. Es handelt sich dabei um das sogenannte *„klassische Ertragsgesetz“*[10]). Nach diesem „Gesetz“ führt die sukzessive Vergrößerung der Einsatzmenge eines Produktionsfaktors bei konstantem Einsatz des (der) anderen Produktionsfaktors(en) zunächst zu steigenden, dann zu sinkenden und schließlich zu negativen Ertragszuwächsen. Eine Ertragskurve des Kapitals, die dem „klassischen Ertragsgesetz“ genügt, ist mit der zugehörigen Grenzertragskurve in der Abb. 3.13 aufgezeichnet. Die Gesamtertragskurve verläuft S-förmig. Sie besitzt beim Kapitaleinsatz $\overline{OP_1}$ einen Wendepunkt W und beim Kapitaleinsatz $\overline{OP_2}$ einen Maximalpunkt[11]) M.

Im folgenden soll geprüft werden, wann sich derartige Ertragskurven aus einer linear-homogenen Produktionsfunktion ergeben können.

Wie die bisherigen Überlegungen zeigen, ist das nicht möglich, wenn sich die Isoquanten dauernd den Achsen annähern. In diesem Fall wäre nämlich der Grenzertrag beider Faktoren stets positiv, und das ist ein Widerspruch zu der Abb. 3.13, die vom Kapitaleinsatz $\overline{OP_2}$ an negative Grenzerträge des Kapitals anzeigt. S-förmige Ertragsverläufe sind bei der linear-homogenen Produktionsfunktion nur dann möglich, wenn die Isoquanten sich wieder von den Achsen entfernen. Das läßt sich mit Hilfe der Abb. 3.14 zeigen, in der fünf Isoquanten dieser Art eingezeichnet sind. Wird der Kapitaleinsatz bei vorgege-

---

[10]) Die Formulierung dieses „Gesetzes“ wird i.d.R. dem Franzosen *Turgot* zugeschrieben, z.B. von *H.v. Stackelberg* [1951, S. 33]. Über seine empirische Relevanz besteht in der Literatur keine Einigkeit. Siehe hierzu z.B. *Krelle* [1969, S. 28ff.].

[11]) Dieser Maximalpunkt wird manchmal „Sättigungspunkt“ genannt, so bei *Krelle* [1969, S. 24].

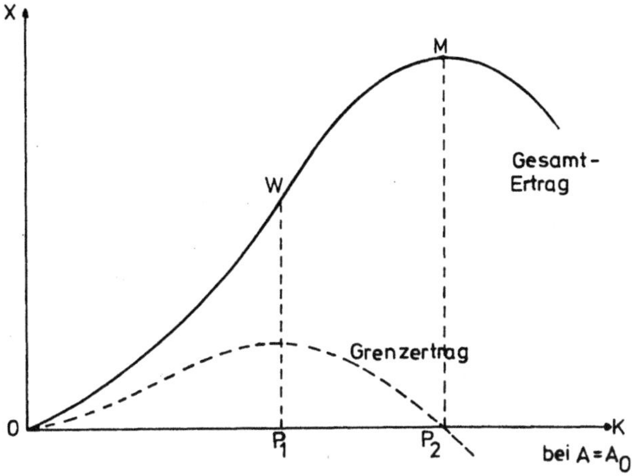

Abb. 3.13

benem Arbeitseinsatz $\bar{A}$ gesteigert, dann steigt der Output überproportional, solange links von dem Fahrstrahl II produziert wird. Die Ertragskurve des Kapitals ist in diesem Bereich zunächst streng konvex und dann streng konkav zur Abszisse. Der Abschnitt der Ertragskurve, in dem die Ertragszuwächse steigen, endet also, ehe der Fahrstrahl II (von links nach rechts) überquert wird. Mit der weiteren Zunahme des Kapitaleinsatzes werden die Grenzerträge immer geringer und schließlich Null, wenn der Fahrstrahl III erreicht wird. Dem Produktionspunkt P_4 auf dem Fahrstrahl III entspricht somit der Maximumpunkt M der Gesamtertragskurve. Die höchstens erzielbare Produktion ist bei dem vorgegebenen Arbeitseinsatz $\bar{A}$ gleich $3\bar{X}$. Wenn der Kapitaleinsatz über $\overline{P_0P_4}$ hinaus gesteigert wird, nimmt die Produktion wieder ab.

C) Die Durchschnittsproduktivität bei partieller Faktorvariation

Die Funktion (Kurve), die alternativen Einsatzmengen eines Produktionsfaktors bei konstanter Einsatzmenge des anderen seine jeweilige Produktivität zuordnet, wird *Produktivitätsfunktion(-kurve) bei partieller Faktorvariation* oder Durchschnittsertragskurve bei partieller Faktorvariation genannt. Wenn zum Beispiel der Kapitaleinsatz ceteris paribus steigt, so wird sich die Durchschnittsproduktivität des Kapitals verändern. Wie sie sich verändert, hängt von der Grenzproduktivität des Kapitals ab. Ist sie höher als die Durchschnittsproduk-

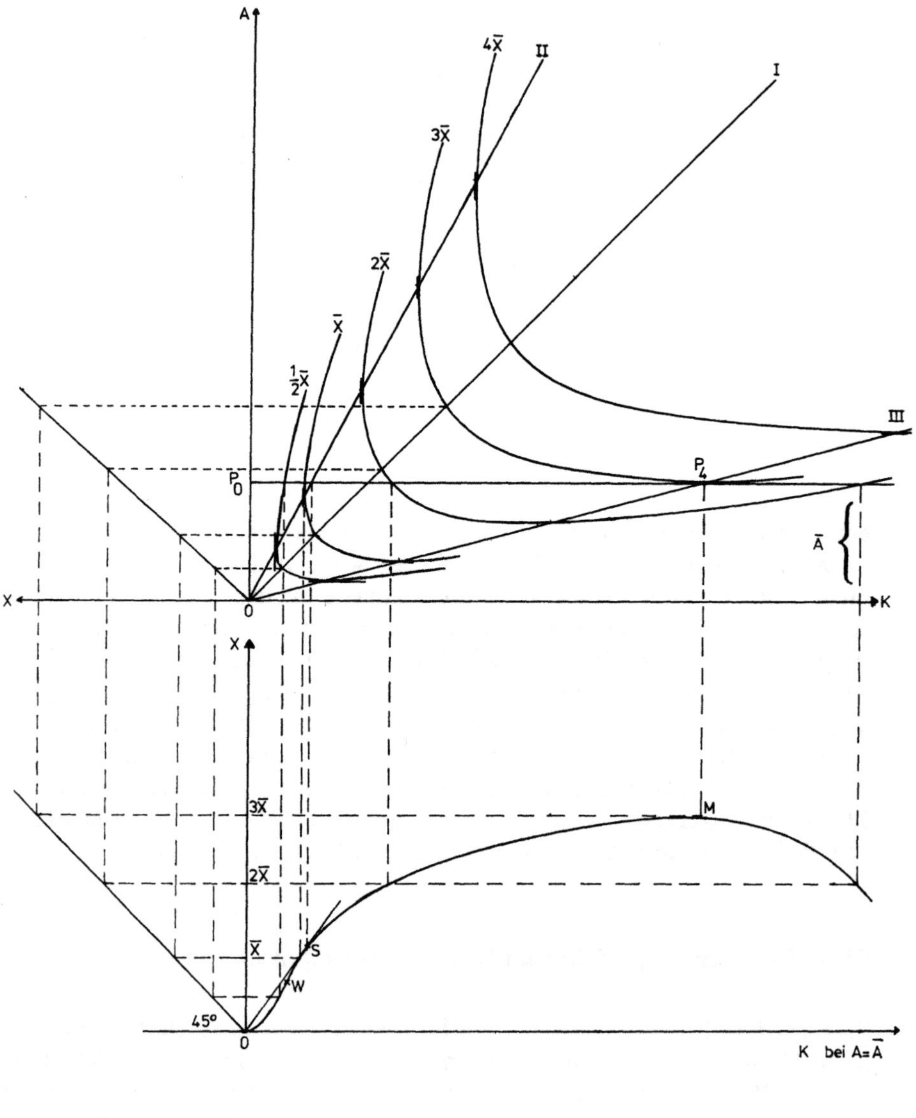

Abb. 3.14

tivität, muß letztere steigen. Ist nämlich der Beitrag der letzten Kapitaleinheit zur Produktionsmenge größer als der durchschnittliche Beitrag aller bisherigen Kapitaleinheiten, muß die abermalige Durchschnittsrechnung unter Einschluß der letzten Kapitaleinheit zu einem höheren Wert führen. Analog sinkt mit zunehmendem Kapitaleinsatz die durchschnittliche Kapitalproduktivität, wenn sie größer als die Grenzproduktivität des Kapitals ist; und sie bleibt unverändert, wenn beide Produktivitäten gleich sind. Dieses Ergebnis ergibt sich rechnerisch, indem man X/K (partiell) nach K differenziert

$$\frac{\partial (X/K)}{\partial K} = \frac{K \cdot (\partial X/\partial K) - X}{K^2} = \frac{1}{K}\left(\frac{\partial X}{\partial K} - \frac{X}{K}\right). \tag{3.54}$$

Der Klammerausdruck auf der rechten Seite stellt beide Produktivitäten einander gegenüber. Wird er positiv, ist es auch die linke Seite; und das heißt, die Durchschnittsproduktivität steigt.

Es bedeutet keinen sachlichen Unterschied, wenn man dieses Ergebnis mit Hilfe der Produktionselastizität des Kapitals formuliert. Wird nämlich auf der rechten Seite der Gleichung (3.54) X/K ausgeklammert, ergibt sich

$$\frac{\partial (\widehat{X/K})}{\partial K} = \frac{X}{K^2}\left(\frac{\partial X}{\partial K} \cdot \frac{K}{X} - 1\right) \equiv \frac{X}{K^2}(\beta - 1). \tag{3.55}$$

Das Ergebnis kann deshalb wie folgt formuliert werden: Die Produktivität des Kapitals nimmt mit steigendem Kapitaleinsatz zu, bleibt gleich oder nimmt ab je nachdem, ob die Produktionselastizität des Kapitals größer, gleich oder kleiner als eins ist.

Bei Produktionsfunktionen mit abnehmenden oder konstanten Skalenerträgen und streng konvexen Isoquanten ist β stets kleiner als eins. Die Durchschnittsproduktivität des Kapitals nimmt in diesen Fällen mit steigendem Ka-

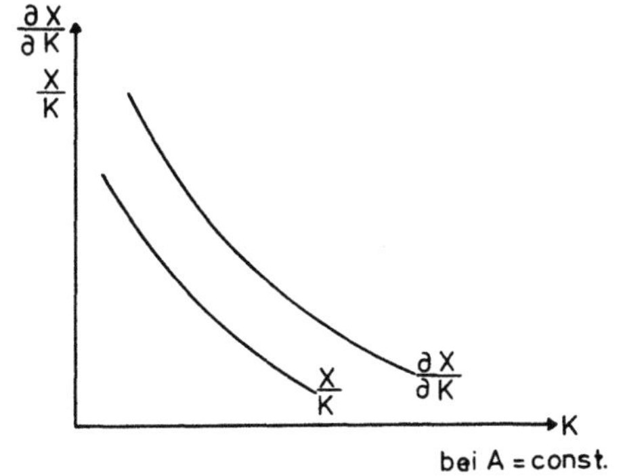

Abb. 3.15

pitaleinsatz ständig ab und ist kleiner als die Grenzproduktivität. Die Produktivitätskurve bei partieller Variation des Kapitaleinsatzes fällt von links nach rechts (Abb. 3.15). Eine Aussage mit dieser allgemeinen Gültigkeit kann nicht gemacht werden, wenn die Produktionsfunktion zunehmende Skalenerträge oder haarnadelförmige Isoquanten aufweist. Es ist jedoch möglich, den Verlauf der Produktivitätskurve bei partieller Faktorvariation geometrisch zu ermitteln, wenn die Gesamtertragskurve bekannt ist. Das soll beispielhaft für den Fall gezeigt werden, daß die Gesamtertragskurve des Kapitals S-förmig verläuft (Abb. 3.16). Die Produktivität des Kapitals (häufig auch als Durchschnittsertrag des Kapitals bezeichnet) in einem beliebigen Punkt P der Gesamtertragskurve wird durch den Tangens des Winkels γ angegeben, den der

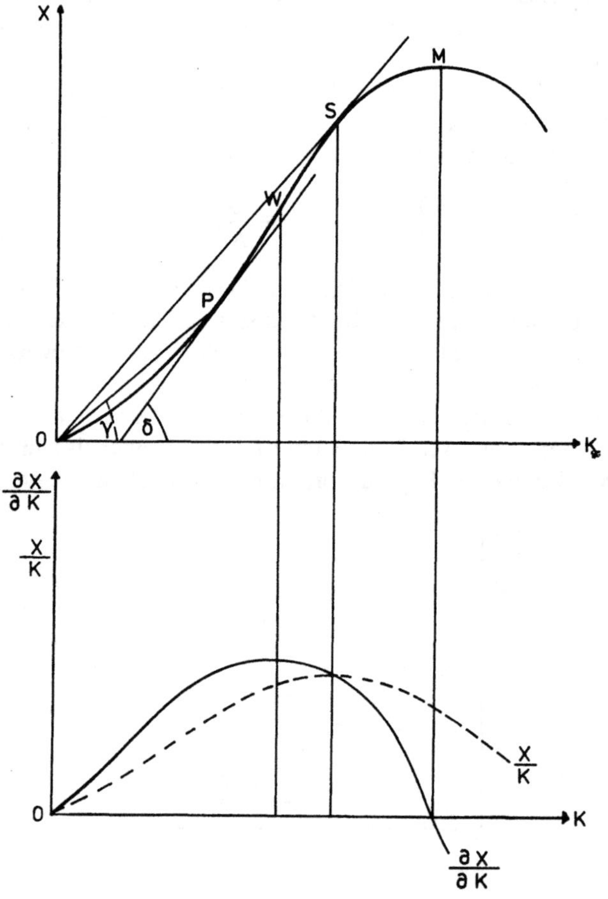

Abb. 3.16

Fahrstrahl OP mit der Abszisse bildet. Die Grenzproduktivität (der Grenzertrag) ist gleich der Steigung der Ertragskurve bzw. ihrer Tangente im Punkt P ($\tan \delta$). Links vom Punkt S ist $\gamma < \delta$, d.h.

$$X/K < \partial X/\partial K \text{ und } \beta = \frac{\partial X}{\partial K} \Big/ \frac{X}{K} > 1.$$

Wenn P sich auf der Ertragskurve nach oben bewegt, nehmen X/K und $\partial X/\partial K$ zu, solange der Wendepunkt W nicht überschritten ist. Von W an nimmt der Grenzertrag wieder ab; die Produktivität des Kapitals steigt jedoch weiter. Im Punkt S, in dem Fahrstrahl und Kurventangente identisch sind, erreicht die Kapitalproduktivität ihr Maximum, und es gilt

$$X/K = \partial X/\partial K \text{ und } \beta = 1.$$

Die Grenzertragskurve schneidet also die Durchschnittsertragskurve in deren Maximum, und zwar von oben. Rechts vom Punkt S ist $\gamma > \delta$ und daher

$$X/K > \partial X/\partial K \text{ und } \beta < 1.$$

Die Durchschnittsertragskurve verläuft hier oberhalb der Grenzertragskurve und fällt von links nach rechts.

3.1.4.2 Produktivitätsfunktionen (Produktivitätskurven) bei Variation der Faktorintensität

Als *Produktivitätsfunktion bei Variation der Faktorintensität* bezeichnet man die Funktionalbeziehung zwischen der (durchschnittlichen) Produktivität eines Produktionsfaktors und dem Einsatzverhältnis der Faktoren bei vorgegebenem Output. Diese Funktion darf nicht mit der im Kapitel 3.1.4.1 C dargestellten Produktivitätsfunktion bei partieller Faktorvariation verwechselt werden, die als Funktionalbeziehung zwischen der Produktivität eines Faktors und seiner Einsatzmenge bei vorgegebenem Einsatz des anderen Produktionsfaktors definiert ist. Im folgenden wird die Produktivitätsfunktion bei Variation der Faktorintensität kurz als *Produktivitätsfunktion* bezeichnet.

Die Eigenschaften der Produktivitätsfunktion werden zunächst anhand ihrer geometrischen Darstellung, der sog. Produktivitätskurve, erläutert und anschließend algebraisch untersucht. Wie die Produktivitätskurve verläuft, wird ausgehend von der Isoquantendarstellung der Produktionsfunktion aufgezeigt. In der Abb. 3.17 ist die Isoquante mit dem Mengenindex $X = X_1$ gezeichnet.

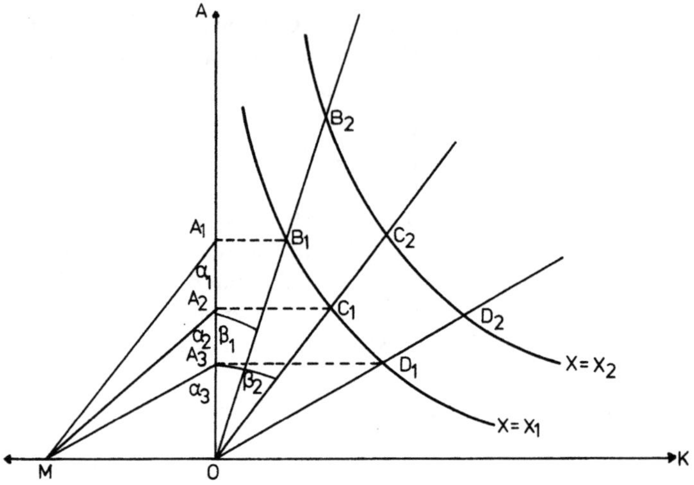

Abb. 3.17

Bei einer Bewegung auf ihr von links oben nach rechts unten, z.B. vom Punkt B_1 zum Punkt C_1 und weiter zum Punkt D_1 nehmen die Kapitalintensität und die Arbeitsproduktivität bei unverändertem Output zu. Man kann die Steigerung der Arbeitsproduktivität sichtbar machen, indem man die Produktionsmenge X_1 auf der negativen Abszisse abträgt. Dann ist $X_1 = \overline{OM}$. Die den Punkten B_1 und C_1 entsprechenden Arbeitsproduktivitäten sind $\overline{OM}/\overline{OA}_1 = \tan \alpha_1$ und $\overline{OM}/\overline{OA}_2 = \tan \alpha_2$. Die zugehörigen Kapitalintensitäten betragen $\overline{A_1B_1}/\overline{OA}_1 = \tan \beta_1$ und $\overline{A_2C_1}/\overline{OA}_2 = \tan \beta_2$.

Überträgt man aus der Abb. 3.17 alle bei der Produktion von $X = X_1$ möglichen Kombinationen von Arbeitsproduktivität und Kapitalintensität in ein Diagramm, erhält man eine mit fallender Rate steigende Kurve (Abb. 3.18). Diese Produktivitätskurve zeigt an, daß bei fortwährender Erhöhung der Kapitalintensität die Arbeitsproduktivität zunimmt, daß diese Zuwächse aber immer geringer werden. Den Grund für diesen Verlauf bildet, wie im folgenden bewiesen wird, das „Gesetz" von der abnehmenden Grenzrate der Substitution.

Wie die Produktivitätskurve der Arbeit für eine andere Produktionsmenge in die Abb. 3.18 einzutragen ist, hängt vom Homogenitätsgrad der zugrunde liegenden Produktionsfunktion ab. Z.B. sei die Aufgabe gestellt, den Verlauf der Produktivitätskurve für die Menge $X = X_2$ anzugeben, wobei $X_2 > X_1$ (Abb. 3.17). Ein Punkt wie B_2 ($C_2, D_2, \ldots$) auf dieser Isoquante impliziert ein höheres Prozeßniveau als der Punkt B_1 ($C_1, D_1, \ldots$) auf der „alten" Isoquante. Die Kapitalintensitäten sind in B_1 und B_2 bzw. entsprechenden Punk-

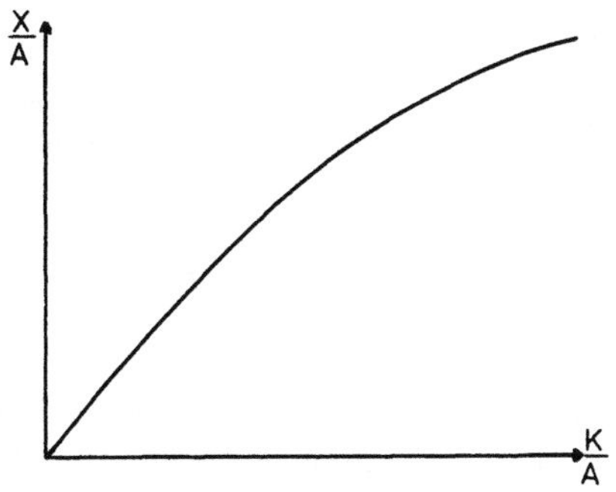

Abb. 3.18

ten gleich, was für die Arbeitsproduktivitäten nicht gelten muß. Nach Gleichung (3.25) (Abschnitt 3.1.1) nimmt nämlich die Arbeitsproduktivität bei steigendem Prozeßniveau zu, bleibt gleich oder nimmt ab, je nachdem ob der Homogenitätsgrad größer als, gleich oder kleiner als eins ist. Somit ist die Arbeitsproduktivität bei steigenden Skalenerträgen ($\epsilon > 1$) in B_2 ($C_2, D_2, \ldots$) höher als in B_1 ($C_1, D_1, \ldots$). Mit anderen Worten, bei jeder Kapitalintensität ist die Arbeitsproduktivität auf der Isoquante $X = X_2$ höher als auf der Isoquante $X = X_1$. Die Produktivitätskurve für die Isoquante $X = X_2$ verläuft oberhalb derjenigen für $X = X_1$. Bei konstanten Skalenerträgen ($\epsilon = 1$) hat die Arbeitsproduktivität in B_2 ($C_2, D_2, \ldots$) denselben Wert wie in B_1 ($C_1, D_1, \ldots$). Das heißt, daß die Produktivitätskurven für beide Isoquanten deckungsgleich sind; man erhält bei linearer Homogenität stets die Kurve der Abb. 3.18, von welcher Isoquante man auch ausgeht. Bei abnehmenden Skalenerträgen ($\epsilon < 1$) verläuft die Produktivitätskurve der Arbeit niedriger, wenn ein höherer Output vorgegeben wird.

Die erzielten Ergebnisse können anhand der Produktivitätsfunktion der Arbeit bewiesen werden. Zu ihrer Ermittlung wird auf die erste Eigenschaft homogener Produktionsfunktionen in der Formulierung (3.19) zurückgegriffen. Dividiert man sie durch den Arbeitseinsatz, so ergibt sich

$$X/A = A^{\epsilon - 1} \cdot f(K/A). \tag{3.56}$$

Teilt man Gleichung (3.19) durch $f(K/A)$ und potenziert mit $1/\epsilon$, erhält man

$$A = X^{1/\epsilon} \cdot [f(K/A)]^{-1/\epsilon}. \tag{3.57}$$

Durch Einsetzen der Gleichung (3.57) in die Gleichung (3.56) erhält man

$$X/A = X^{(\epsilon - 1)/\epsilon} \cdot [f(K/A)]^{1/\epsilon}. \tag{3.58}$$

Gibt man in (3.58) ein bestimmtes X konstant vor, z.B. $X = X_1$, so wird die Gleichung zu einer Produktivitätsfunktion der Arbeit. Die erste Ableitung der Produktivitätsfunktion ist gleich der Steigung der Produktivitätskurve. Sie beträgt

$$\frac{\partial\,(X/A)}{\partial\,(K/A)} = X_1^{(\epsilon-1)/\epsilon} \cdot \frac{1}{\epsilon}\,[f\,(K/A)]^{(1/\epsilon)-1} \cdot f'\,(K/A) > 0. \tag{3.59}$$

Die Gleichung (3.59) zeigt, daß die Arbeitsproduktivität mit der Kapitalintensität zunimmt. Ob sie progressiv oder degressiv zunimmt, d.h. welche Krümmung die Kurve hat, hängt vom Vorzeichen der zweiten Ableitung ab.

Zur Berechnung der zweiten Ableitung wird Gleichung (3.59) logarithmiert und bei konstantem X nach der Kapitalintensität differenziert:

$$\ln \frac{\partial\,(X/A)}{\partial\,(K/A)} = \ln X_1^{(\epsilon-1)/\epsilon} + \ln \frac{1}{\epsilon} + \left(\frac{1}{\epsilon} - 1\right) \ln f\,(K/A) + \ln f'\,(K/A) \cdot$$

$$\frac{1}{\partial\,(X/A)/\partial\,(K/A)} \cdot \frac{\partial^2\,(X/A)}{\partial\,(K/A)^2} = \left(\frac{1}{\epsilon} - 1\right) \cdot \frac{f'\,(K/A)}{f\,(K/A)} + \frac{f''\,(K/A)}{f'\,(K/A)}\,.$$

Durch Ausklammern von $f'\,(K/A)/f\,(K/A)$ ergibt sich

$$\frac{1}{\partial\,(X/A)/\partial\,(K/A)} \cdot \frac{\partial^2\,(X/A)}{\partial\,(K/A)^2} = \frac{f'\,(K/A)}{f\,(K/A)} \left[\left(\frac{1}{\epsilon} - 1\right) + \frac{f''\,(K/A) \cdot f(K/A)}{[f'\,(K/A)]^2}\right]. \tag{3.60}$$

Da $f''\,(K/A) < 0$ ist und $(1/\epsilon - 1) \gtreqless 0$ sein kann, scheint das Vorzeichen der rechten Seite von (3.60) unbestimmt zu sein. Das ist jedoch nicht der Fall. Zum Beweis wird die Substitutionsfunktion (3.30)

$$r^* = \epsilon \cdot \frac{f\,(K/A)}{f'(K/A)} - K/A$$

benutzt. Differenziert man sie nach K/A, so erhält man

$$\frac{\partial r^*}{\partial\,(K/A)} = \frac{(\epsilon - 1)\,[f'\,(K/A)]^2 - \epsilon f\,(K/A) \cdot f''\,(K/A)}{[f'\,(K/A)]^2}\,.$$

Daraus folgt

$$\frac{f''\,(K/A) \cdot f(K/A)}{[f'\,(K/A)]^2} = (1 - 1/\epsilon) - 1/\epsilon \cdot \frac{\partial r^*}{\partial\,(K/A)}\,. \tag{3.61}$$

Der letzte Bruch in (3.60) kann durch den Ausdruck (3.61) ersetzt werden. Somit ist

$$\frac{1}{\partial (X/A)/\partial (K/A)} \cdot \frac{\partial^2 (X/A)}{\partial (K/A)^2} = -\frac{1}{\epsilon} \cdot \frac{f'(K/A)}{f(K/A)} \cdot \frac{\partial r^*}{\partial (K/A)}. \tag{3.62}$$

Da ein konvexer Verlauf der Isoquante angenommen wurde, nimmt die Grenzrate der Substitution von Kapital durch Arbeit mit steigender Arbeitsintensität ab, d.h. mit steigender Kapitalintensität zu:

$$\frac{\partial r^*}{\partial (K/A)} > 0.$$

Die rechte Seite von Gleichung (3.62) ist eindeutig negativ. Da $\partial (X/A)/\partial (K/A)$ positiv ist, gilt

$$\frac{\partial^2 (X/A)}{\partial (K/A)^2} < 0.$$

Bei jedem Homogenitätsgrad nimmt die Arbeitsproduktivität mit steigender Kapitalintensität degressiv zu, die Produktivitätskurve der Arbeit ist von unten konkav. Der Grund ist in dem konvexen Verlauf der Isoquanten zu sehen.

Dieser beispielhaft für die Produktivitätsfunktion der Arbeit gefundene Satz kann verallgemeinert werden:

Gilt das „Gesetz" von der abnehmenden Grenzrate der Substitution, d.h. sind die Isoquanten streng konvex zum Ursprung, so nimmt die Produktivität eines Faktors degressiv zu, wenn der Faktor bei konstanter Produktion intensiver eingesetzt wird.

Wie sich die Arbeitsproduktivität bei vorgegebenem $K/A = (K/A)_1$ mit dem Output ändert, d.h. wie sich die Produktivitätskurve beim Übergang zu einer höher gelegenen Isoquante verschiebt, kann ebenfalls anhand der Gleichung (3.58) untersucht werden. Durch partielles Differenzieren nach X ergibt sich

$$\frac{\partial (X/A)}{\partial X} = \frac{\epsilon - 1}{\epsilon} \cdot X^{-1/\epsilon} \cdot [f(K/A)_1]^{1/\epsilon}. \tag{3.63}$$

Wie die Gleichung zeigt, ist das Vorzeichen von $\partial (X/A)/\partial X$ gleich dem von $(\epsilon - 1)$. **Die Arbeitsproduktivität nimmt bei steigendem Output und konstantem Einsatzverhältnis der Faktoren zu (ab), wenn der Homogenitätsgrad größer (kleiner) als eins ist. Bei einem Homogenitätsgrad von eins ist die Arbeitsproduktivität vom gewählten Produktionsniveau unabhängig.** Dieser Satz gilt analog für die Produktivität des Kapitals.

3.2 Homothetische Produktionsfunktionen

Bei den bisher besprochenen homogenen Produktionsfunktionen ist die Skalenelastizität ϵ in allen denkbaren Produktionspunkten ex definitione gleich. Eine Erhöhung der Einsatzmengen beider Produktionsfaktoren um einen vorgegebenen Prozentsatz R führt unabhängig von der Wahl der Ausgangsmengen stets zu der gleichen prozentualen Outputerhöhung $\epsilon \cdot R$. Dies bedeutet unter anderem, daß der Output bei totaler Faktorvariation entweder dauernd progressiv oder dauernd degressiv oder stets proportional mit der Zahl eingesetzter Faktorpakete steigt.

Die homogene Produktionsfunktion schließt somit eine in vielen Lehrbüchern unterstellte Gesetzmäßigkeit der Produktion aus, nach der das Produktionsergebnis bei totaler Faktorvariation zunächst progressiv, später degressiv zunimmt. Man hat sich deshalb Produktionsfunktionen zugewandt, die dieser „Gesetzmäßigkeit" entsprechen. Zu ihnen gehören die homothetischen Produktionsfunktionen (HIPF)[12].

Eine Produktionsfunktion ist homothetisch, wenn sie wie folgt geschrieben werden kann:

$$X = G\,[Z], \text{ wobei } Z = H\,(A, K). \tag{3.64}$$

Wie der Ausdruck (3.64) zeigt, ist die Produktionsmenge eine mittelbare Funktion des Inputs. Sie hängt über die Funktion G, die *Skalierungsfunktion* genannt wird, von der Zwischengröße Z ab, die ihrerseits durch die Funktion H, die sogenannte *Isoquantenfunktion*, von den Faktormengen bestimmt wird[13]. Die Isoquantenfunktion H ist homogen[14] in A und K. Somit gilt, wenn der Inhalt eines Faktorpaketes mit (A_0, K_0) und die Zahl der eingesetzten Faktorpakete mit λ bezeichnet wird:

$$Z = H\,(\lambda \cdot A_0, \lambda \cdot K_0) = \lambda^\nu \cdot H\,(A_0, K_0) \equiv \lambda^\nu \cdot H_0. \tag{3.65}$$

Dabei ist ν der Homogenitätsgrad von H. Für die Funktion $G\,[Z]$ gilt

$$G\,[0] = 0. \tag{3.66}$$

---

[12]) HIPF ist die Abkürzung für Homothetic Isoquant Production Function.

[13]) Eine Begründung für die Bezeichnungen „Isoquantenfunktion" und „Skalierungsfunktion" findet sich am Schluß des Abschnitts 3.2.1 (im Anschluß an Gleichung (3.79)).

[14]) Bei *R.W. Shephard* [1953], der die homothetische Produktionsfunktion in die Literatur einführte, ist $H\,(A, K)$ als linear-homogen unterstellt, desgleichen bei *Shephard* [1970] und bei *Clemhout* [1968]. Aus Interpretationsgründen, die im Kapitel 3.3.3 deutlich werden, wird hier die schwächere Annahme der Homogenität gemacht.

Außerdem wird in der Regel angenommen, daß $G[Z]$ monoton steigt:

$$dG/dZ \equiv G'[Z] \geqslant 0 \quad \text{für alle } Z. \tag{3.67}$$

3.2.1 Die wichtigsten Eigenschaften homothetischer Produktionsfunktionen

Die erste Eigenschaft: Die Skalenelastizität der homothetischen Produktionsfunktion ist gleich dem Produkt aus der Elastizität der Skalierungsfunktion und dem Homogenitätsgrad der Isoquantenfunktion. Ihre Größe kann mit dem Prozeßniveau variieren.

Diese Eigenschaft läßt sich folgendermaßen beweisen: Aus $X = G[Z]$ und $Z = \lambda^{\nu} \cdot H_0$ (Gl. (3.65)) erhält man

$$X = G[\lambda^{\nu} \cdot H_0]. \tag{3.68}$$

Der marginale Skalenertrag beträgt somit

$$dX/d\lambda = G'[\lambda^{\nu} \cdot H_0] \cdot \nu \cdot \lambda^{\nu-1} \cdot H_0.$$

Die Multiplikation dieser Gleichung mit λ/X ergibt die Skalenelastizität der homothetischen Produktionsfunktion:

$$\frac{dX}{d\lambda} \cdot \frac{\lambda}{X} \equiv \epsilon = \frac{G'[\lambda^{\nu} \cdot H_0] \cdot \lambda^{\nu} \cdot H_0}{G[\lambda^{\nu} \cdot H_0]} \cdot \nu. \tag{3.69}$$

Die Gleichung zeigt, daß die Skalenelastizität der homothetischen Produktion von der Anzahl λ der eingesetzten Faktorpakete (dem Prozeßniveau) abhängig ist. Damit ist Satz 2 der ersten Eigenschaft bewiesen.

Wird berücksichtigt, daß $Z \equiv \lambda^{\nu} \cdot H_0$ ist, kann man statt Gleichung (3.69) auch schreiben

$$\epsilon = \frac{G'[Z] \cdot Z}{G[Z]} \cdot \nu \equiv \chi \cdot \nu. \tag{3.70}$$

Damit ist die erste Eigenschaft vollständig bewiesen, denn das neu definierte Symbol χ gibt die Elastizität der Skalierungsfunktion an.

Anhand der Gleichung (3.70) kann man zeigen, daß die homogene Produktionsfunktion ein Spezialfall der homothetischen Produktionsfunktion ist. Dieser Spezialfall ist dann gegeben, wenn die Skalierungsfunktion eine konstante Elastizität besitzt, d.h. in der Form

$$G[Z] = c \cdot Z^{\chi}, \quad c = \text{const.}, \quad \chi = \text{const.} \tag{3.71}$$

geschrieben werden kann. Die Produktionsfunktion lautet dann

$$X = c \cdot [H(A, K)]^{\chi} \tag{3.72}$$

und ist homogen vom Grade $\epsilon = \chi \cdot \nu$.
Will man hieraus die übliche Schreibweise der homogenen Produktionsfunktion ableiten, ist eine Funktion F so zu definieren, daß sie die konstanten Größen c und χ enthält:

$$c \cdot [H(A, K)]^{\chi} \equiv F(A, K) = X.$$

Die zweite Eigenschaft: Auf einer Isoquante der homothetischen Produktionsfunktion ist die Skalenelastizität in allen Punkten gleich.

Die Gültigkeit dieses Satzes kann durch die folgende Überlegung verdeutlicht werden: Auf einer Isoquante ist die Produktion X definitionsgemäß konstant. Die Voraussetzung für $X =$ const. ist, daß Z sich nicht ändert. Nach Gleichung (3.70) hängt ϵ nur von Z ab. Also bleibt bei konstantem X auch ϵ konstant.

Aus dieser Eigenschaft folgt, daß **jede Isoquante der homothetischen Produktionsfunktion durch eine radiale Vergrößerung oder Verkleinerung einer anderen Isoquante darstellbar ist.** Gegeben sei z.B. die Isoquante $X = X_0$ in der Abb. 3.19. Um die Isoquante für die um $R \cdot 100\,\%$ höhere Produktionsmenge $X_1 = X_0 + R \cdot X_0 = (1 + R) X_0$ zu finden, werden Fahrstrahlen wie zum Beispiel I und II gezeichnet. In der Zeichnung ist angenommen, daß die Skalenelastizität auf der Isoquante $X = X_0$ kleiner als eins ist. Eine Erhöhung des Outputs um $R = \tan \pi$ erfordert deshalb eine Zunahme beider Inputs um $d\lambda/\lambda = \tan \tau_0 > R$. Die Anwendung des in Abb. 2.22 (Abschnitt 2.4.2) beschriebenen geometrischen Verfahrens liefert die Punkte C_1 und D_1 der Isoquante $X = X_1$.

Soll die Produktionsmenge von X_1 ausgehend nochmals um $R \cdot 100\,\%$ auf $X_2 = (1 + R) \cdot X_1 = (1 + R)^2 \cdot X_0$ gesteigert werden, ist das Verfahren zu wiederholen. Dabei ist zu beachten, daß die Skalenelastizität auf der Isoquante $X = X_1$ eine andere sein kann als auf der Isoquante $X = X_0$. Die notwendige relative Zunahme beider Inputs ist ebenfalls erneut zu ermitteln. Ist die Skalenelastizität auf der Isoquante für $X = X_1$ größer als eins – dieser Fall ist unterstellt – beträgt die Zunahme der Inputs $d\lambda/\lambda = \tan \tau_1 < \tan \pi = R$. Man erhält so die beiden Punkte C_2 und D_2 auf der Isoquante
$X = X_2 = (1 + R)^2 \cdot X_0$.

Die dritte Eigenschaft: Die Steigungen aller Isoquanten einer homothetischen Produktionsfunktion sind in den Schnittpunkten mit einem gegebenen

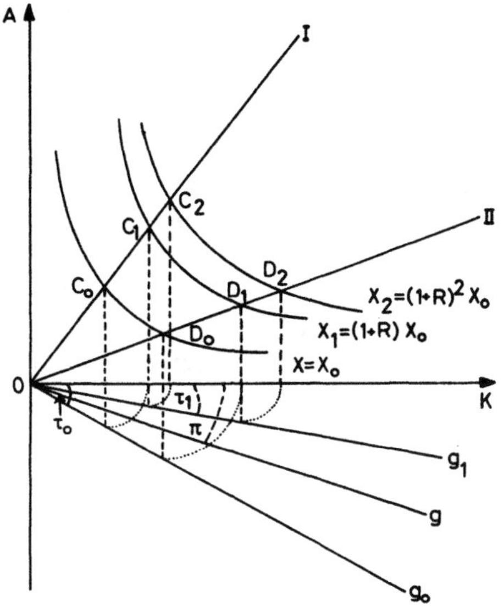

Abb. 3.19

Fahrstrahl gleich. M.a.W., das Verhältnis der Grenzproduktivitäten hängt nur vom Einsatzverhältnis der Produktionsfaktoren ab.

Zum Beweis dieser Eigenschaft – die die HIPF mit der homogenen Produktionsfunktion gemeinsam hat – wird die Isoquantenfunktion H umgeformt und eine Substitutionsfunktion der HIPF ermittelt. Da H annahmegemäß homogen ist, kann man schreiben (vgl. Abschnitt 3.1.3, Gl. (3.19)):

$$Z = H(A, K) \equiv A^{\nu} \cdot h(K/A). \tag{3.73}$$

Somit ist

$$X = G[Z] = G[A^{\nu} \cdot h(K/A)].$$

Daraus erhält man die Grenzproduktivitätsfunktion der Arbeit

$$\partial X/\partial A = G' \cdot [A^{\nu} \cdot h'(-K/A^2) + h \cdot \nu \cdot A^{\nu-1}]$$

oder

$$\partial X/\partial A = G' \cdot A^{\nu-1}[\nu \cdot h - (K/A) \cdot h']. \tag{3.74}$$

Die Grenzproduktivitätsfunktion des Kapitals lautet

$$\partial X/\partial K = G' \cdot A^{\nu} \cdot h' \cdot 1/A = G' \cdot h' \cdot A^{\nu-1}. \tag{3.75}$$

Die Division von Gleichung (3.74) durch Gleichung (3.75) ergibt die Substitutionsfunktion

$$r^* = \frac{\partial X}{\partial A} \Big/ \frac{\partial X}{\partial K} = v \cdot \frac{h\,(K/A)}{h'(K/A)} - K/A. \tag{3.76}$$

Sie zeigt, daß das Verhältnis der Grenzproduktivitäten nur vom Einsatzverhältnis der Produktionsfaktoren abhängt. Dieses Verhältnis und mit ihm die Isoquantensteigung bleiben bei Bewegungen auf einem Fahrstrahl unverändert.

Bemerkenswert ist außerdem, daß der Quotient aus den Grenzproduktivitäten von der Beschaffenheit der Skalierungsfunktion $G\,(Z)$ unabhängig ist. Dies kann auch unmittelbar durch Differenzieren der Funktion (3.64) gezeigt werden. Man erhält

$$\partial X/\partial A = G' \cdot \partial H/\partial A \equiv G' \cdot H_A$$

und

$$\partial X/\partial K = G' \cdot \partial H/\partial K \equiv G' \cdot H_K.$$

Bei der Division fällt G' heraus:

$$r^* = \frac{\partial X}{\partial A} \Big/ \frac{\partial X}{\partial K} = H_A\,(A, K)/H_K\,(A, K). \tag{3.77}$$

Das Verhältnis der Grenzproduktivitäten wird allein durch die partiellen Ableitungen der Isoquantenfunktion bestimmt.

Die vierte Eigenschaft: Die Substitutionselastizität der homothetischen Produktionsfunktion ist auf einem Fahrstrahl durch den Ursprung des Isoquantensystems konstant.

Nach dieser Eigenschaft kann die Substitutionselastizität nur in solchen Produktionspunkten unterschiedlich hoch sein, die sich in ihrer Kapitalintensität unterscheiden. Auch diese Eigenschaft hat die homothetische Produktionsfunktion mit der homogenen Produktionsfunktion gemeinsam. Ihre Gültigkeit läßt sich mit der Substitutionsfunktion (3.76) zeigen. Wird sie mit der für homogenen Produktionsfunktionen geltenden Beziehung (3.30) verglichen, zeigt sich eine vollständige formale Übereinstimmung: Die Funktionen $f(K/A), f'\,(K/A)$ und der Homogenitätsgrad ϵ in der Gleichung (3.30) entsprechen den Ausdrücken $h\,(K/A)$, $h'\,(K/A)$, v in der Gleichung (3.76). Die Rechnungen, mit denen im Abschnitt 3.1.3 die Substitutionselastizität der homogenen Produktionsfunktion aus Gleichung (3.30) ermittelt wurde, sind somit bei der HIPF analog durchzuführen. Man erhält

$$b = \frac{d\,(K/A)}{K/A} \Big/ \frac{dr^*}{r^*} = -\frac{h'\,[v \cdot h - (K/A) \cdot h']}{v \cdot (K/A) \cdot h \cdot h'' - (v-1)(K/A)h'^2}. \tag{3.78}$$

Dabei ist $h' = h'(K/A)$ und $h''(K/A) = \partial^2 h(K/A)/\partial (K/A)^2$. Die Gleichung zeigt, daß b nur vom Verhältnis der Faktormengen abhängig ist. Der zur Gleichung (3.33) analoge Ausdruck für die Substitutionselastizität der HIPF lautet

$$b = \frac{H_A H_K}{\nu \cdot H \cdot H_{AK} - (\nu - 1) H_A H_K}, \tag{3.79}$$

wobei $H_A \equiv \partial H/\partial A$, $H_K \equiv \partial H/\partial K$, und $H_{AK} \equiv \partial^2 H/\partial A \partial K$ ist. Nach diesen Ergebnissen werden Steigung und Krümmung (d.h. Form und Verlauf) der Isoquanten nur von der Funktion $H(A, K)$ geprägt. Daher wurde sie als Isoquantenfunktion bezeichnet. Die Funktion $G[Z]$ legt fest, wie die Isoquantenschar indiziert oder skaliert wird – daher die Bezeichnung Skalierungsfunktion.

3.2.2 Die homothetische Produktionsfunktion mit zunächst steigenden und dann fallenden Skalenerträgen

In der vorgestellten Form ist die homothetische Produktionsfunktion zu allgemein formuliert, als daß ihr Isoquantensystem vollständig aufgezeichnet werden könnte. Es müssen Kenntnisse darüber vorliegen, wie die Skalenerträge mit dem Prozeßniveau variieren, da sonst nichts über die Abstände von Isoquanten gleicher Mengendifferenzen gesagt werden kann. Im folgenden wird angenommen, daß die (durchschnittlichen) Skalenerträge X/λ mit zunehmendem Prozeßniveau λ zunächst steigen, und zwar bis zu einem bestimmten Prozeßniveau λ^{**}, und dann fallen (Abb. 3.20 c). Die graphische Darstellung der Produktionsmenge in Abhängigkeit vom Prozeßniveau ergibt unter dieser Annahme eine S-förmig geschwungene Kurve, die in der Abb. 3.20 a gezeichnet ist. Ihre Funktionsgleichung lautet

$$X = G[\lambda^\nu \cdot H(A_0, K_0)] \equiv X(\lambda) \tag{3.80}$$

und hat die Eigenschaften

$$X(0) = 0,$$

$$\frac{dX(\lambda)}{d\lambda} > 0,$$

$$\frac{d^2 X(\lambda)}{d\lambda^2} \gtreqless 0 \text{ für } \lambda \lesseqgtr \lambda^*.$$

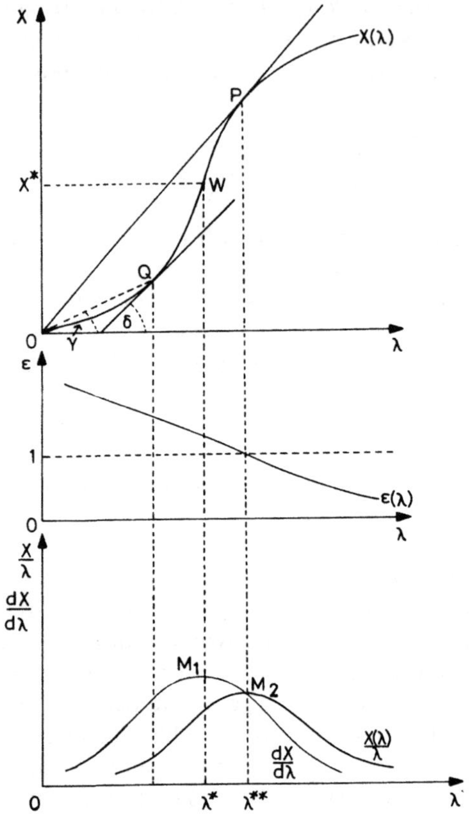

Abb. 3.20 a

Abb. 3.20 b

Abb. 3.20 c

Dies bedeutet, daß der marginale Skalenertrag $dX(\lambda)/d\lambda$ positiv ist, bis zum Prozeßniveau λ^* ansteigt und danach fällt (Abb. 3.20 c).

Welche Abhängigkeit der Skalenelastizität vom Prozeßniveau den gezeichneten Kurven zugrunde liegt, läßt sich anhand der beiden Winkel γ und δ verdeutlichen. Der Tangens des Winkels γ gibt die Steigung des Fahrstrahls durch den Punkt Q der Kurve $X(\lambda)$ an, wobei Q beliebig vorgegeben ist, während $\tan\delta$ die Steigung der Kurve bzw. ihrer Tangente in Q mißt. Es gilt somit

$$\tan\gamma = \frac{X(\lambda)}{\lambda} \quad \text{und} \quad \tan\delta = \frac{dX(\lambda)}{d\lambda},$$

d.h.

$$\epsilon(\lambda) = \frac{dX}{d\lambda} \Big/ \frac{X}{\lambda} = \frac{\tan\delta}{\tan\gamma}.$$

Zunächst ist der marginale Skalenertrag größer als der durchschnittliche, und beide steigen. Die Skalenelastizität ist größer als eins, und zwar bis zum Prozeßniveau λ^{**}, bei dem der bereits sinkende marginale Skalenertrag dem durchschnittlichen gleich und die Skalenelastizität gleich eins wird. Danach ist der marginale Skalenertrag kleiner als der durchschnittliche – die Skalenelastizität liegt unter eins –, und beide nehmen ab.

Die Abstände der Isoquanten mit gleichen Produktmengendifferenzen werden mit der Abb. 3.21 bestimmt, in der ein Fahrstrahl I gezeichnet wurde. Seine Steigung ist gleich der vorgegebenen Arbeitsintensität A_0/K_0. Sie entspricht der Füllung der Faktorpakete, deren Menge auf den Abszissen in den Abb. 3.20 a, b und c abgetragen worden ist. Die Kurve $X(\lambda)$ der Abb. 3.20 a wurde in den zweiten Quadranten der Abb. 3.21 gezeichnet. Die Skalenelastizität in Abhängigkeit vom Prozeßniveau ist in das Koordinatensystem unterhalb des (A, K)-Diagramms eingetragen. Diese Kurve ist mit der in Abb. 3.20 b enthaltenen identisch. Mit λ_1 Faktorpaketen – die dem Produktionspunkt P auf dem Fahrstrahl I entsprechen – wird der Output $\overline{OS} = \Delta X$ produziert. Werden weitere Produktionsmengen mit konstanter Mengendifferenz $\Delta X = \overline{OS}$ von der X-Achse auf den Fahrstrahl I übertragen, ergeben sich weitere Produktionspunkte. Um die Zeichnung übersichtlich zu halten, sind die durch diese Punkte verlaufenden Isoquanten nur andeutungsweise gezeichnet worden. Wie die Abb. 3.21 zeigt, werden die Abstände von Isoquanten gleicher Produktionsmengendifferenz ΔX zunächst immer geringer. Dies gilt, solange die Zahl

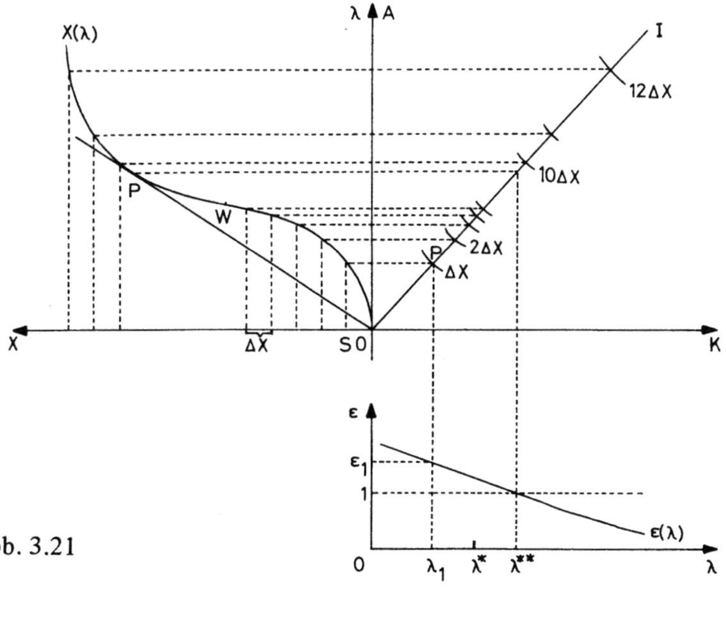

Abb. 3.21

der eingesetzten Faktorpakete kleiner als λ^* ist. Danach – aber bevor die Skalenelastizität auf den Wert eins abgesunken ist – beginnt der Abstand der Isoquanten wieder zuzunehmen. Vergleicht man die Abbildungen 3.21 und 3.20 c, so zeigt sich, daß der Abstand zwischen den Isoquanten gleicher Produktionsmengendifferenzen abnimmt, solange der marginale Skalenertrag steigt. Sobald der marginale Skalenertrag sinkt (das ist bereits dann der Fall, wenn der durchschnittliche Skalenertrag noch steigt), werden die Abstände wieder größer.

3.3 Variable Skalenerträge

Bei der Untersuchung homogener und homothetischer Produktionsfunktionen wurde bereits auf einige Auswirkungen, aber nicht auf die Ursachen variabler Skalenerträge eingegangen. In diesem Abschnitt werden zunächst Eigenschaften des Produktionsprozesses diskutiert, die variable Skalenerträge verursachen können. Danach werden im Rahmen eines stark vereinfachten Modells der Produktionsbedingungen einer Branche weitere Implikationen variabler Skalenerträge aufgezeigt.

Eine aggregierte Produktionsfunktion kann aus folgenden Gründen variable Skalenerträge aufweisen:

– weil die Produktionsfunktionen aller oder eines Teils der Unternehmen, deren aggregierten Output die Funktion angibt, nicht linear-homogen in den eingesetzten Faktormengen sind. Da die Ursachen der variablen Skalenerträge in diesem Fall innerhalb der einzelnen Unternehmen zu suchen sind, spricht man von *unternehmensinternen Skaleneffekten.*
– weil die Produktionsmengen von manchen oder allen Unternehmen nicht nur von den jeweils eingesetzten Faktormengen abhängen, sondern aus technischen Gründen auch von den – durch das jeweilige Unternehmen nicht kontrollierbaren – ökonomischen Aktivitäten anderer Unternehmen bestimmt werden. Diese einseitigen oder gegenseitigen Abhängigkeiten zwischen den Unternehmen werden als (technisch bedingte) *unternehmensexterne Skaleneffekte* bezeichnet[15]).

---

[15]) Diese Definition der unternehmensexternen Skaleneffekte entspricht derjenigen der „externalities" in *Buchanan, J.M.,* und *Wm.C. Stubblebine,* Externality. Economica **29** (1962), S. 371–384.

3.3.1 Ursachen interner Skaleneffekte

Ein wichtiges Argument für das Auftreten unternehmensinterner Skaleneffekte (internal economies) wurde bereits von *Adam Smith* [1776] vorgetragen. Nach *Smith* steigt der Grad der Arbeitsteilung in einem Unternehmen und mit ihm die Produktivität der eingesetzten Faktorpakete mit der Unternehmensgröße. Zur Verdeutlichung sei angenommen, daß in einem Unternehmen fünf Personen tätig sind und der Leistungserstellungsprozeß in fünfzig elementare Tätigkeiten aufgespalten ist. Dann muß jede Arbeitskraft (durchschnittlich) zehn Tätigkeiten ausführen. Ist das Unternehmen doppelt so groß, d.h. sind die doppelten Mengen Arbeit und Kapital vorhanden, so entfallen auf eine Arbeitskraft im Durchschnitt nur fünf elementare Tätigkeiten. Die Arbeitsteilung ist größer, und jede Arbeitskraft wird sich stärker spezialisieren. Dieser Arbeitsteilungs- oder Spezialisierungseffekt bewirkt, daß im Beispiel bei angenommener Verdoppelung des Faktoreinsatzes ein mehr als doppelt so großer Output produziert wird. Eine Zunahme des Prozeßniveaus der Branche, hervorgerufen durch individuelles Wachstum aller Unternehmen, führt zu einer prozentual stärkeren Zunahme des Branchenoutputs. Die aggregierte Produktionsfunktion weist zunehmende Skalenerträge auf.

Dieses Argument gilt nicht für den gesamten Bereich der Funktion, da anzunehmen ist, daß sich mit weiterem Wachstum der Unternehmen die Spezialisierungsmöglichkeiten erschöpfen. Die Skalenerträge werden in der Folge nur noch wenig steigen und schließlich konstant bleiben. Denkbar ist sogar, daß mit weiter zunehmender Unternehmensgröße die Effizienz der Produktionsfaktoren absinkt: Da die Organisation und der Ablauf des Produktionsprozesses mit zunehmender Unternehmensgröße immer verwickelter werden, muß der Unternehmer einzelne Kompetenzen delegieren. Innerhalb des Unternehmens bilden sich Abteilungen und Unterabteilungen heraus, deren Entscheidungen aufeinander abgestimmt werden müssen. Dadurch wird u.U. eine überproportionale Vergrößerung des Verwaltungsapparates erforderlich. Es kann in verstärktem Umfang zu Fehlentscheidungen und Fehlentwicklungen infolge ungenügender Durchschaubarkeit des Betriebsgeschehens oder mangelnder Koordination der Aktivitäten kommen. All das würde die Produktivität der eingesetzten Faktoren sinken lassen, d.h. zu abnehmenden Skalenerträgen führen. Die Produktionsfunktion weist unter diesen Umständen bei niedrigem Prozeßniveau steigende Skalenerträge auf, hat bei einem bestimmten Prozeßniveau konstante und unmittelbar anschließend abnehmende Skalenerträge. Die Produktion nimmt bei steigendem Prozeßniveau zunächst progressiv und dann degressiv zu (vgl. Abb. 3.20 a). Es ist auch vorstellbar, daß zwischen dem Ende der zunehmenden Skalenerträge und dem Beginn der abnehmenden Skalenerträge ein mehr oder minder großer Bereich konstanter Skalenerträge liegt. In der Abb. 3.20 a würde dann $X(\lambda)$ ein gerades Zwischenstück besitzen, dessen Verlängerung durch den Ursprung geht.

3.3.2 Ursachen externer Skaleneffekte

Unternehmensexterne Skaleneffekte liegen vor, wenn die Produktionsmenge eines Unternehmens aus technischen Gründen auch von der Tätigkeit anderer Produzenten abhängt. Für diese Definition ist wichtig, daß sich die Abhängigkeit direkt und nicht über Marktbeziehungen ergibt. So kann man unternehmensexterne Skaleneffekte nicht mit dem Absatzrückgang eines Unternehmens in Zusammenhang bringen, den es wegen des relativ niedrigen Preises eines Konkurrenten erleidet. Auch dann, wenn die Konkurrenz der Unternehmer um knappe Produktionsfaktoren zu Veränderungen der Faktoreinsatz- und damit der Produktionsmenge führt, darf nicht von unternehmensexternen Effekten gesprochen werden. Auch hier beruht die Beeinflussung der Produktionsmenge eines Unternehmens durch die Tätigkeiten anderer Produzenten nicht auf technischen sondern auf ökonomischen Gründen; sie geschieht nicht auf direktem Weg sondern ist an Marktvorgänge gebunden.

Die technischen Gründe für unternehmensexterne Skaleneffekte werden offenbar, wenn man daran denkt, daß Produktionsprozesse vielfach auf Grund physikalischer oder chemischer Gesetzmäßigkeiten jeweils nicht nur ein einziges Produkt ergeben, sondern zum gleichzeitigen Anfall mehrerer Produkte, Abfallstoffe und Produktionsreste führen. Bei der Elektrizitätsherstellung in einem Energieunternehmen, das auf Kohlebasis betrieben wird, entstehen zum Beispiel neben der Energie Asche und Rauch. Die Produktion von Verkehrsleistungen führt auch zu Lärm, Abgasen und Altöl. Bei der Produktion von Schaffleisch erhält man zugleich Wolle und Fette. Alle solche in einem Produktionsprozeß gleichzeitig anfallenden „Produkte" werden *Kuppelprodukte* genannt. Darunter faßt man nicht nur verwertbare Güter sondern auch Abfallprodukte. Auch immaterielle Begleiterscheinungen der Produktion – z.B. wachsende Produktionskenntnisse und Fähigkeiten der Arbeiter und Angestellten – lassen sich darunter fassen. Art und Menge der anfallenden Kuppelprodukte hängen vom gewählten Produktionsverfahren und von der Art und dem Umfang der betrieblichen Aktivität ab. Wird beispielsweise Elektrizität nicht mit Kohle sondern mit Öl erzeugt, entstehen andere Kuppelprodukte.

Ein Teil dieser Kuppelprodukte ist nicht marktfähig, er läßt sich nicht verkaufen. Dies gilt nicht nur für die Schadstoffe, die mit der Produktion anfallen, und für solch negative Begleiterscheinungen wie Lärm und Rauch. Dies gilt auch für Beiprodukte, die von anderen Produzenten als positiv und nützlich angesehen werden, für die aber deshalb ein Preis nicht erzielbar ist, weil diejenigen, die zahlungsunwillig sind, vom Nutzen der Beiprodukte nicht ausgeschlossen werden können. Das gilt beispielsweise für einen Landwirt, der mit chemischen Mitteln Schädlinge bekämpft und Unkraut vernichtet und damit bewirkt, daß Nachbarfelder weniger von Schädlingen befallen und weniger vom Unkrautsamenflug berührt werden.

Nicht-marktfähige Kuppelprodukte können die Ursache von unternehmensexternen Skaleneffekten sein; denn sie können sich in vielfältiger Weise auf die Produktion in anderen Betrieben auswirken. Mit Hilfe von drei Beispielen soll dies gezeigt und dabei abgeleitet werden, warum aus diesem Grund die aggregierte Produktionsfunktion der Branche variable Skalenerträge ausweisen muß.

Beispiel 1: Zwei Unternehmen liegen am Ufer eines Flusses. Das am Oberlauf gelegene Unternehmen entnimmt dem Fluß sauberes Wasser und leitet Schmutzwasser in den Fluß ein. Das tiefer gelegene Unternehmen benötigt sauberes Flußwasser in der Produktion, muß also das entnommene Wasser reinigen und dazu Produktionsfaktoren einsetzen. Interne Skaleneffekte sind nicht vorhanden. Dennoch würde eine Steigerung der eingesetzten Faktormengen in beiden Unternehmen um x % keine Steigerung des aggregierten (zusammengefaßten) Outputs beider Unternehmen um ebenfalls x % bewirken, und zwar aus folgendem Grund: Steigt der Faktoreinsatz im oberen Unternehmen um x %, so steigt auch sein Output um x %. Dadurch nimmt aber die Schmutzkonzentration im Fluß zu. Das weiter unten gelegene Unternehmen muß einen Teil seiner zusätzlich eingesetzten x % Produktionsfaktoren für die Reinigung des Wassers verwenden, d.h. die Outputerhöhung in diesem Unternehmen beträgt trotz Abwesenheit negativer interner Skaleneffekte nicht x % sondern weniger. Steigen aber der Output eines Unternehmens um x % und der des anderen um weniger als x %, so beträgt die Zunahme des aus den beiden Größen aggregierten Outputs ebenfalls weniger als x %, d.h. die aggregierte, beide Unternehmen umfassende Produktionsfunktion weist fallende Skalenerträge auf.

Beispiel 2: Angenommen, in einer Industrieregion wird ein zusätzlicher Hochofen in Betrieb genommen. Der hiermit verbundene Lärm ist eine (zusätzliche) Nervenbelastung für die in der Nähe des Hochofens wohnenden und/oder beschäftigten Arbeitskräfte anderer Unternehmen, die ihre berufliche Leistungsfähigkeit und somit die Produktion dieser Unternehmen mindern kann. Wäre also die Errichtung des Hochofens Teil einer allgemeinen Erhöhung der Faktoreinsätze in dieser Region, so würde die regionale Gesamtproduktion nicht in prozentual gleichem Ausmaß wie die Faktormengen steigen.

Beispiel 3: In den ersten beiden Beispielen wurden negative externe Effekte behandelt, die abnehmende Skalenerträge bewirken. Das folgende Beispiel[16]) befaßt sich mit einem positiven Effekt. Wird in einem bestimmten Gebiet eine größere Anzahl qualifizierter Ingenieure (zusätzlich) beschäftigt, kann dies das Interesse der übrigen Bevölkerung an technischen Dingen erhöhen und sie veranlassen, sich zusätzliche Kenntnisse auf diesem Gebiet anzueignen. Dieser erhöhte Bildungsstand kommt auch anderen Unternehmen des Gebietes zugute: Da die Arbeitskräfte effizienter geworden sind, kann in diesen Unternehmen bei konstantem Faktoreinsatz mehr produziert werden. Die Mehrproduktion in dem Gebiet kann somit insgesamt prozentual größer sein als die Steigerung der eingesetzten Faktormengen.

3.3.3 Die Produktionsbedingungen einer Branche bei internen und externen Skaleneffekten

Die Auswirkungen interner und externer Skaleneffekte lassen sich im Rahmen eines Modells aufdecken, das im folgenden für eine einzelne Branche aufgedeckt werden soll. Um die formalen Ableitungen möglichst einfach zu halten, wird angenommen, daß alle Unternehmen der Branche die gleichen Produktionsfunktionen besitzen und die gleichen Faktormengen einsetzen. Die Produktionsmenge eines willkürlich herausgegriffenen Unternehmens Nr. i sei durch folgende Produktionsfunktion angegeben:

$$X_i = F^0 (A_i, K_i, E). \tag{3.81}$$

Hierbei bezeichnet E den noch nicht näher spezifizierten externen Effekt der ökonomischen Tätigkeit anderer Unternehmen. Die Variable E kann zum Beispiel gleich der Menge der von anderen Unternehmen in die Umwelt abgegebenen unverkäuflichen Kuppelprodukte sein, die von der ökonomischen Aktivität der eigenen Branche oder derjenigen anderer Branchen abhängen kann. *Hängt die Menge der Kuppelprodukte nur von der Aktivität der eigenen Branche ab, nennt man den externen Effekt branchenintern, im anderen Fall branchenextern.* Im folgenden wird angenommen, daß der externe Effekt branchenintern ist. Damit ist noch nicht geklärt, in welcher Weise der externe

---

[16]) Das Beispiel wurde übernommen von *Meade, J.E.*, Trade and Welfare, London, New York, Toronto, 1955, S. 19.

Effekt von der ökonomischen Aktivität der Branche abhängt. Es ist denkbar, daß der externe Effekt von der Höhe der Branchenproduktion abhängt:

$$E = E(X). \tag{3.82}$$

Dann bezeichnet man den externen Effekt als *outputinduziert*. Wird er durch den insgesamt in der Branche getätigten Einsatz eines oder beider Produktionsfaktoren bestimmt,

$$E = E(A) \text{ oder } E = E(K) \text{ oder } E = E(A, K), \tag{3.83}$$

so bezeichnet man ihn als *faktorinduziert*. Diese Bezeichnungen finden auch dann Anwendung, wenn X_i nicht von der Summe aller Outputs bzw. Inputs sondern von den Outputs bzw. Inputs jedes einzelnen der anderen Unternehmen abhängt.

Bei den weiteren Ausführungen wird durchweg angenommen, daß nur outputinduzierte externe Effekte auftreten. Dann wird die Gleichung (3.81) zu

$$X_i = F^0 (A_i, K_i, E(X)). \tag{3.84}$$

Wenn

$$\partial X_i / \partial X = F_E^0 \cdot E_X > 0$$

ist, dann handelt es sich um *positive externe Effekte*. Entsprechend bestehen *negative externe Effekte*, wenn $\partial X_i / \partial X$ kleiner als null ist.

Aus Gleichung (3.84) kann die aggregierte Produktionsfunktion ermittelt werden. Aus der Annahme, daß in dem gewählten Beispiel alle Unternehmen gleich sind, folgt

$$X_i = \frac{1}{n} \cdot X, \quad A_i = \frac{1}{n} \cdot A, \quad K_i = \frac{1}{n} \cdot K. \tag{3.85}$$

Daher ist

$$\frac{1}{n} \cdot X = F^0 \left(\frac{1}{n} \cdot A, \frac{1}{n} \cdot K, E(X) \right).$$

Wird angenommen, daß keine internen Skaleneffekte vorliegen, ist F^0 linearhomogen in $A_i = (1/n) \cdot A$ und $K_i = (1/n) \cdot K$. Dann gilt

$$\frac{1}{n} \cdot X = \frac{1}{n} \cdot F^0 (A, K, E(X))$$

oder

$$X = F^0 (A, K, E(X))^{17)}. \tag{3.86}$$

---

[17]) Dieses Ergebnis ist nicht an die o.a. Voraussetzung gebunden, nach der alle Unternehmen die gleichen Faktormengen einsetzen und gleich viel produzieren. Es stellt sich auch dann ein, wenn die Unternehmen unterschiedlich groß sind, sofern ihre Produktionsfunktionen identisch (und linear-homogen) sind und alle Unternehmen das gleiche Einsatzverhältnis der Faktoren wählen.

Diese Gleichung gibt den Branchenoutput in Abhängigkeit von den gesamten Inputs an, ist also die aggregierte Produktionsfunktion der Branche. Die Formel (3.86) ist ungewohnt, weil die zu erklärende Variable X auf der linken und der rechten Seite der Gleichung erscheint. In den meisten Fällen läßt sie sich aber leicht in die übliche Form überführen, in der X allein auf der linken Seite steht[18]).

Es läßt sich beweisen, daß die gefundene Produktionsfunktion (3.86) variable Skalenerträge besitzt, obwohl die zugrunde liegenden Produktionsfunktionen der einzelnen Unternehmen annahmegemäß linear-homogen in beiden Inputs sind. Das zeigen die folgenden Rechnungen, in denen die Zahl der eingesetzten Faktorpakete (A_0, K_0) wie bisher mit λ bezeichnet wird. Zunächst ist gemäß Gleichung (3.86):

$$X = F^0 (\lambda \cdot A_0, \lambda \cdot K_0, E(X)). \tag{3.87}$$

Der marginale Skalenertrag ergibt sich aus

$$dX/d\lambda = F_A^0 \cdot A_0 + F_K^0 \cdot K_0 + F_E^0 \cdot E_X \cdot dX/d\lambda$$

und beträgt

$$dX/d\lambda = \frac{1}{1 - F_E^0 \cdot E_X} (F_A^0 \cdot A_0 + F_K^0 \cdot K_0).$$

Durch Multiplikation mit λ/X erhält man die Skalenelastizität

$$\epsilon = \frac{dX}{d\lambda} \cdot \frac{\lambda}{X} = \frac{1}{1 - F_E^0 \cdot E_X} \left(F_A^0 \cdot \frac{\lambda \cdot A_0}{F} + F_K^0 \cdot \frac{\lambda \cdot K_0}{F} \right) .$$

Da F^0 linear-homogen in A_i und K_i und somit auch in A und K ist, ergeben die beiden Produktionselastizitäten in der Klammer zusammen eins. Somit ist die Skalenelastizität

$$\epsilon = \frac{1}{1 - F_E^0 \cdot E_X} . \tag{3.88}$$

[18]) Nehmen F^0 und E beispielsweise die speziellen Formen

$$X = c \cdot A^{\alpha_0} \cdot K^{1-\alpha_0} \cdot E, \; c > 0, 0 < \alpha_0 < 1,$$

$$E = X^\gamma, \; \gamma < 1$$

an, dann erhält man

$$X = c^{1/(1-\gamma)} \cdot A^{\alpha_0/(1-\gamma)} \cdot K^{(1-\alpha_0)/(1-\gamma)} \equiv F(A, K),$$

Wie die Gleichung zeigt, **ist die Skalenelastizität bei positiven (negativen) externen Effekten größer (kleiner) als eins.**

Im Abschnitt 2.3.2 wurde das Grenzprodukt eines Faktors als die Outputveränderung definiert, die bei ausschließlicher Erhöhung des Einsatzes dieses Faktors um ein bestimmtes Quantum, etwa eine Mengeneinheit, eintritt. Wenn das Grenzprodukt eines Faktors, zum Beispiel der Arbeit, aus der Produktionsfunktion (3.86) abgeleitet werden soll, erhält man zwei verschiedene Werte, je nachdem ob die Outputerhöhung gemeint ist, die in dem Einzelbetrieb des den Arbeitseinsatz erhöhenden Unternehmers erfolgt, oder diejenige, die für die Branche insgesamt eintritt. Dieser Unterschied läßt sich wie folgt verdeutlichen:

Wenn die Unternehmer vor der Wahl stehen, den Arbeitseinsatz um $dA = 1$ zu erhöhen, stellen sie Überlegungen darüber an, um welchen Betrag das Produktionsergebnis steigen wird. In diese Überlegungen geht der externe Effekt $E(X)$ als konstante Größe, d.h. als Parameter ein. Für jeden einzelnen aus der Gesamtheit der Unternehmer ist der externe Effekt eine nicht beeinflußbare, nicht kontrollierbare Größe, die nach seiner Ansicht von seinen Entscheidungen unabhängig ist. Die Unternehmer sehen nur den direkten Zusammenhang zwischen der Veränderung des Arbeitseinsatzes und der Produktionsmenge in ihrem Betrieb und sehen nicht bzw. kalkulieren nicht ein, daß die Änderung der Branchenproduktion über den externen Effekt auf ihren individuellen Output zurückwirkt. Die Unternehmer sind deshalb der Ansicht, daß eine Steigerung des Arbeitsinputs um eine Einheit ihren Output und mit ihm den Branchenoutput um

$$dX = F_A^0 \cdot 1 = F_A^0$$

erhöhen wird. Diese Größe ist das *private Grenzprodukt (die private Grenzproduktivität)* der Arbeit:

$$PGP_A \equiv F_A^0. \qquad (3.89)$$

Die Berechnung des privaten Grenzprodukts (der privaten Grenzproduktivität) des Kapitals erfolgt analog. Es beträgt

$$PGP_K \equiv F_K^0. \qquad (3.90)$$

Das private Grenzprodukt eines Faktors gibt aber nicht die tatsächlich eintretende Erhöhung des Branchenoutputs an. Zu ihrer Ermittlung sind die externen Effekte zu berücksichtigen. Bei einer Erhöhung des Arbeitseinsatzes erhält man durch Differenzieren von Gleichung (3.86):

$$dX = F_A^0 \cdot dA + F_E^0 \cdot E_X \cdot dX. \tag{3.91}$$

Wird Gleichung (3.91) nach dX aufgelöst und $dA = 1$ gesetzt, ergibt sich

$$dX = \frac{F_A^0}{1 - F_E^0 \cdot E_X} \equiv SGP_A. \tag{3.92}$$

Wenn von der Existenz branchenexterner Effekte abgesehen wird, bestimmt diese Gleichung die Menge des Gutes X, die der Volkswirtschaft zusätzlich zur Verfügung steht. Deshalb nennt man SGP_A das *soziale Grenzprodukt (die soziale Grenzproduktivität)* der Arbeit in der betrachteten Branche.

Entsprechend ist das soziale Grenzprodukt des Kapitals, errechnet unter der Annahme $dK = 1$:

$$SGP_K = \frac{F_K^0}{1 - F_E^0 \cdot E_X}. \tag{3.93}$$

Wie die Gleichungen (3.92) und (3.93) zeigen, überschreitet (unterschreitet) das SGP eines Faktors sein PGP, wenn positive (negative) externe Effekte vorliegen. Die soziale Grenzrate der Substitution SGP_A/SGP_K und die private Grenzrate der Substitution PGP_A/PGP_K stimmen dagegen im vorliegenden Fall outputinduzierter Effekte überein[19]).

Schreibt man den Ausdruck für die private (= soziale) Grenzrate der Substitution vollständig auf, so ergibt sich

$$\frac{PGP_A}{PGP_K} = \frac{SGP_A}{SGP_K} = \frac{F_A^0(A, K, E)}{F_K^0(A, K, E)}. \tag{3.94}$$

Diese Gleichung besagt, daß die Grenzraten der Substitution im Regelfall mit der Größe von E variieren. Wenn dieser Regelfall vorliegt, werden die exter-

---

[19]) Bei faktorinduzierten externen Effekten muß das nicht so sein! Es sei z.B.

$$X = F^0 (A, K, E(K)).$$

Hier verursacht der Kapitaleinsatz externe Effekte. Dann ist

$$PGP_A = F_A^0, PGP_K = F_K^0$$

$$SGP_A = F_A^0, SGP_K = \frac{F_K^0}{1 - F_E^0 \cdot E_K}$$

und daher

$$\frac{PGP_A}{PGP_K} = \frac{F_A^0}{F_K^0} \neq \frac{F_A^0 (1 - F_E^0 \cdot E_K)}{F_K^0} = \frac{SGP_A}{SGP_K}.$$

Im Abschnitt 6.1.2.2 wird dieses Problem noch einmal aufgegriffen werden.

nen Effekte als nichtneutral (in bezug auf die Grenzraten der Substitution) bezeichnet. In der Literatur wird jedoch häufig *Neutralität* der externen Effekte unterstellt, *d.h. es wird davon ausgegangen, daß E keinen Einfluß auf die Grenzraten der Substitution hat.* Diese Annahme impliziert eine speziellere Form der Produktionsfunktion (3.86). Sie lautet dann

$$X = E \cdot F^0 (A, K), \tag{3.95}$$

d.h. man erhält den Output, indem man die „Beiträge" der Inputs und der externen Effekte miteinander multipliziert. Zur expliziten Darstellung des Outputs in Abhängigkeit von den Inputs wird (3.95) durch $E = E(X)$ dividiert:

$$X/E(X) = F^0 (A, K).$$

Nun wird die Inverse von $X/E(X)$ mit G bezeichnet und das Funktionszeichen F^0 durch H ersetzt. Dann ist

$$X = G[H(A, K)]. \tag{3.96}$$

Das Resultat ist eine homothetische Produktionsfunktion. Es gilt somit der folgende Satz: **Sind die Produktionsfunktionen aller Unternehmen in einer Branche identisch, linear-homogen in den Inputs und liegen neutrale externe Effekte vor, dann ist die aggregierte Produktionsfunktion der Branche homothetisch.** Wenn an der Neutralität der externen Effekte festgehalten wird, die Produktionsfunktionen der Unternehmen aber wegen unternehmensinterner Skaleneffekte homogen vom Grade $v \neq 1$ in den Inputs A_i und K_i sind, lautet die aggregierte Produktionsfunktion

$$X = n \cdot E(X) \cdot F^0 \left(\frac{1}{n} \cdot A, \frac{1}{n} \cdot K \right). \tag{3.97}$$

Dabei wird wiederum von der Annahme ausgegangen, daß alle Unternehmen gleich sind.

Aus der Homogenitätsannahme folgt

$$X = n \cdot E(X) \cdot (1/n)^v \cdot F^0 (A, K) \tag{3.98}$$

oder

$$X/E(X) = n^{1-v} \cdot F^0 (A, K).$$

Wird die Inverse von $X/E(X)$ wieder mit G bezeichnet, kann man schreiben

$$X = G\,[n^{1-\nu} \cdot F^0 (A, K)]. \tag{3.99}$$

Nach dieser Gleichung wird die Branchenproduktion nicht allein von den in der Branche eingesetzten Faktormengen bestimmt. Sie hängt auch von der Zahl der Unternehmen ab, auf die sich A und K verteilen.

Wird angenommen, daß die Zahl der Unternehmen konstant ist, so kann eine neue Funktion H auf folgende Weise definiert werden:

$$H(A, K) \equiv n^{1-\nu} \cdot F^0 (A, K). \tag{3.100}$$

Die Unternehmensanzahl n tritt in der Funktion H nicht mehr explizit in Erscheinung, bestimmt aber ihre Beschaffenheit mit. Da F^0 homogen ist, muß es auch H sein. Es gilt also

$$H(\lambda \cdot A_0, \lambda \cdot K_0) = \lambda^\nu \cdot H(A_0, K_0) = n^{1-\nu} \cdot \lambda^\nu \cdot F^0 (A_0, K_0).$$

Setzt man Gleichung (3.100) in Gleichung (3.99) ein, erhält man wiederum eine **homothetische Produktionsfunktion.**

Abschließend soll überprüft werden, welche Zusammenhänge zwischen der Unternehmensgröße, der Unternehmensanzahl und dem Branchenoutput bestehen, wenn die n identischen Unternehmen der Branche mit homogenen Produktionsfunktionen

$$X_i = F^0 (A_i, K_i);\ i = 1, 2, \ldots, n$$

produzieren und unternehmensexterne Effekte nicht vorliegen. Aus der Annahme der Gleichheit aller Unternehmen folgt $X = n \cdot X_i$, $A_i = (1/n) \cdot A$ und $K_i = (1/n) \cdot K$. Damit ergibt sich der Branchenoutput

$$X = n \cdot F^0 \left(\frac{1}{n} \cdot A,\ \frac{1}{n} \cdot K\right).$$

Wegen der Homogenität von F^0 kann man schreiben

$$X = n \cdot (1/n)^\nu \cdot F^0 (A, K),$$

oder

$$X = n^{1-\nu} \cdot F^0 (A, K). \tag{3.101}$$

Bei konstanten Skalenerträgen, $\nu = 1$, wird die Gleichung (3.101) zu

$$X = F^0 (A, K). \tag{3.102}$$

Diese Gleichung besagt, **daß es bei konstanten Skalenerträgen für die Höhe des mit den Faktormengen (A, K) produzierbaren Outputs bedeutungslos ist, auf wie viele Unternehmen sich die Brancheninputs verteilen. Der mit gegebenen Faktormengen (A, K) produzierbare Output ist unabhängig von der Unternehmensgröße.**

Dies gilt nicht mehr, wenn die Skalenerträge fallen oder steigen.

Bei fallenden Skalenerträgen, d.h. bei internen diseconomies, ist $1 - \nu$ in Gleichung (3.101) positiv. $n^{1-\nu}$ nimmt mit steigendem n zu. Das bedeutet, es kann ein umso höherer Output produziert werden, je größer die Anzahl der Unternehmen ist, auf die sich die in der Branche eingesetzten Faktormengen verteilen. M.a.W., **die Faktoren sind umso produktiver, je kleiner die Unternehmen sind, in denen das Gut X produziert wird.**

Das umgekehrte Ergebnis gilt bei steigenden Skalenerträgen. Hier nimmt der Output X mit steigendem n ab und mit fallendem n zu. **Der höchste Output kann demzufolge erzielt werden, wenn die gesamte Branche aus einem einzigen Unternehmen ($n = 1$) besteht.**

Wenn die individuellen Produktionsfunktionen homothetisch mit zunächst steigenden und dann fallenden Skalenerträgen sind, dann würde eine Abnahme der Anzahl der Unternehmen bei konstanten Brancheninputs zunächst die Produktion steigern. Sobald die Unternehmen aber so groß geworden sind, daß im Punkt des maximalen durchschnittlichen Skalenertrages produziert wird, würde eine weitere Zunahme der Unternehmensgröße die Produktion senken. **Mit den gegebenen Brancheninputs kann somit dann der höchste Output erzielt werden, wenn die Unternehmen gerade so groß sind, daß sie mit maximalem durchschnittlichem Skalenertrag produzieren.** Das Maximum des durchschnittlichen Skalenertrages liegt dort, wo die Skalenelastizität gleich eins ist (vgl. Abb. 3.20).

Literaturhinweise zum 3. Kapitel

Allen, R.G.D.: Mathematik für Volks- und Betriebswirte. Berlin 1956, Abschnitt 12.7 (bes. zu Kapitel 3.1).

Atallah, A.K.: The Economies of Scale in Theory and Reality. Rotterdam 1966, (bes. zu Kap. 3.3).

Bohm, P.: External Economies in Production. Stockholm–Göteborg–Uppsala 1964, (bes. zu Kap. 3.3).

Carlson, S.: A Study on the Pure Theory of Production. New York 1956.

Clemhout, S.: The Class of Homothetic Isoquant Production Functions. Review of Economic Studies **35** (1968), 91–104 (zu Kap. 3.2).

Eichhorn, W.: Theorie der homogenen Produktionsfunktion. Berlin–Heidelberg–New York 1970.

Ferguson, C.E.: The Neoclassical Theory of Production and Distribution. Cambridge 1969, Part I, Abschn. 5 (zu Kap. 3.1), Abschn. 5.5 (zu Kap. 3.2).

Frisch, R.: Theory of Production. Dordrecht 1965, Chapter 6,7 (zu Kap. 3.1), Chapter 8 (zu Kap. 3.2).

Gahlen, B., unter Mitarbeit von *F. Rahmeyer*: Einführung in die Wachstumstheorie. Bd. 1: Makroökonomische Produktionstheorie. Tübingen 1973, Abschnitt 3.

Henderson, J., und *R. Quandt*: Mikroökonomische Theorie. 3. Aufl. München 1973, Abschnitt 3.5 (zu Kap. 3.1).

Koch, H.: Untersuchungen über den Gültigkeitsbereich des Gesetzes vom abnehmenden Ertragszuwachs. Zeitschrift für die gesamte Staatswissenschaft **106** (1950), 309–323 (zum Ertragsgesetz).

Krelle, W.: Produktionstheorie. Tübingen 1969, Kap. III (zum Ertragsgesetz), Kap. IV, V.

Lücke, W.: Produktions- und Kostentheorie. 3. Aufl., Würzburg 1973, Abschn. 2.2.4.2 und 2.2.5 (zu Kap. 3.1).

McElroy, F.W.: Returns to Scale, Euler's Theorem, and the Form of Production Functions. Econometrica **37** (1969), 275–279.

Menger, K.: Bemerkungen zu den Ertragsgesetzen. Zeitschrift für Nationalökonomie **7** (1936), 25–56.

– : Weitere Bemerkungen zu den Ertragsgesetzen. Zeitschrift für Nationalökonomie **7** (1936), 388–397.

Meyer, P.A.: An Aggregate Homothetic Production Function. Southern Economic Journal **36** (1969/70), 229–238 (zu Kap. 3.2).

Mitscherlich, E.A.: Das Gesetz des Minimums und das Gesetz des abnehmenden Bodenertrages. Landwirtschaftliche Jahrbücher **38** (1909), 537–552.

Müller, J.H.: Produktionstheorie. In: *Ehrlicher*, u.a. (Hrsg.), Kompendium der Volkswirtschaftslehre, Band **1**, 3. Aufl., Göttingen 1972, 57–106, Abschnitte II A, B, C, VI.

Nutter, G.W.: Diminishing Returns and Linear Homogeneity. American Economic Review **53** (1963), 1084–1085.
Dieser Aufsatz leitete die sog. „*Nutter*-Diskussion" über die Möglichkeit abnehmender Grenzerträge bei linear-homogenen Produktionsfunktionen ein. Weitere Diskussionsbeiträge:
In American Economic Review **54** (1964) von *Liebhafski* (S. 739–744), *Sato* (S. 744–745), *Rowe* (S. 745–746), *Schneider* (S. 747–749), *de Fontenay* (S. 750), *Nutter* (S. 751–753).
In American Economic Review **55** (1965) von *Rowe* (S. 532–535), *van Moeseke* (S. 536–539), *Nutter* (S. 539).
In American Economic Review **56** (1966) von *Chattopadhyay* (S. 181–182), *Piron* (S. 183–186).
In American Economic Review **57** (1967) von *Saraydar* (S. 570–575), *Piron* (S. 575).
In American Economic Review **58** (1968) von *Eichhorn* (S. 150–162), *Rowe* (S. 548–550).

Schneider, E.: Theorie der Produktion. Wien 1934, Kap. 1.

– : Einführung in die Wirtschaftstheorie, Teil II, 12. Aufl., Tübingen 1969, Abschnitt 5 (zu Kap. 3.1).

Schneider, H.: Mikroökonomie. Eine Einführung in die Preis-, Produktions- und Wohlfahrtstheorie. München 1973, Kap. 5.1.2.2.

Schumann, J.: Grundzüge der mikroökonomischen Theorie. Berlin–Heidelberg–New York 1971, Abschnitt II.B.4 (zur homogenen Produktionsfunktion).

Shephard, R.W.: Cost and Production Functions. Princeton 1953, Section 7 (zu Kap. 3.2).

– : Theory of Cost and Production Functions. Princeton 1970, Chapter 2.4 (zu Kap. 3.2).

Smith, A.: An Inquiry into the Nature and Causes of the Wealth of Nations. London 1776. Deutsch: Der Wohlstand der Nationen. Eine Untersuchung seiner Natur und seiner Ursachen. München 1974, 1. Buch, 1.–3.Kap. (zu Kap. 3.3).

Stackelberg, H.v.: Grundlagen der theoretischen Volkswirtschaftslehre. Tübingen–Zürich 1951, II. Teil, 1. Kap. (zu Kap. 3.1.4.1).

4. Die Produktionstheorie als Grundlage der Kosten- und Verteilungstheorie

Gegenstand der bisherigen produktionstheoretischen Überlegungen waren die Zusammenhänge zwischen verschiedenen physischen Größen wie Produktions- und Faktoreinsatzmengen, Grenzproduktivitäten, Substitutionsraten, etc. Diese technischen Bedingungen der Produktion, die sich in den Eigenschaften der Produktionsfunktion ausdrücken, stellen einen Ausschnitt aus dem ökonomischen Gesamtzusammenhang einer Volkswirtschaft dar und wirken in bestimmter Weise auf ihn ein. Die Preise der Produktionsfaktoren, ihr Einkommen und andere ökonomisch bedeutsame Größen werden davon beeinflußt. In welcher Weise das geschehen kann, soll an zwei Beispielen gezeigt werden. Im Abschnitt 4.1 wird unter verschiedenen Aspekten untersucht, welche Kosten die Produktion alternativer Gütermengen verursacht und wie diese Kosten von den Eigenschaften der Produktionsfunktion abhängen. Im Abschnitt 4.2 wird auf die Frage eingegangen, wie das bei der Durchführung der Produktion entstehende Einkommen unter bestimmten zusätzlichen Annahmen über die Wirtschaftsform und die Verhaltensweise der Produzenten auf die Produktionsfaktoren verteilt wird und wie hoch die von den Produzenten erzielten Gewinne sind. Die Abschnitte 4.1 und 4.2 sind inhaltlich eng miteinander verknüpft, weil sich die Begriffe ‚Kosten' und ‚Einkommen' auf zwei verschiedene Seiten desselben Sachverhalts beziehen. So stellen die Lohnzahlungen eines Unternehmers aus seiner Sicht Kosten dar, während sie für die Lohnempfänger Einkommen bedeuten.

4.1 Kostentheorie

Die Kostentheorie untersucht, wovon die Produktionskosten eines Gutes abhängen und wie sie mit der hergestellten Menge variieren. Kosten entstehen durch den Einsatz von *Kostengütern*. Für den einzelnen Betrieb gibt es eine große Zahl solcher Kostengüter: Rohstoffe, Hilfsstoffe, Maschinen unterschiedlicher Konstruktion, Arbeit unterschiedlicher Qualität usw. In den Kapiteln 2 und 3 wurden von diesen Kostengütern nur die Produktionsfaktoren Arbeit und Kapital behandelt. Um die Bedeutung der dabei abgeleiteten produktionstheoretischen Zusammenhänge für die Kostentheorie aufzuzeigen, wird auch die folgende Analyse auf diese beiden Kostengüter beschränkt. Das impliziert, daß die folgenden Argumente uneingeschränkt nur auf *voll integrierte Unternehmen* (die keinerlei Vorprodukte von anderen Unternehmungen kaufen) übertragen werden dürfen. Bei Behandlung anderer Unternehmungen bleiben Vorleistungen auf der Kostenseite unberücksichtigt. Das läuft auf eine Theorie der Kosten der „Nettoproduktion" hinaus[1]).

Beispielhaft sei im folgenden eine Unternehmung behandelt, die mit Hilfe der Arbeitsmenge A und der Kapitalmenge K von einem Produkt die Menge X herstellt. Die Produktionsbedingungen seien durch die Funktion

$$X = F(A, K) \tag{4.1}$$

angegeben, für die das „Gesetz" von der abnehmenden Grenzrate der Substitution gilt. Durch den Einsatz der Produktionsfaktoren entstehen dem Unternehmer Arbeitskosten (Lohnkosten) und Kapitalkosten. Die *Kosten des Arbeitseinsatzes* ergeben sich durch Multiplikation des Lohnsatzes l mit der eingesetzten Arbeitsmenge A. Sie betragen also $l \cdot A$. Bei der Berechnung der *Kapitalkosten* ist zu beachten, daß der Kapitaleinsatz *Zinskosten* und *Abschreibungskosten* verursacht. Zinskosten entstehen tatsächlich, wenn der Unternehmer zum Erwerb von Maschinen, Gebäuden, etc., Kredite aufnimmt, und kalkulatorisch, wenn er mit eigenen Finanzierungsmitteln arbeitet. Die Höhe dieser Zinskosten wird durch verschiedene Größen beeinflußt. Will der Unternehmer K Einheiten Realkapital beschaffen und beträgt der Kaufpreis einer Einheit p_K, so benötigt er einen Geldbetrag im Umfange von $p_K \cdot K$. Wird dieser Betrag je Periode mit dem Zinssatz $\hat{r}$ verzinst, so betragen die Zinskosten des Kapitaleinsatzes $\hat{r} \cdot p_K \cdot K$ Geldeinheiten. Die Zinskosten pro eingesetzte physische Kapitaleinheit sind dann gleich $\hat{r} \cdot p_K \cdot K/K = \hat{r} \cdot p_K$.

Im Zuge der Güterproduktion werden die Kapitalgüter z.T. verschlissen und scheiden aus dem Produktionsprozeß aus. Der Verschleiß stellt einen Güterverzehr dar und wird wertmäßig durch die Abschreibungskosten erfaßt. Wenn von der insgesamt eingesetzten physischen Kapitalmenge der Bruchteil δ am Ende der Produktionsperiode verschlissen ist, so beträgt der physische Verschleiß $D = \delta \cdot K$. Wird er mit dem Kaufpreis p_K der Kapitalgüter bewertet, ergibt sich der Geldwert dieses Verschleißes,

$$D_M = p_K \cdot D = \delta \cdot p_K \cdot K, \tag{4.2}$$

der die Abschreibungskosten angibt. Die Abschreibungskosten je Kapitalgütereinheit betragen $\delta \cdot p_K$. Die gesamten Kosten des Einsatzes von K physischen Kapitaleinheiten sind gleich der Summe aus den Zins- und den Abschreibungskosten, also gleich

$$\hat{r} \cdot p_K \cdot K + \delta \cdot p_K \cdot K = (\hat{r} + \delta) p_K \cdot K.$$

---

[1]) Definitionsgemäß gilt: Nettoproduktionswert = Bruttoproduktionswert minus Vorleistungen.

Die Kapitalkosten pro eingesetzte Einheit physischen Kapitals betragen dann

$$(\hat{r} + \delta)\, p_K \equiv i. \tag{4.3}$$

Die Größe i soll als *Preis der Kapitaldienste* oder kurz als *Kapitalpreis* bezeichnet werden. Kann man eine Kapitalgütereinheit so festlegen, daß ihr Kaufpreis p_K gerade eins beträgt, ist der Kapitalpreis gleich der Summe aus Zinssatz und Abschreibungsrate. Dieser Kapitalpreis wird in vielen Lehrbüchern zur Kostentheorie zugrunde gelegt. Der neue Begriff „Kapitalpreis" darf nicht mit dem Kapitalgüterpreis, d.h. mit dem Kaufpreis p_K für eine physische Kapitaleinheit oder mit dem Zinssatz $\hat{r}$ verwechselt werden. Kapitalgüterpreis, Zinssatz und Abschreibungsrate zusammen bestimmen den Kapitalpreis. Da der Unternehmer annahmegemäß nur die beiden Produktionsfaktoren Arbeit und Kapital einsetzt, bestehen die gesamten Produktionskosten Q nur aus den Arbeits- und den Kapitalkosten. Sie betragen

$$Q = l \cdot A + i \cdot K, \tag{4.4}$$

wobei $i = (\hat{r} + \delta)\, p_K$ ist.

Mit diesen Überlegungen ist lediglich gezeigt worden, welche Kosten dem Unternehmer beim Einsatz beliebiger Arbeits- und Kapitalmengen A bzw. K entstehen. Es ist nichts darüber ausgesagt, welche Kombination der Faktormengen er realisiert und welche Kosten entstehen, wenn eine vorgegebene Menge des Endprodukts hergestellt werden soll. Dieses Problem wird im folgenden Abschnitt 4.1.1 behandelt.

4.1.1 Die Minimalkostenbedingung

Die Produktion einer vorgegebenen Menge des Endprodukts ist mit allen Faktormengenkombinationen möglich, die die Isoquante mit dem entsprechenden Mengenindex angibt. Der Unternehmer hat zu entscheiden, welche dieser Kombinationen er realisieren will. Handelt er nach dem *Wirtschaftlichkeitsprinzip,* nach dem ein bestimmter Erfolg mit dem geringstmöglichen Aufwand erreicht werden soll, wird er zwischen den verschiedenen Produktionsverfahren so wählen, daß die Produktionskosten des vorgegebenen Outputs möglichst gering werden. Die Suche nach der kostengünstigsten Faktormengenkombination läßt sich anhand eines Gedankenexperiments veranschaulichen: Angenommen, bei gegebenem Lohnsatz l und gegebenem Preis der Kapitaldienste (Kapitalpreis) i erhöht der Unternehmer den Arbeitseinsatz um dA. Dann steigen die Lohnkosten um $l \cdot dA$. Wenn jetzt die bei Aufrechterhaltung der vorgegebenen Produktionsmenge mögliche Senkung des Kapitaleinsatzes dK ist, nehmen die Kapitalkosten um $i \cdot dK$ ab. Ist

$|l \cdot dA| < |i \cdot dK|$, war die Substitution lohnend. Bei konstantem Output sind die Kapitalkosten um mehr gefallen, als die Lohnkosten gestiegen sind, so daß die Gesamtkosten abgenommen haben. Eine weitere Substitution von Kapital durch Arbeit ist solange kostensenkend, wie $|l \cdot dA| < |i \cdot dK|$ oder $l/i < |dK/dA| \equiv r^*$ ist. Da jedoch bei fortgesetzter Ersetzung des Kapitals $|dK/dA| \equiv r^*$ wegen des Gesetzes von der abnehmenden Grenzrate der Substitution immer kleiner wird, während das Verhältnis des Lohnsatzes zum Preis der Kapitaldienste annahmegemäß konstant bleibt, wird schließlich ein Punkt erreicht, bei dem

$$l/i = |dK/dA| \equiv r^* \tag{4.5}$$

gilt. Bis zu diesem Punkt ist die Substitution kostensenkend. Danach wird

$|l \cdot dA| > |i \cdot dK|$ und somit

$$l/i > |dK/dA| \equiv r^*$$

sein. Die Kosten des zusätzlichen Arbeitseinsatzes sind größer als die Einsparung durch die Abnahme des Kapitaleinsatzes, so daß die Kosten steigen. Der Isoquantenpunkt, in dem die Grenzrate der Substitution gleich dem vorgegebenen Verhältnis der Faktorpreise ist, stellt somit die Situation dar, in der ein vorgegebener Output mit den geringsten Faktorkosten erstellt wird. Die zugehörige Kombination der eingesetzten Produktionsfaktoren nennt man deshalb die *Minimalkostenkombination.* Da die Grenzrate der Substitution gleich der Isoquantensteigung ist, läßt sich die für die Minimalkostenkombination gefundene Bedingung auch wie folgt formulieren: **Die Minimalkostenkombination ist dann verwirklicht, wenn die Steigung der Isoquante absolut gleich dem Verhältnis der Faktorpreise ist.** Da außerdem die Grenzrate der Substitution in jedem Isoquantenpunkt mit dem Verhältnis der Grenzproduktivitäten der Faktoren übereinstimmt, gilt in der Minimalkostenkombination stets

$$r^* = l/i = F_A/F_K \tag{4.6}$$

bzw.

$$r = i/l = F_K/F_A \tag{4.7}$$

wobei $i = (\hat{r} + \delta)\, p_K$ ist und F_A (F_K) die Grenzproduktivität der Arbeit (des Kapitals) angibt.

Die gleiche Bedingung (4.6) bzw. (4.7) ergibt sich, wenn der Unternehmer den mit einem gegebenen Kostenbetrag $\bar{Q} = l \cdot A + i \cdot K$ höchstens erreichbaren Output herstellen will. Um dies zu beweisen, wird die Definitionsgleichung für die Kosten umformuliert zu

$$A = \bar{Q}/l - (i/l) \cdot K. \tag{4.8}$$

Die Gleichung (4.8) enthält die beiden Variablen A und K. Ihr Zusammenhang ist linear, d.h. in geometrischer Darstellung eine Gerade (Abb. 4.1). Ihr Verlauf ergibt sich aus folgenden Überlegungen: Würde der gesamte Geldbetrag $\bar{Q}$ nur für Kapital verwendet (der Arbeitseinsatz ist dann gleich null), erhielte man die Kapitalmenge $\overline{OE} = \bar{Q}/i$. Umgekehrt ist die Arbeitsmenge $\overline{OD} = \bar{Q}/l$, wenn der gesamte Betrag $\bar{Q}$ nur für die Bezahlung von Arbeitskräften verwendet wird. Die Verbindungslinie der Punkte D und E ist die gesuchte

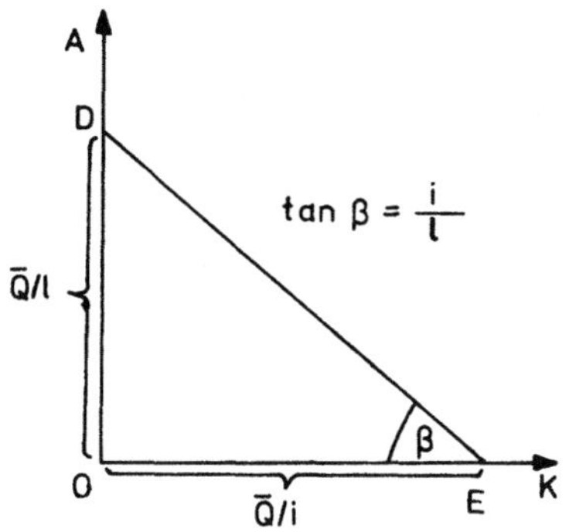

Abb. 4.1

Gerade. Man nennt sie *Isokostenlinie.* Sie gibt die Mengenkombinationen der beiden Produktionsfaktoren an, die die gleichen Kosten verursachen. Der Tangens des Winkels, den die Isokostenlinie mit der Abszisse bildet, ist $\tan \beta = (\bar{Q}/l)/(\bar{Q}/i) = i/l = (\hat{r} + \delta)\, p_K/l$. Ändert sich $\bar{Q}$, verschiebt sich die Isokostenlinie parallel, bei steigendem $\bar{Q}$ nach außen, bei sinkender Kostensumme zum Ursprung hin.

Die bei vorgegebener Kostensumme $\bar{Q}$ mögliche Höchstproduktion läßt sich finden, wenn man die Isoquanten für verschiedene Produktionsmengen in dasselbe Diagramm zeichnet. In der Abbildung 4.2 ist das beispielhaft für die Mengen $X_a < X_b < X_c$ getan. Wie ersichtlich, entspricht die höchstmögliche Menge der Isoquante, die von der Isokostenlinie berührt wird. Das ist bei der Isoquante X_b im Punkt C der Fall. Hier haben Isokostenlinie und Isoquante die gleiche Steigung.

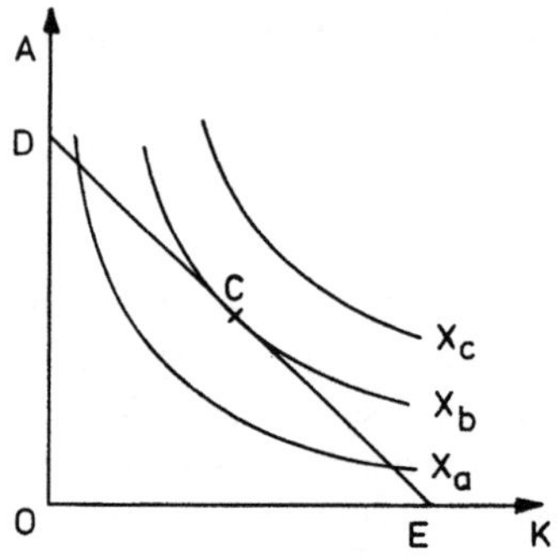

Abb. 4.2

Aus diesen Überlegungen wird auch deutlich, welche Bedeutung die Substitutionsfunktion für die Produktionsentscheidungen auf einzelwirtschaftlicher Ebene hat: Um die Minimalkostenkombination zu verwirklichen, muß die Grenzrate der Substitution (das Verhältnis der Grenzproduktivitäten) dem herrschenden Verhältnis der Faktorpreise angeglichen werden. Diese Angleichung ist nur durch eine Veränderung des Einsatzverhältnisses der Produktionsfaktoren möglich. Welches Faktoreinsatzverhältnis zu welcher Grenzrate der Substitution gehört, muß von der Produktionsfunktion bzw. der aus ihr ableitbaren Substitutionsfunktion angegeben werden. Mit dieser Angabe ist die Beziehung zwischen dem Verhältnis der Faktorpreise und der Faktorintensität festgelegt, wenn der Unternehmer die Minimalkostenkombination realisiert. Dann gilt, wie gezeigt,

$$\frac{(\hat{r} + \delta)\, p_K}{l} = i/l = r\,(\kappa). \tag{4.9}$$

Diese Gleichung ist teils technologisch, teils durch bestimmte unternehmerische Verhaltensweisen begründet.

Die Minimalkostenkombination wurde unter der Voraussetzung konstanter Faktorpreise abgeleitet: Wie immer sich die Nachfrage einer Unternehmung nach Arbeitskräften und Kapital ändert, die Höhe der Faktorpreise wird dadurch annahmegemäß nicht beeinflußt. Diese Annahme läßt sich bei der Analyse einzelner Unternehmen oder kleinerer Branchen häufig machen, doch sie ist kaum noch als realistisch anzusehen, wenn sie im Hinblick auf große Branchen gemacht wird. Bei der Behandlung der Volkswirtschaft insgesamt gar ist sie unhaltbar. Es ist nicht möglich zu sagen: Bei vorgegebenen Faktorpreisen führen die Produktionsentscheidungen der Produzenten dazu, daß eine bestimmte Gütermenge (ein bestimmtes Sozialprodukt) mit der Arbeitsmenge A und mit der Kapitalmenge K hergestellt wird. Die Faktorpreise lassen sich deshalb nicht als konstant vorgeben, weil sie sich je nach der Nachfrage aller Produzenten nach Arbeit und Kapital ändern. Man kann aber die Bedingung $i/l = r\ (\kappa)$ in gesamtwirtschaftlicher Sicht als *Gleichgewichtsbedingung* interpretieren: Gleichgewicht herrscht dann, wenn Faktornachfrage und Faktorangebot übereinstimmen und sich deshalb die Faktorpreise nicht mehr ändern. Dieser Tatbestand soll durch folgendes Beispiel verdeutlicht werden, in dem angenommen wird, daß

a) alle Faktoren vollbeschäftigt sind, aber

b) das Verhältnis des Preises der Kapitaldienste zum Lohnsatz kleiner ist als die Grenzrate der Substitution von Arbeit durch Kapital. In der Abbildung 4.3 kommt dieser Tatbestand dadurch zum Ausdruck, daß im Vollbeschäftigungspunkt C die Isokostenlinie $\overline{DE}$ flacher verläuft als die Isoquante.

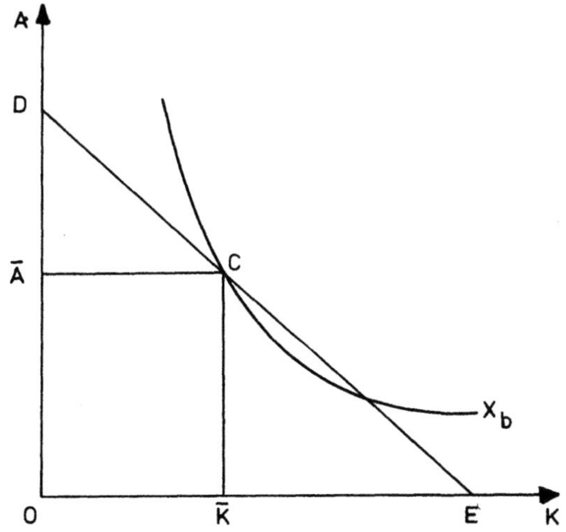

Abb. 4.3

Wie aus den obigen Überlegungen hervorgeht, ist es in dieser Situation für die Produzenten lohnend, Kapital durch Arbeit zu ersetzen. Sie werden also mehr Kapitalgüter nachfragen und Geld für Investitionszwecke beschaffen. Entsprechend ist Arbeit freizusetzen. Die Mehrnachfrage nach Kapitalgütern läßt sich in einer vollbeschäftigten Wirtschaft kurzfristig nicht befriedigen, so daß der Preis der Kapitalgüter (p_K) steigt. Außerdem wird in den meisten Fällen die Kreditmehrnachfrage zu einer Zinserhöhung führen. Damit erhöht sich i, der Preis der Kapitaldienste. Gleichzeitig führt die Konkurrenz der freigesetzten Arbeiter um Arbeitsplätze zu einem Sinken des Lohnsatzes. Das zusammen bewirkt solange einen Anstieg des Verhältnisses Kapitalpreis : Lohnsatz, bis Gleichheit zwischen Faktorpreisrelation und Grenzrate der Substitution und insofern Gleichgewicht herrscht. Die Isokostenlinie ED hat sich im

Uhrzeigersinn um den Punkt *C* gedreht und ist zur Tangente an die Isoquante X_b geworden.

4.1.2 Kostenfunktionen (-kurven)

Bei der Ableitung der Minimalkostenbedingung im Abschnitt 4.1.1 wurde unter anderem angenommen, daß

a) ein vorgegebener Output produziert werden soll und

b) die Einsatzmengen der Faktoren frei wählbar sind.

Die Annahme a) wird jetzt aufgegeben, und es wird gefragt, wie die (minimalen) Produktionskosten Q variieren, wenn die Produktionsmenge X variiert. Dazu werden alternative Produktionsmengen vorgegeben und die jeweils entstehenden Mindestkosten ermittelt. Dies ergibt eine Funktion $Q(X)$, die als *Gesamtkostenfunktion* bezeichnet wird. Ihre graphische Darstellung im (Q, X)-Koordinatensystem nennt man *Gesamtkostenkurve.* Bei der Ermittlung der Kurve wird angenommen, daß die Preise der Produktionsfaktoren konstant sind (auf die Problematik dieser Annahme wurde am Ende des Kapitels 4.1.1 hingewiesen).

Auch die Voraussetzung b) soll modifiziert werden. Sie ist in der Realität nicht immer erfüllt, denn häufig können die Einsatzmengen bestimmter Produktionsfaktoren nicht beliebig schnell variiert werden. Beispielsweise ist zum Ausbau der Produktionskapazitäten einer Branche oder Unternehmung ein längerer Zeitraum erforderlich. Innerhalb dieses Zeitraums ist der Kapitalgüterbestand als konstante Größe anzusehen. Nur der Arbeitseinsatz ist variabel. Die mindestens entstehenden Gesamtkosten der Produktion alternativer Mengen sind unter diesen Voraussetzungen andere als bei völliger Variabilität aller Faktoreinsätze.

Man kann deshalb Gesamtkostenfunktionen unter zwei alternativen Bedingungen ableiten. Wenn davon ausgegangen wird, daß nicht alle Faktoren variabel sind, ergibt sich eine *Gesamtkostenfunktion bei partieller Faktorvariation.* Da die Unmöglichkeit totaler Faktorvariation i.d.R. auf das oben genannte Zeitargument zurückgeführt wird, nennt man diese Kostenfunktion auch die *kurzfristige Gesamtkostenfunktion.* Die gesamten Kosten bestehen hier aus zwei Arten, nämlich den fixen und den variablen Kosten. Die *Fixkosten* sind definitionsgemäß die von der Produktionsmenge unabhängigen Kosten, d.h. die Kosten für die Nutzung der in unveränderter Menge eingesetzten Faktoren. Als *variable Kosten* bezeichnet man demgegenüber den Teil der Gesamtkosten, der mit dem Output variiert. Dies sind die Ausgaben für Produktionsfaktoren, deren Einsatz veränderbar ist.

Die *langfristige Gesamtkostenkurve* erhält man, wenn die bei jedem Output mindestens entstehenden Kosten unter der Annahme völliger Veränderbarkeit aller Faktoreinsatzmengen ermittelt werden. Die langfristige Kostenkurve wird deshalb auch *Kostenkurve bei totaler Faktorvariation* genannt. Bei totaler Faktorvariation gibt es keine Fixkosten mehr, so daß die langfristigen Gesamtkosten nur aus variablen Kosten bestehen. Im folgenden wird angenommen, daß die Unternehmung nur die beiden Produktionsfaktoren Arbeit und Kapital einsetzt, deren Preise l bzw. i konstant sind. Zunächst wird die Gesamtkostenkurve bei partieller Faktorvariation abgeleitet, aus der zwei weitere Kostenkurvenarten entwickelt werden. Anschließend wird das gleiche für den Fall totaler Faktorvariation durchgeführt.

4.1.2.1 Kostenfunktionen (-kurven) bei partieller Faktorvariation (kurzfristige Kostenverläufe)

A Die Gesamtkostenkurve

Es wird angenommen, daß der gegebene Produktionsapparat durch die Realkapitalmenge $\overline{OE_2}$ darstellbar ist (Abb. 4.4). Dieser Kapitaleinsatz sei kurzfristig nicht zu erhöhen. Er sei aber dadurch reduzierbar, daß bestimmte Maschinen außer Betrieb gesetzt werden. Nur bei der Wahl der einzusetzenden Arbeitsmenge sei der Unternehmer völlig frei. Zur Ableitung der Gesamtkostenkurve wird zunächst untersucht, auf welche Weise der Unternehmer eine bestimmte Produktionsmenge, z.B. $X = X_1$, bei dem vorgegebenen Faktorpreisverhältnis $i/l = \tan \beta$ am kostengünstigsten produziert. Er kann diesen Output z.B. in C_1 produzieren. Der Teil $\overline{E_1E_2}$ des vorhandenen Realkapitals ist dann ungenutzt. Die insgesamt entstehenden Produktionskosten setzen sich aus den Fixkosten für den vorhandenen Kapitalstock $\overline{OE_2}$ und den variablen Kosten für den Arbeitseinsatz $\overline{OB_1}$ zusammen.

Unter den gegebenen Umständen ist die Produktion in C_1 jedoch nicht die kostengünstigste. Wird ein Teil des ungenutzten Realkapitals eingesetzt und eine entsprechende Menge Arbeit eingespart, kann X_1 billiger produziert werden, denn bei (definitionsgemäß) konstanten Fixkosten nehmen die variablen Kosten ab. Mit den geringstmöglichen Kosten wird $X = X_1$ somit im Punkt D_1 produziert, in dem das vorhandene, kurzfristig nicht vermehrbare Realkapital voll ausgelastet ist. Dieses Ergebnis kann verallgemeinert werden: Die Produktion alternativer Gütermengen X_1, X_2, X_3, . . . ist kurzfristig kostenminimal, wenn der fixe Faktor voll ausgelastet ist. Die kostenminimalen Faktorkombinationen liegen somit oberhalb von E_2 auf dem Strahl durch

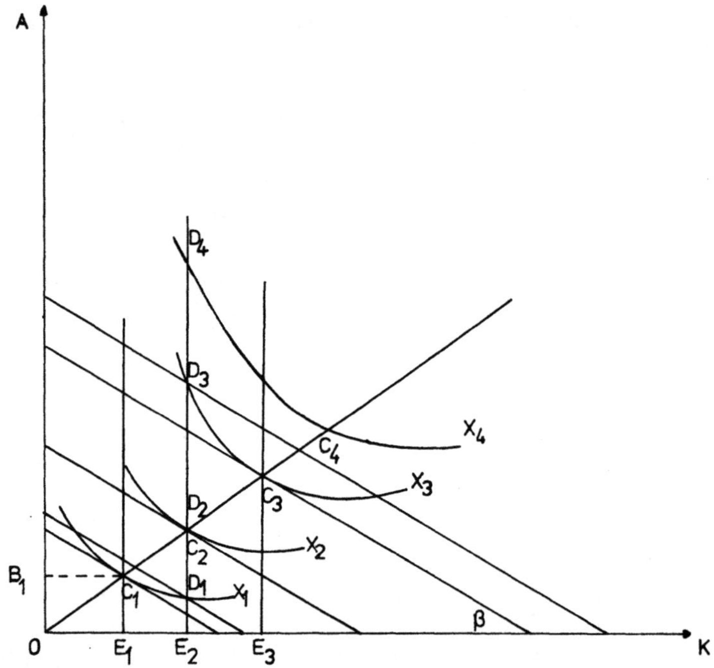

Abb. 4.4

$D_1, C_2, D_3, \ldots$. Zur Ermittlung der zum Kapitaleinsatz $\overline{OE_2}$ gehörenden kurzfristigen Gesamtkostenkurve ist es erforderlich, die Produktionsmenge in den Punkten auf E_2D_3 den jeweils entstehenden Kosten gegenüberzustellen. Das geschieht in Abb. 4.5. Im dritten Quadranten dieser Abbildung ist die Produktion in Abhängigkeit vom Arbeitseinsatz bei konstantem Kapitaleinsatz $\overline{OE_2}$ gezeichnet. Dabei sind dauernd abnehmende Ertragszuwächse unterstellt. In den zweiten Quadranten ist ein Winkel β' so eingetragen, daß sein Tangens gleich dem vorgegebenen Lohnsatz l ist. Die gesamten Lohnkosten, die z.B. die Produktion von $X = X_4$ verursacht, betragen $Q_4 = A_4 \cdot \tan \beta' = A_4 \cdot l$. Werden die Lohnkosten für alle denkbaren Ausbringungsmengen bestimmt, ergibt sich die Kurve Q_v. Der Suffix v deutet an, daß es sich hierbei um die variablen Kosten handelt, die im vorliegenden Fall nur aus Lohnkosten bestehen.

Werden zu den variablen Kosten Q_v die Kapitalkosten $Q_f = K_0 \cdot i$ hinzugezählt, die in einem konstanten, vom Output unabhängigen Betrage anfallen, ergibt sich die Gesamtkostenkurve Q. Wie aus der Zeichnung ersichtlich ist, ist die Gestalt der Gesamtkostenkurve Q von der Höhe des Fixkostenbetrages

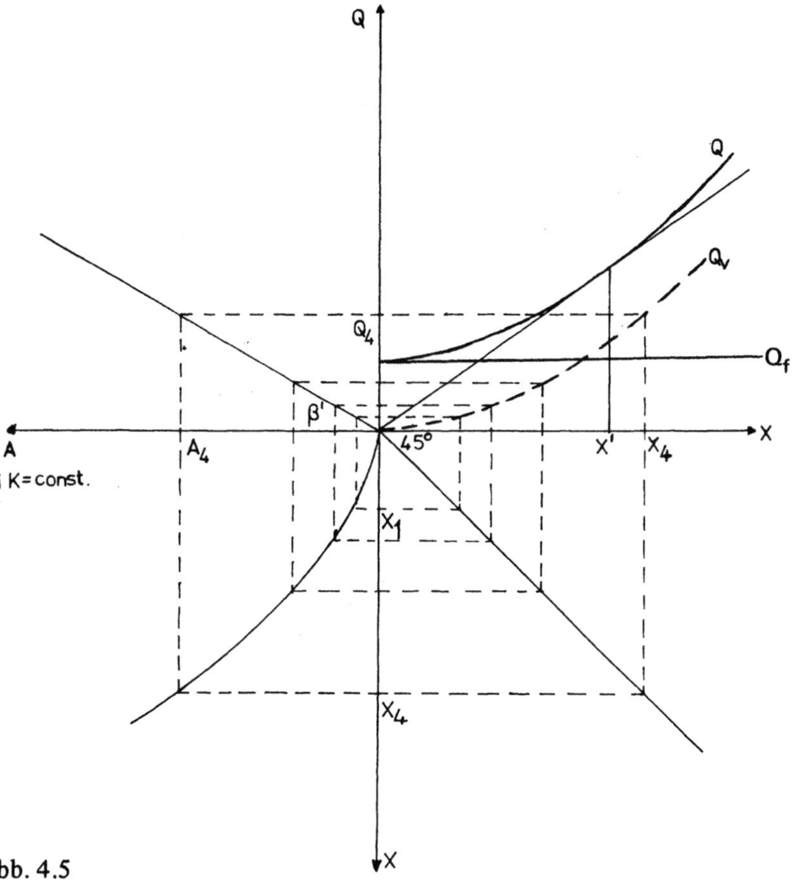

Abb. 4.5

unabhängig. Dieser entscheidet lediglich darüber, in welchem Punkt auf der Ordinate die Kurve Q beginnt. Die Form der Kurve wird ausschließlich vom Verlauf der variablen Kosten bestimmt. Daß die Kurve progressiv steigt, liegt darin begründet, daß für die Arbeit das Gesetz vom dauernd abnehmenden Ertragszuwachs unterstellt wurde: Die Produktion einer zusätzlichen Einheit X erfordert einen umso höheren zusätzlichen Arbeitseinsatz, je mehr bereits erzeugt wird. Da der Lohnsatz konstant ist, sind die zusätzlich anfallenden Lohnkosten – und damit die zusätzlichen Gesamtkosten – umso größer, je mehr erzeugt wird.

B Die Grenzkostenkurve

Interessiert man sich nicht für die gesamten Produktionskosten bestimmter Gütermengen, sondern für die zusätzlichen Kosten, die bei einer Ausdehnung der Produktion entstehen, hat man die sogenannten *Grenzkosten* zu ermitteln. *Unter Grenzkosten versteht man die Änderung der Gesamtkosten bei einer kleinen (streng genommen: infinitesimalen) Erhöhung der Produktionsmenge, bezogen auf die zusätzliche Produktionsmenge.* Steigt der Output um dX Einheiten und nehmen dadurch die Gesamtkosten um dQ zu, dann betragen die Grenzkosten dQ/dX.

Häufig kann die Erhöhung der Produktion um eine Gütereinheit als hinreichend kleine Steigerung der Produktion betrachtet werden. Dann ist $dX = 1$, und die Grenzkosten lassen sich als die Kosten definieren, die bei Ausdehnung der Produktion um eine Einheit zusätzlich entstehen.

Die Grenzkosten in einem beliebigen Punkt der Gesamtkostenkurve sind der Tangentensteigung in diesem Punkt gleich. Z.B. sind die Grenzkosten bei der Ausbringungsmenge X^0 (Abb. 4.6 a) gleich dem Tangens des Winkels PRO, der von der Tangente g' mit der Abszisse gebildet wird. Wird diese Steigung für alle Punkte der Gesamtkostenkurve ermittelt und als Funktion des Outputs dargestellt, ergibt sich die Grenzkostenkurve. Die Grenzkostenkurve gibt also die zusätzlichen Kosten an, die bei einer kleinen Produktionsmengenausdehnung von unterschiedlichen Niveaus ausgehend jeweils entstehen.

Legt man der Ableitung der Grenzkostenkurve eine Gesamtkostenkurve bei partieller Faktorvariation wie die der Abb. 4.5 zugrunde, ergibt sich die streng monoton steigende Kurve dQ/dX in der Abb. 4.6 b. Entsprechend der Gesamtkostenkurve, aus der sie abgeleitet wurde, wird sie *Grenzkostenkurve bei partieller Faktorvariation* oder *kurzfristige Grenzkostenkurve* genannt. Die Kurve steigt monoton an, weil die Gesamtkostenkurve progressiv steigt, d.h. weil von dauernd abnehmenden Ertragszuwächsen des variablen Produktionsfaktors Arbeit ausgegangen wurde. Diese Eigenschaft kann algebraisch wie folgt nachgewiesen werden: Die Gesamtkosten betragen

$$Q = l \cdot A + Q_f \,. \tag{4.10}$$

Um welche Menge der Arbeitseinsatz zwecks Steigerung der Produktion um dX erhöht werden muß, kann mit der Produktionsfunktion $X = F(A, K)$ berechnet werden. Man erhält

$$dA = \frac{1}{F_A(A, K)} dX. \tag{4.11}$$

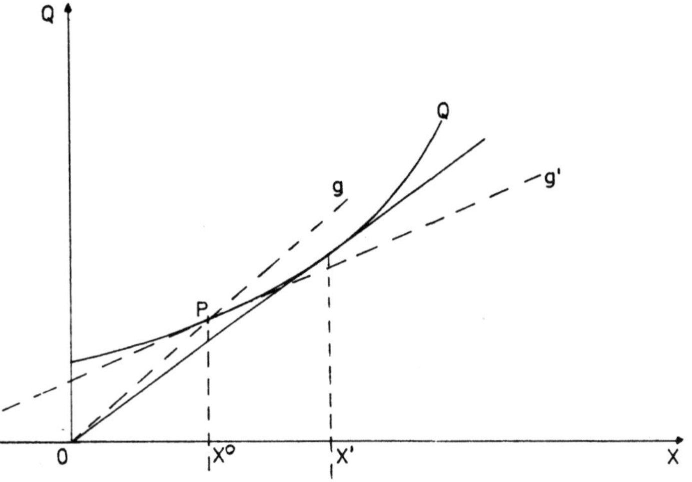

Abb. 4.6 a

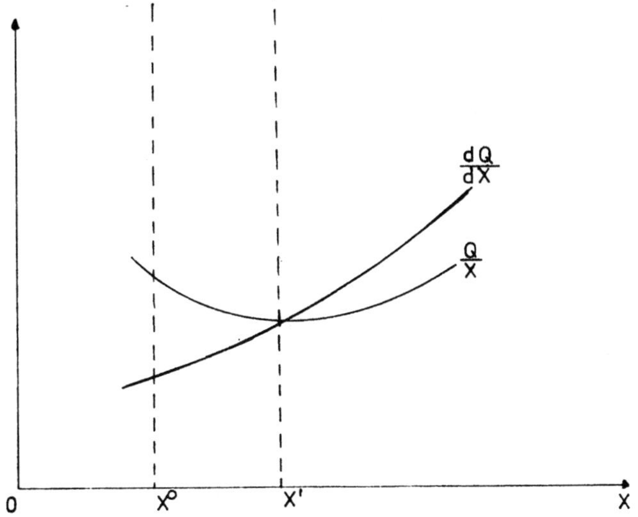

Abb. 4.6 b

Gemäß Gleichung (4.10) entstehen dadurch die zusätzlichen Kosten

$$dQ = l \cdot dA. \qquad (4.12)$$

Wird Gleichung (4.11) in (4.12) eingesetzt und wird umgeformt, ergeben sich die partiellen Grenzkosten (des Arbeitseinsatzes):

$$dQ/dX = \frac{l}{F_A\,(A, K)}. \qquad (4.13)$$

Wie die Gleichung zeigt, hängen die (partiellen) Grenzkosten nicht von der Höhe der Fixkosten Q_f ab, sie werden allein vom Preis und der Grenzproduktivität des variablen Faktors Arbeit bestimmt.

Zur Bestimmung der Grenzkostenänderung bei einer Steigerung des Outputs wird das Differential von (4.13) gebildet,

$$d\,(dQ/dX) = -\ \frac{l \cdot F_{AA}}{F_A^2} \cdot dA.$$

und es wird dA durch den Ausdruck in (4.11) ersetzt. Wird das Ergebnis durch dX geteilt, ergibt sich

$$d\,(dQ/dX)/dX \equiv d^2Q/dX^2 = -\ \frac{l}{F_A^3} \cdot F_{AA}. \qquad (4.14)$$

Gleichung (4.14) bestätigt die oben gemachte Aussage: Die Grenzkosten nehmen mit steigendem Output zu, wenn $F_{AA} < 0$ ist, d.h. wenn das Gesetz vom abnehmenden Ertragszuwachs gilt. Wie im Kapitel 3.1.4.1 gezeigt wurde, gilt das Gesetz vom abnehmenden Ertragszuwachs *immer*, wenn das Gesetz von der abnehmenden Grenzrate der Substitution gilt und die Produktionsfunktion homogen vom Grade $\epsilon \leqslant 1$ ist. **Homogene Produktionsfunktionen mit konstanten oder fallenden Skalenerträgen und konvexen Isoquanten implizieren also steigende Grenzkostenkurven (progressiv steigende Gesamtkostenkurven) bei partieller Faktorvariation.** Liegt der Homogenitätsgrad der Produktionsfunktion über eins, muß das Gesetz vom abnehmenden Ertragszuwachs nicht notwendigerweise gelten (vgl. Formel (3.51) und die dort anschließenden Ausführungen). Dann können sich auch andere Kostenkurvenverläufe, z.B. dauernd fallende Grenzkosten, ergeben.

C Die Durchschnittskostenkurve

Werden die Gesamtkosten Q auf die ausgebrachte Menge X bezogen, erhält man die Durchschnitts- oder Stückkosten Q/X. Die Höhe der Stückkosten hängt ebenso wie die der Grenzkosten von der Produktionsmenge ab. Ändert sich die Produktionsmenge, so ändern sich auch die Stückkosten. Werden die Stückkosten in Abhängigkeit von der Produktionsmenge geometrisch dargestellt, ergibt sich die Durchschnitts- oder Stückkostenkurve. Auch die Durchschnittskostenkurve kann aus der Gesamtkostenkurve abgeleitet werden. Man zieht vom Ursprung zu jedem Punkt der Gesamtkostenkurve den Fahrstrahl g (Abb. 4.6 a) und ermittelt seine Steigung. Diese Steigung gibt die Durchschnittskosten an. So erhält man die u-förmige Durchschnittskostenkurve Q/X in Abb.4.

Da sie aus einer kurzfristigen Gesamtkostenkurve abgeleitet wurde, wird sie als *kurzfristige Durchschnittskostenkurve* bezeichnet. Sie verläuft zunächst oberhalb, dann unterhalb der Grenzkostenkurve, weil der Fahrstrahl g zunächst eine größere (z.B. im Punkt P), später eine geringere Steigung besitzt als die Tangente g'. Die Kurve hat dort ihr Minimum, wo der Fahrstrahl zur Tangente an die Kurve wird. Die Durchschnitts- und die Grenzkosten stimmten bei der zugehörigen Produktionsmenge $X = X'$ überein, m.a.W.: **Die Grenzkostenkurve schneidet die Durchschnittskostenkurve in deren Minimum.**

Die Existenz dieses Minimums ist das Ergebnis von zwei gegeneinander gerichteten Einflüssen: Die auf die Ausbringungsmenge bezogenen Fixkosten nehmen mit steigender Produktion ab; ein gegebener Kostenbetrag verteilt sich auf eine immer größere Stückzahl. Andererseits nehmen die variablen Stückkosten wegen der auf das „Gesetz" vom abnehmenden Ertragszuwachs zurückzuführenden Abnahme der Arbeitsproduktivität von Anfang an zu. Bei kleinen Ausbringungsmengen wird die Zunahme der variablen Stückkosten durch die Abnahme der fixen Stückkosten überkompensiert, so daß die totalen Stückkosten abnehmen. Die stückkostensenkende Wirkung der Fixkosten nimmt jedoch mit steigendem Output relativ zu der entgegengesetzt gerichteten Wirkung der variablen Kosten ab. Bei dem Output X' halten sich beide Einflüsse die Waage; bei höherem Output überwiegt der stückkostenerhöhende Effekt der variablen Kosten.

Einen u-förmigen Verlauf der kurzfristigen Durchschnittskostenkurve wird man nicht erhalten, wenn die Ertragszuwächse des variablen Faktors konstant sind oder dauern zunehmen. In diesen Fällen steigen die Gesamtkosten und die variablen Kosten linear bzw. degressiv mit der Produktionsmenge; es ergeben sich von Anfang an fallende Durchschnittskosten.

Damit ergibt sich hinsichtlich der kurzfristigen Stückkostenkurven einer homogenen Produktionsfunktion mit konvexen Isoquanten zusammenfassend folgendes: **Ist der Homogenitätsgrad der Produktionsfunktion kleiner als oder gleich eins, sind die aus ihr ableitbaren kurzfristigen Stückkostenkurven u-förmig. Ist der Homogenitätsgrad größer als eins, *können* sich u-förmige wie auch dauernd fallende kurzfristige Stückkostenkurven ergeben.**

4.1.2.2 Kostenfunktionen (-kurven) bei totaler Faktorvariation (langfristige Kostenverläufe)

Wenn der Einsatz aller Produktionsfaktoren frei variierbar ist, können sie so eingesetzt werden, daß die früher (Abschnitt 4.1.1) abgeleitete Minimalkostenbedingung „Grenzrate der Substitution gleich Faktorpreisverhältnis" realisiert ist. Auf die Abb. 4.4 bezogen bedeutet dies z.B., daß die Menge X_3 nicht – wie es kurzfristig bei vorgegebenem Kapitaleinsatz $\overline{OE_2}$ der Fall ist – in D_3, sondern im Punkt C_3 hergestellt wird. Wenn man die Minimalkostenkombination der Faktoren für alle anderen Produktionsmengen ermittelt und die so erhaltenen Punkte miteinander verbindet, dann ergibt sich eine Kurve durch das (A, K)-Diagramm, die als *Expansionspfad* bezeichnet wird. Vereinfacht ausgedrückt: *Der Expansionspfad ist der geometrische Ort aller Minimalkostenkombinationen bei totaler Variabilität der Faktoreinsatzmengen.*

Das Aussehen des Expansionspfades kann unmittelbar angegeben werden, wenn die zugrundeliegende Produktionsfunktion **homothetisch** ist: Da die Grenzrate der Substitution bei dieser Produktionsfunktion entlang einem Ursprungsstrahl durch das Isoquantensystem konstant ist (vgl. Abschnitt 3.2), **muß der Expansionspfad ein Ursprungsstrahl sein**; nämlich derjenige, auf dem die Isoquantensteigung absolut gleich dem Faktorpreisverhältnis ist. Das gleiche gilt für den Expansionspfad der homogenen Produktionsfunktion, da sie ein Spezialfall der homothetischen ist[2]).

4.1.2.2.1 Die geometrische Analyse langfristiger Kostenverläufe

A Die langfristige Gesamtkostenkurve

Wenn der zu dem vorgegebenen Faktorpreisverhältnis gehörende Expansionspfad bekannt ist, läßt sich der Verlauf der langfristigen Gesamtkostenkurve bestimmen. Dazu sind die Kosten in allen Punkten des Expansionspfades zu ermitteln und dem jeweiligen Produktionsergebnis gegenüberzustellen. Ein Faktorpaket des Expansionspfades wird mit (A_0, K_0) bezeichnet. Der Kauf dieses Faktorpaketes verursacht Kosten in der Höhe

$$Q_0 = l \cdot A_0 + i \cdot K_0 . \text{ (vgl. Formel (4.4))} \tag{4.15}$$

Werden λ Faktorpakete eingesetzt, betragen die Kosten das λ-fache:

$$Q = \lambda \cdot Q_0 . \tag{4.16}$$

---

[2]) Bei nicht-homothetischen Produktionsfunktionen ist der Expansionspfad kein Ursprungsstrahl. Er kann je nach den technischen Bedingungen der Produktion z.B. nach oben oder nach unten gekrümmt sein.

Diese Funktion (geometrisch gesehen ein Ursprungsstrahl) ist in den dritten Quadranten der Abb. 4.7 gezeichnet.

Die Kurve $X(\lambda)$ im vierten Quadranten zeigt, wie die Produktionsmenge auf dem Expansionspfad von der Zahl eingesetzter Faktorpakete abhängig ist. In der Abb. 4.7 wurden diseconomies of scale ($\epsilon < 1$) unterstellt, so daß $X(\lambda)$ degressiv mit λ steigt.

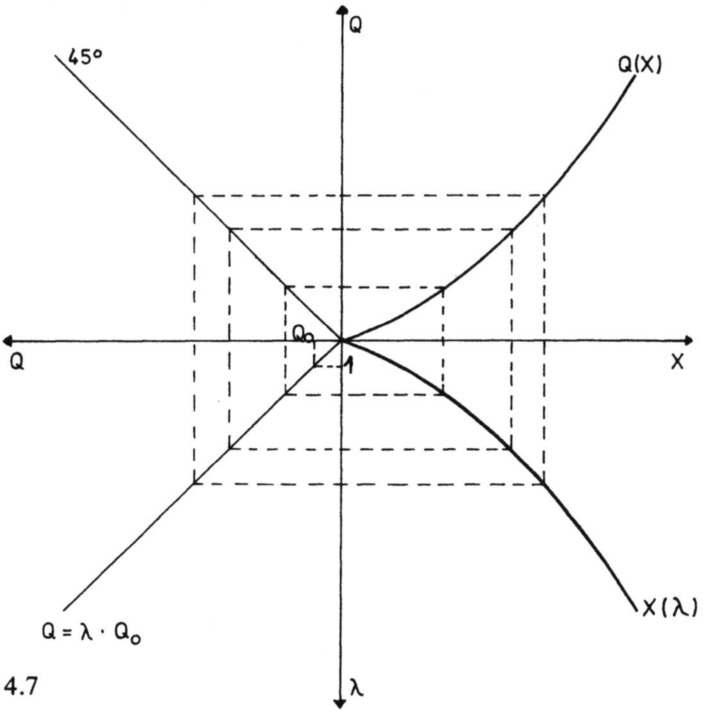

Abb. 4.7

Zur Bestimmung der gesuchten Gesamtkostenkurve wird auf der negativen Ordinate eine bestimmte Zahl von Faktorpaketen festgelegt. Auf der negativen Abszisse kann man die zugehörigen Kosten, auf der positiven Abszisse die Produktionsmenge ablesen. Werden die Kosten über die im 2. Quadranten befindliche 45°-Linie auf die positive Ordinate übertragen, kann man Kosten und Output im ersten Quadranten einander zuordnen und erhält so einen Punkt der Gesamtkostenkurve. Wird dieses Verfahren für alle weiteren Mengen eingesetzter Faktorpakete wiederholt, ergibt sich die Gesamtkostenkurve $Q(X)$. Wie die Abbildung 4.7 zeigt, ist die Kostenkurve bei diseconomies of scale progressiv steigend. Abgesehen von einer Verzerrung durch unterschiedliche Maßeinheiten auf der positiven und negativen Ordinate verläuft $Q\ (X)$ **„spiegelbildlich“** zur Outputkurve $X\ (\lambda)$. Als Spiegelachse dient dabei die X-Achse.

Die aufgezeigte Spiegelbildlichkeit von $X\ (\lambda)$ und $Q\ (X)$ gilt allgemein: Wenn $X\ (\lambda)$ zur X-Achse hin gebogen ist ($\epsilon > 1$), ergibt sich eine degressiv steigende Kostenkurve; wenn $X\ (\lambda)$ linear ist ($\epsilon = 1$), erhält man eine lineare Kostenkurve. Das bedeutet: **Wenn $X\ (\lambda)$ konkav bzw. konvex zur Ausbringungsachse ist, dann hat auch die Kostenkurve diese Eigenschaft**[3]). Hieraus folgt unter anderem, daß die Gesamtkostenkurve bei einer homogenen Pro-

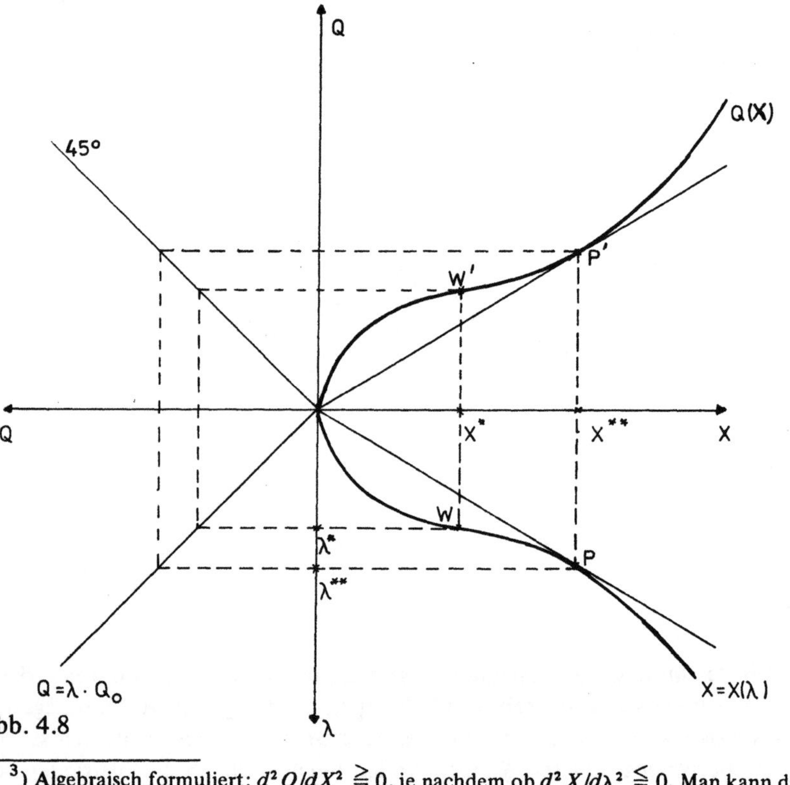

Abb. 4.8

[3]) Algebraisch formuliert: $d^2Q/dX^2 \gtreqless 0$, je nachdem ob $d^2X/d\lambda^2 \lesseqgtr 0$. Man kann das folgendermaßen zeigen: Aus $X = X\ (\lambda)$ und $Q = Q_0 \cdot \lambda$ folgt $dX = (dX/d\lambda) \cdot d\lambda$ bzw. $dQ = Q_0 \cdot d\lambda$. Die Division der zweiten Gleichung durch die erste liefert die Grenzkosten $dQ/dX = Q_0/(dX/d\lambda)$. Wird diese Gleichung nach X differenziert, ergibt sich $d^2Q/dX^2 = -[Q_0/(dX/d\lambda)^2] \cdot [d\ (dX/d\lambda)/d\lambda] \cdot (d\lambda/dX) = -[Q_0/(dX/d\lambda)^3] \cdot (d^2X/d\lambda^2)$. Da der Ausdruck in der letzten eckigen Klammer positiv ist, hat d^2Q/dX^2, wie oben behauptet, das entgegengesetzte Vorzeichen von $d^2X/d\lambda^2$.

duktionsfunktion mit zunehmenden Skalenerträgen ($\epsilon > 1$) degressiv steigt und bei konstanten Skalenerträgen ein Strahl aus dem Ursprung des (Q, X)-Diagramms ist.

Dieses Ergebnis gilt auch für Kostenkurven homothetischer Produktionsfunktionen mit zunächst steigenden, dann wieder fallenden Skalenerträgen. Das zeigt Abb. 4.8. Die Technik der Ableitung entspricht der in Abb. 4.7 gezeigten. Es ergibt sich eine zunächst degressiv, dann progressiv steigende langfristige Gesamtkostenkurve. Der Wendepunkt W' der Gesamtkostenkurve liegt bei derselben Produktionsmenge X^* wie der Wendepunkt der Kurve $X(\lambda)$, die den Output als Funktion der Zahl eingesetzter Faktorpakete anzeigt.

B Die langfristige Grenz- und Durchschnittskostenkurve

Geometrisch können die langfristige Durchschnittskostenkurve und die langfristige Grenzkostenkurve auf die gleiche Weise abgeleitet werden wie die entsprechenden kurzfristigen Kurven: Die Durchschnittskostenkurve ergibt sich, wenn man die Steigung des Fahrstrahls an die Gesamtkostenkurve für alle Produktionsmengen ermittelt und in Abhängigkeit vom Output auf die Ordinate abträgt. Zur Bestimmung des Verlaufs der Grenzkostenkurve ist entsprechend mit der Steigung der Tangente an die Gesamtkostenkurve zu verfahren.

Für die homothetische Produktionsfunktion mit zunächst steigenden, später fallenden Skalenerträgen ergeben sich zwei u-förmige Kurven, die in der Abb. 4.9 b gezeichnet sind. Die Grenz- und die Durchschnittskosten nehmen bei steigendem Output zunächst ab, wobei die Durchschnittskosten über den Grenzkosten liegen. Die Grenzkosten erreichen ihr Minimum, wenn die (Gesamt-)Kostenkurve $Q(X)$ in Abb. 4.9 a progressiv zu steigen beginnt. Mit weiter steigender Produktion nehmen die Durchschnittskosten zunächst noch ab. Ihr Minimum liegt dort, wo die Grenzkostenkurve die Durchschnittskostenkurve schneidet. Der durchschnittliche Skalenertrag hat an dieser Stelle ($X = X^{**}$) sein Maximum, die Skalenelastizität ist gleich eins. Bei weiter steigender Produktion nehmen Grenz- und Durchschnittskosten zu, die Grenzkosten sind höher als die Durchschnittskosten.

Ist die Produktionsfunktion homogen, dann sind drei Fälle denkbar: Wenn die Skalenelastizität kleiner als eins ist, liegen die Grenzkosten bei jedem Output über den Durchschnittskosten, und beide nehmen mit X zu (Abb. 4.10 a). Ist die Skalenelastizität gleich eins, stimmen die Grenz- und die Durchschnitts-

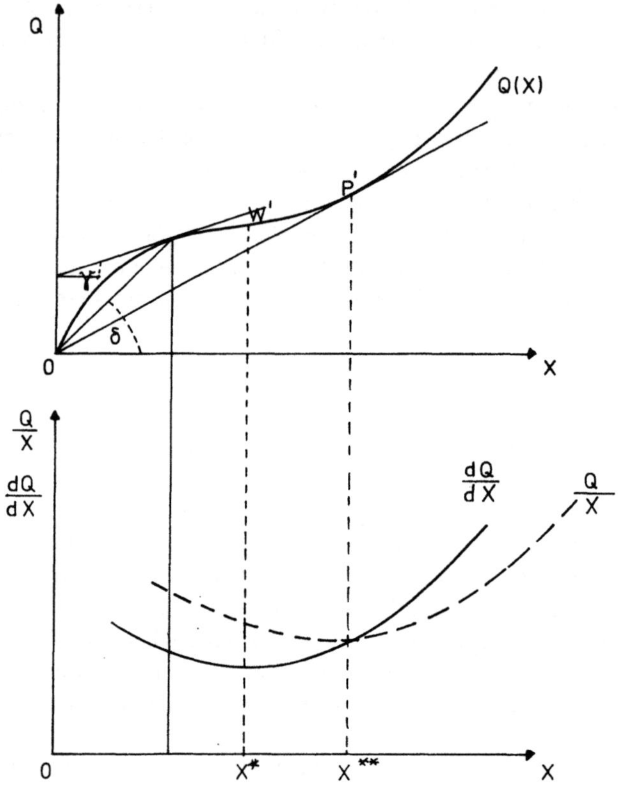

Abb. 4.9 a

Abb. 4.9 b

$$\frac{dQ}{dX} = \tan\gamma \quad , \quad \frac{Q}{X} = \tan\delta$$

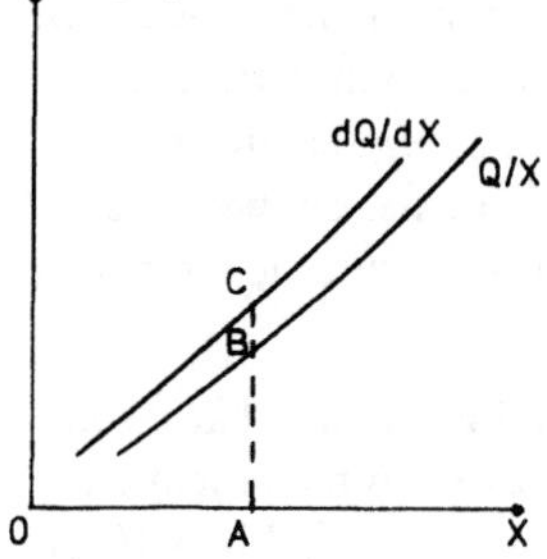

Abb. 4.10 a,

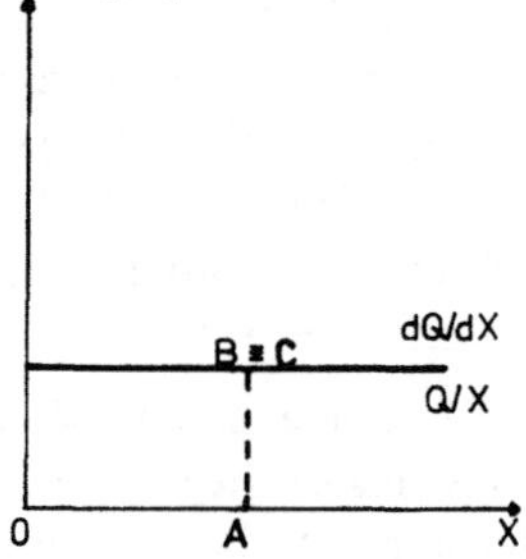

Abb. 4.10 b

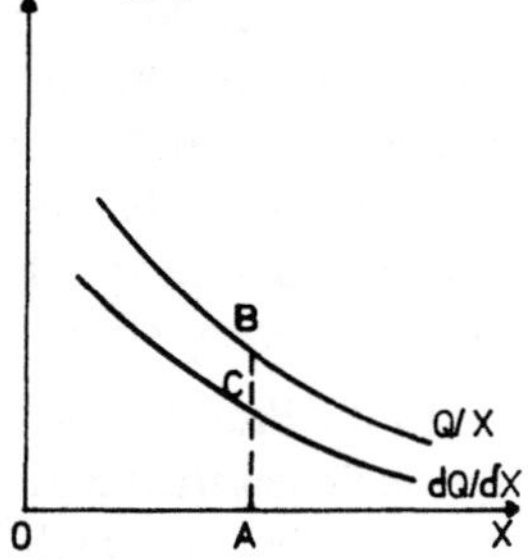

Abb. 4.10 c

kosten überein und sind bei allen Outputs gleich (Abb. 4.10 b). Bei zunehmenden Skalenerträgen sind die Durchschnittskosten dauernd größer als die Grenzkosten. Grenz- und Durchschnittskostenkurve fallen von links nach rechts (Abb. 4.10 c).

Verlauf und Form der Grenz- und Durchschnittskostenkurven homogener Produktionsfunktionen weisen einige Besonderheiten auf, die geometrisch nur schwer nachweisbar sind. Am Ende dieses Abschnitts wird darauf eingegangen.

4.1.2.2.2 Eine algebraische Analyse der langfristigen Kosten

A Die Minimalkostenbedingung

Die Ableitung der Minimalkostenbedingung ist ein Spezialfall des allgemeinen Problems der Bestimmung des Extremwertes einer Funktion unter Nebenbedingungen. Die Funktion, deren Extremwert zu bestimmen ist, die sogenannte *Zielfunktion*, wird durch die Kostengleichung

$$Q = lA + iK, \quad i \equiv (\hat{r} + \delta) p_K \tag{4.4}$$

dargestellt; *Nebenbedingung* ist die Produktionsfunktion

$$X = F(A, K). \tag{4.1}$$

Am häufigsten wird zur Lösung derartiger Extremwertprobleme die *Methode von Lagrange* benutzt, bei der wie folgt vorzugehen ist[4]).

Im ersten Schritt wird aus der Zielfunktion und der Nebenbedingung die sogenannte Lagrange-Funktion gebildet:

$$L = l \cdot A + iK + \mu [X - F(A, K)]. \tag{4.17}$$

Die Variable μ ist (zunächst) unbestimmt und wird als *Lagrange'scher Multiplikator* bezeichnet.

Die Extremwertbedingungen für die Lagrange-Funktion sind die gleichen wie die für das Extremum der Zielfunktion unter Gültigkeit der Nebenbedingung. Deshalb werden im zweiten Schritt die Bedingungen für das Extremum von L ermittelt. Sie lauten

---

[4]) Darstellungen dieser Methode finden sich z.B. bei *Fichtenholz, G.M.*, Differential- und Integralrechnung I, Berlin 1969, S. 441ff., und in allen Mathematiklehrbüchern für Ökonomen.

$$\partial L/\partial A = l + \mu\,[-F_A\,(A, K)] = 0 \tag{4.18}$$

$$\partial L/\partial K = i + \mu\,[-F_K\,(A, K)] = 0 \tag{4.19}$$

$$\partial L/\partial \mu = X - F\,(A, K) = 0 \tag{4.20}$$

Die Bedingung (4.20) ist eine andere Schreibweise der Nebenbedingung (4.1) und für die weiteren Ableitungen uninteressant. Wichtig sind die beiden ersten Bedingungen, die sich umformen lassen zu

$$\mu \cdot F_A = l \tag{4.21}$$

$$\mu \cdot F_K = i\,. \tag{4.22}$$

Aus (4.21) und (4.22) können einige alternative Formulierungen der Minimalkostenbedingung abgeleitet werden: Dividiert man die eine Gleichung durch die andere, ergibt sich

$$F_A/F_K = l/i\,. \tag{4.23}$$

Dies ist die geläufige Formulierung der Minimalkostenbedingung, nach der das Verhältnis der Grenzproduktivitäten von Arbeit und Kapital (= Grenzrate der Substitution von Kapital durch Arbeit) gleich dem Verhältnis der Preise von Arbeit und Kapital sein muß (vgl. Gleichung (4.6)).

Die Gleichungen (4.21) und (4.22) können auch in folgender Weise kombiniert werden:

$$l/F_A = i/F_K = \mu. \tag{4.24}$$

Die Gleichung besagt: **In der Minimalkostenkombination ist der Quotient aus dem Preis und der Grenzproduktivität eines Faktors für alle Produktionsfaktoren gleich.** Der Zähler jeden Bruches gibt bei konstanten Faktorpreisen die Aufwendungen an, die einer Unternehmung bei Mehreinsatz einer Mengeneinheit des entsprechenden Faktors entstehen. Im Nenner ist die Warenmenge angegeben, die mit dieser einen zusätzlichen Mengeneinheit bei Konstanz der Einsatzmengen der übrigen Faktoren erzeugt werden kann. Folglich gibt der Bruch die Grenzkosten für die Produktmenge bei partieller Variation des einen Faktors an. **Für jede Minimalkostenkombination gilt somit, daß die partiellen Grenzkosten einander gleich sind.** Ob eine weitere Mengeneinheit nur mit zusätzlicher Arbeit oder lediglich mit zusätzlichem Kapital erzeugt wird, ist für die Veränderung der Kosten gleichgültig. Sie steigen in jedem Fall um denselben Betrag.

Man kann weiterhin zeigen, daß diese zusätzlichen Kosten auch dann gleich hoch sind, wenn die Steigerung der Produktion um eine Einheit (streng genommen um einen infinitesimal kleinen Betrag) mit Hilfe eines Mehreinsatzes aller Faktoren erreicht wird. M.a.W., es läßt sich zeigen, daß für die Minimalkostenkombination die partiellen Grenzkosten nicht nur einander sondern auch den totalen Grenzkosten gleich sind. Der Beweis wird wie folgt geführt:

Aus der Kostengleichung (4.4) wird ermittelt, um wieviel die Gesamtkosten steigen, wenn die Faktoreinsätze um dA bzw. dK erhöht werden:

$$dQ = l dA + i dK. \tag{4.25}$$

Dieser Mehreinsatz der Faktoren steigert die Produktion gemäß der Produktionsfunktion (4.1) um

$$dX = F_A dA + F_K dK. \tag{4.26}$$

Durch Division von Gleichung (4.25) durch Gleichung (4.26) erhält man die totalen Grenzkosten

$$dQ/dX = \frac{l dA + i dK}{F_A dA + F_K dK}.$$

Gemäß Gleichung (4.24) ist

$$F_A = l/\mu, \; F_K = i/\mu.$$

Für die totalen Grenzkosten folgt

$$dQ/dX = \frac{l dA + i dK}{(l/\mu) dA + (i/\mu) dK}$$

und nach Ausklammern von $1/\mu$ und Kürzen

$$dQ/dX = \frac{1}{1/\mu} = \mu. \tag{4.27}$$

Damit ist nachgewiesen, daß die partiellen und die totalen Grenzkosten in der Minimalkostenkombination gleich sind. Außerdem ist die ökonomische Bedeutung des *Lagrange*'schen Multiplikators in der *Lagrange*-Funktion (4.17) geklärt: Er gibt die totalen Grenzkosten an.

Setzt man Gleichung (4.27) in (4.21) und (4.22) ein, ergibt sich

$$(dQ/dX) \cdot F_A = l, \tag{4.28}$$

$$(dQ/dX) \cdot F_K = i. \tag{4.29}$$

Diese Gleichungen erlauben eine weitere Formulierung der Minimalkostenbedingung: **Eine Kombination der Produktionsfaktoren zur Herstellung einer vorgegebenen Ausbringungsmenge ist kostenminimal, wenn das (mathematische) Produkt aus den totalen Grenzkosten und der Grenzproduktivität jedes Faktors gleich dem jeweiligen Faktorpreis ist.**

B Skalenelastizität und Kostenelastizität

Der aufgezeigte Zusammenhang zwischen den partiellen und den totalen Grenzkosten kann dazu benutzt werden, die Elastizität der Kostenkurven bei einem willkürlich vorgegebenen Output in Abhängigkeit von der Skalenelastizität darzustellen, die die Produktionsfunktion bei der zugehörigen (kostenminimalen) Faktorkombination besitzt. Zunächst wird auf die Elastizität der Gesamtkostenkurve eingegangen. Setzt man die Gleichungen (4.21) und (4.22) in die Kostengleichung ein, dann ergibt sich

$$Q = \mu (F_A \cdot A + F_K \cdot K).$$

Wird auf der rechten Seite mit $F(A, K)$ erweitert und berücksichtigt, daß $F_A \cdot (A/F) \equiv \alpha$ und $F_K \cdot (K/F) \equiv \beta$ die Produktionselastizitäten von Arbeit und Kapital sind, dann folgt

$$Q = \mu (\alpha + \beta) \cdot X; \; X = F(A, K).$$

Die Summe der Produktionselastizitäten ist nach Kapitel 2.4.3 (Gleichung 2.32) gleich der Skalenelastizität. Daher ist

$$Q = \mu \cdot \epsilon \cdot X,$$

und mit Gleichung (4.27) ergibt sich

$$Q/X = (dQ/dX) \cdot \epsilon$$

oder

$$(dQ/dX) : (Q/X) = 1/\epsilon. \tag{4.30}$$

Dabei ist $(dQ/dX) : (Q/X)$, der Quotient aus den Grenz- und den Durchschnittskosten, die Elastizität der Gesamtkosten in Bezug auf den Output. Die Gleichung besagt: **Die Elastizität der Gesamtkosten bezüglich des Outputs ist gleich dem reziproken Wert der Skalenelastizität.** Bei inhomogenen Produktionsfunktionen variiert die Skalenelastizität mit dem Prozeßniveau und daher mit dem Output. Somit ist auch die Elastizität der Gesamtkostenkurve in der Regel bei jedem X-Wert eine andere. Bei homogenen Produktionsfunktionen ergeben sich dagegen langfristige Gesamtkostenkurven, die in allen Punkten die gleiche Elastizität besitzen.

C Spezielle Eigenschaften der langfristigen Kostenkurven homogener Produktionsfunktionen

Wie im vorhergehenden Abschnitt gezeigt wurde, sind die langfristigen Kostenkurven isoelastisch, wenn die zugrunde liegende Produktionsfunktion homogen ist. Diese Eigenschaft ermöglicht die folgende Ableitung expliziter algebraischer Ausdrücke für die Kostenkurven der homogenen Produktionsfunktion.

Ein Ausdruck für die Gesamtkostenkurve kann aus der Gleichung (4.30) abgeleitet werden. Die Gleichung wird wie folgt umgeschrieben:

$$dQ/Q = (1/\epsilon) \cdot dX/X.$$

Daraus erhält man

$$\int dQ/Q = (1/\epsilon) \int dX/X + \ln Q_1.$$

wobei $\ln Q_1$ die Integrationskonstante ist. Die Integration ergibt

$$\ln Q = (1/\epsilon) \cdot \ln X + \ln Q_1.$$

Durch Entlogarithmieren folgt

$$Q = Q_1 \cdot X^{1/\epsilon}. \tag{4.31}$$

Diese Gleichung beschreibt die Abhängigkeit der Gesamtkosten von der Produktionsmenge. Die Produktionskosten der ersten Outputeinheit ($X = 1$) sind gleich Q_1. Sie hängen von den voraussetzungsgemäß als konstant angesehenen Faktorpreisen und den Eigenschaften der Produktionsfunktion ab. Gibt man zum Beispiel höhere Faktorpreise vor, ist Q_1 entsprechend größer; bei geringer Effizienz der Produktionsfaktoren müssen zur Produktion von $X = 1$ mehr Faktoren eingesetzt werden als bei hoher Effizienz, so daß Q_1 umso größer ist, je weniger effizient die Faktoren sind. Je größer Q_1 ist, desto teurer ist auch die Produktion jeder anderen Gütermenge, d.h. Steigerungen von Q_1 verschieben die Gesamtkostenkurve nach oben.

Die Funktionsgleichungen der langfristigen Grenz- und Durchschnittskostenkurven können aus Gleichung (4.31) errechnet werden. Differenziert man die Gleichung nach X, erhält man die langfristigen Grenzkosten als Funktion des Outputs:

$$dQ/dX = Q_1 \cdot (1/\epsilon) \cdot X^{(1/\epsilon)-1} \tag{4.32}$$

Wird Gleichung (4.31) durch X dividiert, ergeben sich die Durchschnittskosten in Abhängigkeit vom Output:

$$Q/X = Q_1 \cdot X^{(1/\epsilon)-1} \tag{4.33}$$

Die Gleichungen (4.32) und (4.33) beschreiben die Zusammenhänge algebraisch, die in den Abb. 4.10 a–c geometrisch dargestellt worden sind. Wie dort bereits erwähnt wurde, weisen die Grenz- und Durchschnittskostenkurven homogener Produktionsfunktionen einige Besonderheiten auf, die nur algebraisch nachgewiesen werden können. Diese Besonderheiten werden im folgenden erläutert.

Erstens sind die Kurven so zu zeichnen, daß ihre Abstände von der Abszisse bei jedem X-Wert in demselben Verhältnis zueinander stehen. Das Verhältnis der Abstände beträgt nämlich (Abb. 4.10)

$$\overline{AC}/\overline{AB} = \frac{dQ/dX}{Q/X},$$

ist also gleich der Kostenelastizität. Diese ist aber gemäß Gleichung (4.30) gleich dem reziproken Wert der Skalenelastizität und somit konstant.

Zweitens sind beide Kurven streng konvex von unten, wenn $\epsilon > 1$ ist. Bei $\epsilon < 1$ sind sie streng konvex von unten, linear, oder streng konkav von unten, je nachdem ob $\epsilon \lesseqgtr 1/2$ ist. Es genügt, dies für die Durchschnittskostenkurve zu zeigen, da die Grenzkosten, wie aus Gleichung (4.30) folgt, stets proportional zu den Durchschnittskosten sind. Aus Gleichung (4.33) ergibt sich die Steigung der Durchschnittskostenkurve

$$\frac{d\,(Q/X)}{dX} = Q_1 \cdot (1/\epsilon - 1) \cdot X^{(1/\epsilon)-2}. \tag{4.34}$$

Die Änderung dieser Steigung bei Erhöhung von X beträgt

$$\frac{d^2\,(Q/X)}{dX^2} = Q_1\ (1/\epsilon - 1)\ (1/\epsilon - 2) \cdot X^{(1/\epsilon)-3}$$

$$= Q_1 \cdot \frac{(1-\epsilon)\,(1/2-\epsilon)}{(1/2)\,\epsilon^2} \cdot X^{(1/\epsilon)-3}.$$

Die Ausdrücke Q_1, $(1/2)\,\epsilon^2$, $X^{(1/\epsilon)-3}$ sind positiv. Daher gilt

$$\text{Vorzeichen von } \frac{d^2\,(Q/X)}{dX^2} = \text{Vorzeichen von } (1-\epsilon)\,(1/2-\epsilon). \tag{4.35}$$

Wie die Gleichung (4.34) zeigt, ist die Steigung der Durchschnittskostenkurve bei $\epsilon > 1$ negativ. Die Änderung der Steigung ist gemäß Gleichung (4.35) positiv, d.h. die Kurve ist nach unten gewölbt.

Bei $\epsilon = 1$ ändern sich die Durchschnittskosten entsprechend Gleichung (4.34) nicht.

Bei $\epsilon < 1$ steigt die Durchschnittskostenkurve. Diese Steigung nimmt nach Gleichung (4.35) zu, bleibt gleich oder nimmt ab, je nachdem ob

$$\epsilon \lesseqgtr 1/2.$$

Eine zunehmende (konstante, abnehmende) Kurvensteigung bedeutet, daß die Kurve streng konvex von unten (linear, streng konkav von unten) ist. Die obige Aussage ist damit bewiesen.

4.2 Die Grenzproduktivitätstheorie der Einkommensverteilung

Mit dem Begriff der Kosten, dem der vorangegangene Abschnitt 4.1 gewidmet war, wird im allgemeinen etwas Belastendes verbunden. Man spricht von Kosten, die die Produzenten belasten oder die eine Volkswirtschaft zu tragen hat. Wie zu Beginn des Abschnitts 4 bereits angedeutet wurde, läßt sich mit Kosten auch ein entgegengesetzter Aspekt in Zusammenhang bringen. Kosten, die durch den Einsatz von Arbeit in den Produktionsprozeß entstehen, sind identisch mit Arbeitseinkommen. Kosten, welche im Zusammenhang mit der Inanspruchnahme eines Kredits zur Beschaffung neuer Maschinen anfallen, sind für die Geldgeber Kapitaleinkommen. Kosten, die durch die Pacht eines Grundstücks verursacht werden, bedeuten für den Verpächter Einkommen. So darf man sagen, daß mit der Produktion uno actu nicht nur Kosten sondern auch Einkommen entstehen. Es erscheint deshalb nicht abwegig zu fragen, in welcher Beziehung die Einkommensentstehung zu den „Gesetzmäßigkeiten" der Produktion steht. Es liegt sogar nahe, eine noch weitergehende Frage zu stellen. Die Produktionstheorie gelangt nämlich zu Aussagen über den Einsatz von Arbeitskraft und von Kapital und das dadurch geschaffene Produktionsvolumen. Arbeits- und Kapitaleinsatz bewirken eine bestimmte Produktion; im Zuge dieser Produktion entsteht Einkommen. Dieses Einkommen fließt den Produktionsfaktoren bzw. den Gewinnempfängern zu. Deshalb kann gefragt werden, ob sich mit Hilfe der Produktionstheorie eine Theorie der Aufteilung des Einkommens auf die an der Produktion beteiligten Produktionsfaktoren – also eine *Theorie der funktionalen Einkommensverteilung* – ableiten läßt.

Bei dieser Frage geht es um die Verteilung der im Produktionsprozeß geschaffenen Güter. Diese Güter werden in bestimmter Weise verteilt: Die Wirtschaftssubjekte erhalten unspezifizierte Anweisungen auf das Sozialprodukt in Form von Geld. Diese unspezifizierten Anweisungen auf das Sozialprodukt machen das Einkommen der Empfänger solcher Anweisungen aus. Die Summe aller Einkommen ist dem Wert der Güter und Dienstleistungen gleich, die während der jeweiligen Produktionsperiode der Volkswirtschaft netto neu zugeflossen sind. Deshalb ist die Frage nach der Verteilung der in einer Periode produzierten *Güter* der Frage nach der Verteilung der in dieser Periode erzielten *Einkommen* gleich.

Bei diesen Ausführungen sind die Definitionen der Gütermenge und des Einkommens offen geblieben, deren bzw. dessen Verteilung analysiert werden soll. Bei der Präzisierung ist zunächst zu beachten, daß den Nationalökonomen nicht so sehr die Verteilung der in einem einzelnen Unternehmen hergestellten Güter interessiert sondern vielmehr die Verteilung der volkswirtschaftlichen Produktion und des entsprechenden Einkommens. Wie aber kann der Wert der volkswirtschaftlichen Produktion erfaßt werden? Sieht man von der Existenz indirekter Steuern und Subventionen ab, so bieten sich zwei Größen der nationalen Buchführung an: das Bruttosozialprodukt und das Nettosozialprodukt.

Das *Bruttosozialprodukt* ist die Summe aus den Nettoproduktionswerten (Bruttoproduktionswerte abzüglich Vorleistungen) aller Produktionsbetriebe eines Landes. Es ist gleich dem Wert der während einer Periode geschaffenen, der Volkswirtschaft netto neu zufließenden Güter. Will man die Verteilung dieser Güter analysieren, so ist von der Produktionsfunktion

$$X = F(A, K) \tag{4.36}$$

auszugehen, in der die Größe X das mit den Faktormengen A und K herstellbare reale Bruttosozialprodukt angibt.

Das *Nettosozialprodukt* ist gleich der Summe aus den Nettowertschöpfungen (Bruttoproduktionswerte abzüglich Vorleistungen und Abschreibungen) aller Unternehmungen[5]). Es unterscheidet sich vom Bruttosozialprodukt um die volkswirtschaftlichen Abschreibungen D_M:

$$NSP \equiv BSP - D_M. \tag{4.37}$$

Es ist gleich der Summe aller während der Produktionsperiode erzielten Leistungseinkommen: dem Volkseinkommen.

---

[5]) Da von der Existenz von indirekten Steuern und Subventionen abstrahiert wird, braucht auf den Unterschied zwischen dem Nettosozialprodukt zu Marktpreisen und dem zu Faktorkosten nicht eingegangen zu werden.

Interessiert man sich allein für die Verteilung des Nettosozialprodukts bzw. des Volkseinkommens, so kann man von der folgenden, in der Literatur oft benutzten Formulierung der Produktionsfunktion ausgehen:

$$X_N = N(A, K). \tag{4.38}$$

Hierin bezeichnet X_N das reale Nettosozialprodukt. Es ist wichtig zu erkennen, daß Gleichung (4.38) eine andere Funktionalbezeichnung beinhaltet als Gleichung (4.36), daß aber zwischen den Eigenschaften beider Produktionsfunktionen enge Beziehungen bestehen. Zur Aufdeckung dieser Beziehungen wird von der Gleichung (4.37) ausgegangen. Bezeichnet man den Preisindex des realen Bruttosozialprodukts mit p, den des realen Nettosozialprodukts mit p_N und nimmt man wie im Abschnitt 4.1 an, daß der physische Kapitalverschleiß proportional zum Kapitaleinsatz ist (vgl. die Abschreibungsfunktion 4.2), so ergibt sich aus Gleichung (4.37)

$$p_N \cdot X_N = p \cdot X - \delta \cdot p_K \cdot K. \tag{4.39}$$

Wird durch den Preisindex des Nettosozialprodukts dividiert und für das Bruttosozialprodukt X die Produktionsfunktion (4.36) eingesetzt, erhält man

$$X_N = (p/p_N) \cdot F(A, K) - \delta \cdot (p_K/p_N) \cdot K$$

oder

$$X_N = (p/p_N) \cdot [F(A, K) - \delta \cdot (p_K/p) \cdot K]. \tag{4.40}$$

Wie die Gleichung (4.40) zeigt, hängt die Höhe des mit den Faktoreinsätzen A und K herstellbaren realen Nettosozialprodukts von den Verhältnissen der Preisindizes p/p_N bzw. p_K/p und der Abschreibungsrate δ ab. Die Abhängigkeit des realen Nettosozialprodukts vom Arbeits- und Kapitaleinsatz wird also durch ökonomische Größen, nämlich durch Preisverhältnisse, mitbestimmt. Die Schreibweise (4.38) dieser Produktionsfunktion ist deshalb nicht immer zulässig, kann jedoch z.B. dann gewählt werden, wenn die Preisrelationen konstant sind[6]). Ein Spezialfall hiervon ist die Hypothese übereinstimmender Preise[7]), $p_N = p = p_K$. Bei konstanten Preisverhältnissen (und konstantem δ) kann man also schreiben

---

[6]) Die Hypothese konstanter Preisverhältnisse ist z.B. dann gerechtfertigt, wenn im langfristigen Konkurrenzgleichgewicht alle Güter mit demselben Einsatzverhältnis der Produktionsfaktoren hergestellt werden.

[7]) Dies ist der Fall der sog. „Ein-Gut-Wirtschaft", die vielen wirtschaftstheoretischen Erörterungen zugrunde gelegt wird. Dabei wird angenommen, daß in der Wirtschaft nur ein einziges Gut hergestellt wird, das sowohl für Investitions- wie für Konsumzwecke verwendbar ist.

$$X_N = (p/p_N) \cdot [F(A, K) - \delta\, (p_K/p) \cdot K] \equiv N(A, K). \qquad (4.41)$$

Der Zusammenhang zwischen beiden Produktionsfunktionen kann geometrisch veranschaulicht werden. In der Abb. 4.11 ist beispielhaft die Isoquante für das reale Bruttosozialprodukt c_1 gezeichnet. Wird es mit der vom Punkt P angegebenen Faktorkombination produziert, kann das reale Nettosozialprodukt d_1 hergestellt werden (vgl. *Enke* [1962]). Die Differenz $c_1 - d_1$ ist gleich dem Kapitalverschleiß. Weitere Punkte der Isoquante für das reale Nettosozialprodukt d_1 findet man durch folgende Überlegung: Die Ersetzung von Arbeit

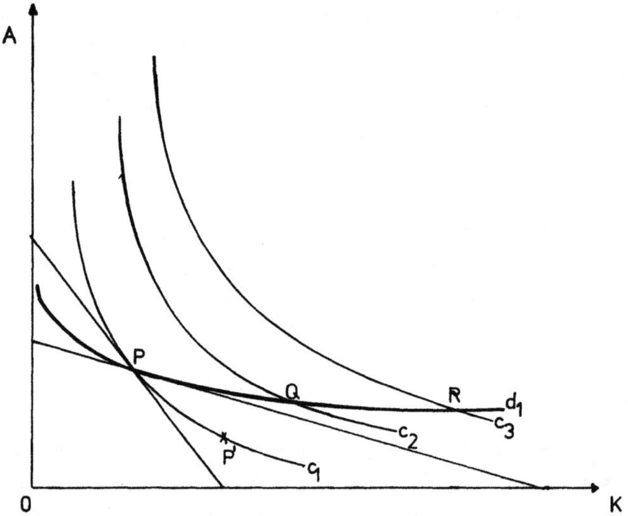

Abb. 4.11

durch Kapital bei unverändertem Bruttosozialprodukt c_1 – die einer Wanderung entlang der Isoquante c_1 nach rechts unten entspricht – würde eine Erhöhung des Verschleißes bewirken. Das reale Nettosozialprodukt z.B. in P' ist geringer als in P. Das reale Nettosozialprodukt d_1 kann jedoch aufrechterhalten werden, wenn gleichzeitig das Bruttosozialprodukt gesteigert wird. Die Steigerung muß so groß sein, daß die zusätzliche Bruttoproduktion gleich dem mit der Kapitalintensivierung verbundenen zusätzlichen Verschleiß ist. So gelangt man z.B. zum Punkt Q auf der Isoquante für das reale Bruttosozialprodukt c_2 und analog weiter zum Punkt R auf der Isoquante mit dem Index c_3. Verbindet man alle derartigen Punkte, ergibt sich die Isoquante für d_1. Sie verläuft *flacher* als die Isoquanten $c_1, c_2, \ldots,$ aus denen sie abgeleitet wurde.

Dies kann algebraisch gezeigt werden, indem aus Gleichung (4.41) die jeweiligen Grenzproduktivitäten und aus ihnen die Grenzraten der Substitution berechnet werden. Differenziert man Gleichung (4.41) nach dem Kapitaleinsatz, so erhält man

$$\frac{\partial X_N}{\partial K} = \frac{p}{p_N}\left[F_K - \delta \cdot \frac{p_K}{p}\right] \equiv N_K$$

oder

$$N_K \equiv \frac{p}{p_N}\left[F_K - \delta \cdot \frac{p_K}{p}\right]. \tag{4.42}$$

Dieser Ausdruck läßt sich folgendermaßen interpretieren: Steigt der Kapitaleinsatz um eine Einheit, so nimmt das reale Bruttosozialprodukt gemäß der Produktionsfunktion $F(A, K)$ um die Grenzproduktivität des Kapitals F_K zu. Mit der Erhöhung des Kapitaleinsatzes nimmt auch der Kapitalverschleiß zu, und zwar um δ Einheiten. Um diesen Verschleiß in Einheiten des Bruttosozialprodukts umzurechnen, ist er mit dem Verhältnis p_K/p des Kaufpreises der Kapitalgüter zum Preisindex des Bruttosozialprodukts zu multiplizieren. Subtrahiert man das Ergebnis $\delta \cdot p_K/p$ von der Grenzproduktivität des Kapitals F_K, erhält man die in Einheiten des realen Bruttosozialprodukts gemessene, von der Kapitalzunahme bewirkte Erhöhung des realen Nettosozialprodukts. Durch Multiplikation mit dem Verhältnis p/p_N der Preisindizes von Brutto- und Nettosozialprodukt wird diese Größe in Einheiten des realen Nettosozialprodukts transformiert. Die so gewonnene Größe N_K gibt die *Nettogrenzproduktivität des Kapitals* an, d.h. die Steigerung des Nettosozialprodukts bei Erhöhung des Kapitaleinsatzes um eine Einheit. Sie darf nicht mit der entsprechenden Zunahme des realen Bruttosozialprodukts, F_K, verwechselt werden.

Wird Gleichung (4.41) nach dem Arbeitseinsatz differenziert, erhält man

$$N_A = \frac{p}{p_N} \cdot F_A, \tag{4.43}$$

d.h. die Zunahme des realen Nettosozialprodukts bei Steigerung des Arbeitseinsatzes um eine Einheit ist gleich der Zunahme des realen Bruttosozialprodukts, multipliziert mit dem Verhältnis der Preisindizes des Brutto- und des Nettosozialprodukts. Dividiert man Gleichung (4.42) durch Gleichung (4.43), ergibt sich

$$r_N = r - \delta \cdot \frac{p_K}{p} \cdot \frac{1}{F_A}, \tag{4.44}$$

wobei $r_N \equiv N_K/N_A$ die Grenzrate der Substitution von Arbeit durch Kapital in der Produktionsfunktion (4.38) und $r \equiv F_K/F_A$ diejenige in der Produktionsfunktion (4.36) angeben. Wie die Gleichung (4.44) zeigt, ist $r_N < r$, d.h. die Nettoisoquanten in Abb. 4.11 verlaufen flacher als die Bruttoisoquanten.

Wenn der Kapitalstock – wie z.B. in der Wachstumstheorie häufig angenommen wird – nicht verschleißt[8]), sondern eine unendlich große Lebensdauer besitzt, sind Brutto- und Nettosozialprodukt gleich. Die Produktionsfunktionen F und N (Gleichung (4.36) bzw. (4.38)) sind dann identisch; ihre Isoquantenschemata decken sich.

Beide Produktionsfunktionen, sowohl (4.36) wie (4.38), können verteilungstheoretischen Überlegungen zugrunde gelegt werden. Im folgenden wird von der Produktionsfunktion (4.36) ausgegangen, weil dann unmittelbar an die kostentheoretischen Überlegungen des Abschnitts 4.1.1 angeschlossen werden kann. Es wird also die *Verteilung des realen Bruttosozialprodukts* untersucht.

Wie im volkswirtschaftlichen Rechnungswesen gezeigt wird, ist das Bruttosozialprodukt gleich der Summe aus den bei der Produktion anfallenden Faktorkosten $Q = l \cdot A + (\hat{r} + \delta) p_K \cdot K$ und den Unternehmergewinnen G:

$$p \cdot X = Q + G = l \cdot A + (\hat{r} + \delta) p_K \cdot K + G. \qquad (4.45)$$

Diese Gleichung zeigt, wie das bei der Produktion des Bruttosozialprodukts entstehende Einkommen verteilt wird: Der den Lohnkosten entsprechende Geldbetrag fließt dem Produktionsfaktor Arbeit zu und ist somit gleich dem Arbeitseinkommen:

$$l \cdot A \equiv AE.$$

Entsprechend geben die Kapitalkosten das Bruttoeinkommen des Produktionsfaktors Kapital an:

$$(\hat{r} + \delta) p_K \cdot K \equiv KE.$$

Man spricht hier vom Bruttoeinkommen des Produktionsfaktors Kapital, weil der Gegenwert des Kapitalverschleißes noch darin enthalten ist. Wird dieser Gegenwert abgezogen, erhält man das eigentliche Einkommen des Kapitals, das hier Nettoeinkommen genannt wird. Es beträgt

$$KE_N = KE - \delta p_K K = \hat{r} \cdot p_K \cdot K \qquad (4.46)$$

[8]) Diese Annahme wird oft damit gerechtfertigt, daß die Berücksichtigung des Kapitalverschleißes zwar die Analyse erschwert, aber keine grundsätzliche Änderung der gewonnenen Ergebnisse bewirkt hätte.

und stimmt mit dem Zinseinkommen überein. Die verteilungstheoretischen Erörterungen in den Abschnitten 4.2.1 und 4.2.2 stellen auf das Bruttoeinkommen *KE* des Kapitals ab. Nach Formel (4.46) kann das Nettoeinkommen jedoch in jedem Fall leicht errechnet werden.

Die Ausführungen dieses Kapitels dürfen nicht darüber hinwegtäuschen, daß die aggregierte Produktionsfunktion eines Landes lediglich angibt, welche Produktionsmenge mit vorgegebenen Faktormengen produziert werden kann. Sie selbst sagt nichts darüber aus, wie die produzierte Gütermenge verteilt wird. Bei von Land zu Land gleicher Produktionsfunktion kann die funktionale Einkommensverteilung sehr unterschiedlich sein. So ist verständlich, daß es verschiedene „Theorien" zur Erklärung der funktionalen Einkommensverteilung gibt. Sie haben zum Teil nur lose Berührungspunkte mit der Produktionstheorie. Die engste Verknüpfung weist die sogenannte Grenzproduktivitätstheorie auf. Sie wird in den folgenden Kapiteln dargestellt werden, und zwar zunächst unter der Annahme konstanter Skalenerträge.

4.2.1 Die funktionale Einkommensverteilung bei konstanten Skalenerträgen

Die Grenzproduktivitätstheorie der Einkommensverteilung läßt sich mit Hilfe der bisher erarbeiteten Instrumente der Produktionstheorie darstellen, wenn zusätzlich die Annahme gemacht wird, daß vollständige Konkurrenz auf Güter- und Faktormärkten herrscht. Das schließt ein, daß die Produzenten ihren Gewinn maximieren wollen. Wenn diese Annahme tatsächlich zutrifft, dann bestehen zwischen den Faktorpreisen und der Einkommensverteilung bei gegebener Faktorausstattung einerseits und zwischen Veränderungen der eingesetzten Faktormengen und Veränderungen der Verteilungsrelation andererseits Beziehungen, die den Kern der Grenzproduktivitätstheorie ausmachen.

4.2.1.1 Die Beziehungen zwischen den Faktorpreisen und der funktionalen Einkommensverteilung

Wie aus der Gleichung (4.45) abgeleitet werden kann, sind die Gewinne der Unternehmer gleich der Differenz aus dem Bruttosozialprodukt und der Summe des Arbeits- und Kapitaleinkommens, die gleichzeitig die Lohn- bzw. Kapitalkosten angeben:

$$G = p \cdot X - (l \cdot A + i \cdot K), \qquad (4.47)$$

wobei $i \equiv (\hat{r} + \delta) \cdot p_K$ ist.

Nach Hypothese (4.36) ist das reale Bruttosozialprodukt X eine Funktion des Arbeits- und des Kapitaleinsatzes. Somit kann man schreiben

$$G = p \cdot F(A, K) - l \cdot A - i \cdot K. \tag{4.48}$$

Diese Funktion gibt an, wie die Gewinne der Unternehmer mit dem Arbeits- und dem Kapitaleinsatz variieren. Sie zeigt, daß der Mehreinsatz eines Faktors die Erlöse steigert und gleichzeitig eine Zunahme der Kosten bewirkt. Die Kosten sind dem Einkommen der Produktionsfaktoren gleich. Wenn die Unternehmer ihren Gewinn maximieren wollen, werden sie eine zusätzliche Einheit eines Produktionsfaktors v ($v = A, K$) nur nachfragen und im Produktionsprozeß einsetzen, wenn der Erlös aus dem Verkauf der durch diese zusätzliche Faktoreinheit bewirkten Mehrproduktion größer ist, als es die zusätzlichen Kosten sind. Diese zusätzlichen Kosten sind gleich dem Faktorpreis q, während der Wert der zusätzlichen Produktionsmenge, das Wertgrenzprodukt. $p \cdot (\partial X/\partial v)\, dv = p \cdot (\partial X/\partial v) \cdot 1$ ist. Somit wird nur dann eine zusätzliche Faktoreinheit im Produktionsprozeß eingesetzt, wenn $p\, (\partial X/\partial v) > q$ ($q = l, i$) ist. Umgekehrt werden Produzenten, die ihren Gewinn zu maximieren suchen, die Faktoreinsatzmenge vermindern, wenn $p \cdot (\partial X/\partial v) < q$ ist. Die Abnahme von v wird in diesem Fall nämlich die Kosten stärker als die Erlöse reduzieren und auf diese Weise den Gewinn erhöhen. **Das Gewinnmaximum ist erreicht, wenn das Wertgrenzprodukt gleich dem Faktorpreis ist:**

$$p \cdot \partial X/\partial v = q.$$

In dieser Situation werden die Produzenten ihre Faktornachfrage nicht mehr ändern. Man sagt, die Unternehmungen befinden sich in einem Zustand des Gleichgewichts, in dem Dispositionsänderungen nicht mehr notwendig sind, um das angestrebte Ziel, das Gewinnmaximum, zu erreichen. Dies gilt nur, wenn der Güterpreis p und der Faktorpreis q sich nicht ändern. Sie werden es nicht, wenn der Konkurrenzmechanismus auf Güter- und Faktormarkt zur Übereinstimmung von Angebot und Nachfrage geführt und damit ein (stabiles) Gleichgewicht bewirkt hat.

Überträgt man das Resultat dieser Überlegungen auf die Produktionsfaktoren Arbeit und Kapital, so wird von den Unternehmern das Gewinnmaximum nur erreicht, wenn die beiden folgenden Bedingungen erfüllt sind

$$l = p \cdot \partial X/\partial A \tag{4.49}$$

und

$$i = p \cdot \partial X / \partial K, \tag{4.50}$$

wobei $i = (\hat{r} + \delta)\, p_K$.

Im Unternehmensgleichgewicht sind somit die Faktorpreise dem zugehörigen Wertgrenzprodukt gleich. Dividiert man beide Gleichungen durch das Preisniveau des Bruttosozialprodukts, p, so kann man das Ergebnis folgendermaßen formulieren: **Werden die Produktionsfaktoren so kombiniert, daß der Gewinn maximal ist, dann sind der Reallohn $l_r \equiv l/p$ der Grenzproduktivität der Arbeit und der reale Kapitalpreis $i_r \equiv i/p$ der Grenzproduktivität des Kapitals gleich.** „Real" heißt hier, daß der Faktorpreis in Einheiten des realen Bruttosozialprodukts gemessen wird.

Die Gewinnmaximierung impliziert die Minimierung der Produktionskosten. Aus den Gleichungen (4.49) und (4.50) folgt nämlich

$$i/l = \frac{\partial X / \partial K}{\partial X / \partial A} = r\,(\kappa)$$

und somit die Minimalkostenbedingung (4.9).

Der obige Satz über die Gleichheit von Faktorpreisen und Grenzproduktivitäten, dem die Grenzproduktivitätstheorie der Einkommensverteilung ihren Namen verdankt, ist lediglich an die Realisierung des Gewinnmaximums gebunden. Er bedeutet nicht, daß totales Gleichgewicht herrscht und sich Güter- und Faktorpreise nicht mehr ändern können. Der Satz kann zum Beispiel auch gelten, wenn ein Produktionsfaktor unterbeschäftigt ist. In diesem Fall liegt keine gesamtwirtschaftliche Gleichgewichtssituation vor, denn die Konkurrenz der Anbieter wird den Preis des unterbeschäftigten Faktors senken. Bei dem neuen, niedrigeren Faktorpreis ist es für die Unternehmer lohnend, diesen Faktor vermehrt einzusetzen. Auf diese Weise sorgt der Konkurrenzmechanismus dafür, daß sich schließlich ein Faktorpreis einstellt, bei dem alle angebotenen Produktionsfaktoren im Produktionsprozeß eingesetzt sind und auf den Faktormärkten Gleichgewicht herrscht. Für diesen Gleichgewichtszustand sind die Gleichungen (4.49) und (4.50) keine hinreichenden sondern nur notwendige Bedingungen.

Zu den angebotenen und im Gleichgewichtszustand vollbeschäftigten Faktorbeständen A und K gehören bestimmte, durch die Produktionsfunktion eindeutig festgelegte Grenzproduktivitäten $F_A\,(A, K)$ und $F_K\,(A, K)$. Die Höhe der realen Faktorpreise wird somit im Konkurrenzgleichgewicht von den Produktionsbedingungen und den vorhandenen Faktormengen determiniert. Damit liegt auch das Realeinkommen der Produktionsfaktoren fest. Es beträgt für den Faktor Arbeit

$$(l/p) \cdot A = F_A (A, K) \cdot A \tag{4.51}$$

und für das Kapital

$$(i/p) \cdot K = F_K (A, K) \cdot K. \tag{4.52}$$

Mit Hilfe dieser Beträge läßt sich der dritte Einkommensbestandteil, das Gewinneinkommen, ermitteln: Der reale Gewinn ist

$$G_r = X - l_r \cdot A - i_r \cdot K.$$

Da für linear-homogene Produktionsfunktionen $X = F_A \cdot A + F_K \cdot K$ gilt (siehe Abschnitt 3.1.2 hier Gleichung (3.16)), ist im Konkurrenzgleichgewicht

$$G_r = 0. \tag{4.53}$$

Die vollkommene Konkurrenz führt also bei linear-homogenen Produktionsfunktionen zu einem Gleichgewichtszustand, in dem das Produktionsergebnis voll auf die Produktionsfaktoren verteilt wird, die an seiner Erstellung beteiligt sind.

Mit den Gleichungen (4.51) und (4.52) kann die Verteilungsrelation, also das Verhältnis des (Brutto-)Kapitaleinkommens *KE* zum Arbeitseinkommen *AE* berechnet werden. Die Verteilungsrelation lautet

$$KE/AE = \frac{K \cdot i}{A \cdot l} = \frac{K \cdot (i/p)}{A \cdot (l/p)}. \tag{4.54}$$

Daraus ergibt sich mit (4.51) und (4.52):

$$KE/AE = \frac{F_K (A, K) \cdot K}{F_A (A, K) \cdot A} = \frac{F_K \cdot (K/F)}{F_A \cdot (A/F)}. \tag{4.55}$$

Im Zähler des rechten Bruches steht die Produktionselastizität des Kapitals, β, im Nenner die der Arbeit, α. Somit ist

$$KE/AE = \beta/\alpha. \tag{4.56}$$

Wie die Gleichung (4.56) zeigt, **ist das Verhältnis des Kapital- zum Arbeitseinkommen im Konkurrenzgleichgewicht gleich dem Verhältnis der Produktionselastizitäten von Kapital und Arbeit.**

Geometrisch läßt sich das Verhältnis des Bruttokapitaleinkommens zum Arbeitseinkommen nach einem auf *Gerakis* zurückgehenden Verfahren ermitteln [*Gerakis* 1962, *Helmstädter* 1964, S. 194f.]. Das soll mit Hilfe der folgenden Abbildung 4.12 geschehen. Hier ist die Isoquante $X = \bar{X}$ einer linear-homogenen Produktionsfunktion eingezeichnet. Auf ihr ist die Produktionspunkt H mit den Faktoreinsatzmengen $\overline{OK}$ des Kapitals und $\overline{OA}$ der Arbeit

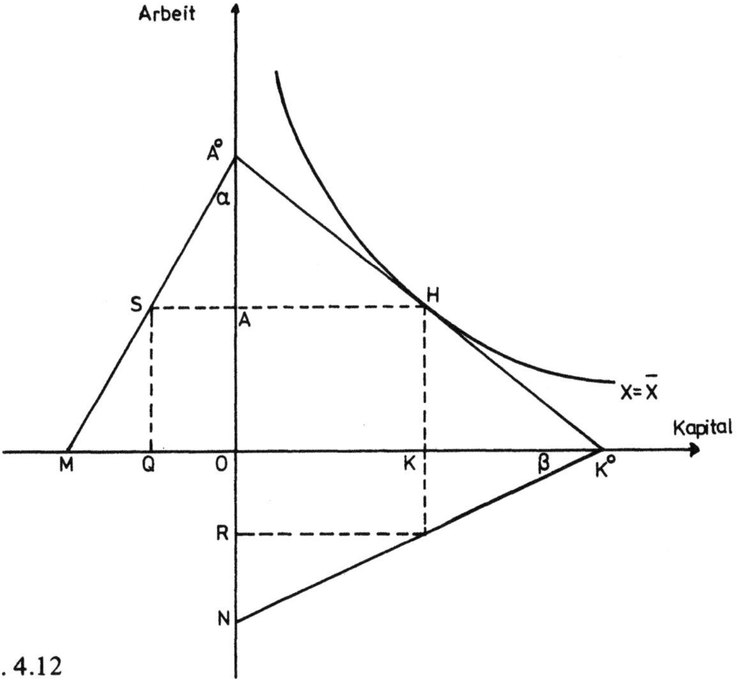

Abb. 4.12

angegeben. Entsprechend der vierten Eigenschaft linear-homogener Produktionsfunktionen (siehe Kapitel 3.1.2, Gleichung (3.16)) gilt für den Produktionspunkt H:

$$\bar{X} = \frac{\partial X}{\partial A} \cdot \overline{OA} + \frac{\partial X}{\partial K} \cdot \overline{OK} \tag{4.57}$$

oder, wenn die ganze Gleichung durch die Grenzproduktivität der Arbeit dividiert wird,

$$\frac{\bar{X}}{\partial X/\partial A} = \overline{OA} + \frac{\partial X/\partial K}{\partial X/\partial A} \cdot \overline{OK}. \tag{4.58}$$

Für jeden Punkt der Isoquante gilt definitionsgemäß

$$-\frac{\partial X}{\partial A} \cdot dA = \frac{\partial X}{\partial K} \cdot dK \tag{4.59}$$

bzw.

$$- dA/dK = \frac{\partial X/\partial K}{\partial X/\partial A}. \tag{4.60}$$

Die Beziehung (4.60) besagt, daß die Grenzrate der Substitution der Arbeit durch das Kapital gleich dem Quotienten aus der Grenzproduktivität des Kapitals und der Grenzproduktivität der Arbeit ist. Für den Punkt H gilt

$$- dA/dK = \frac{\overline{OA}^0 - \overline{OA}}{\overline{AH}} = \frac{\overline{OA}^0 - \overline{OA}}{\overline{OK}}. \tag{4.61}$$

Setzt man (4.61) unter Berücksichtigung von (4.60) in (4.58) ein, erhält man

$$\frac{\bar{X}}{\partial X/\partial A} = \overline{OA} + \frac{\overline{OA}^0 - \overline{OA}}{\overline{OK}} \cdot \overline{OK} = \overline{OA}^0 .$$

Somit ist die Grenzproduktivität der Arbeit

$$\partial X/\partial A = \bar{X}/\overline{OA}^0 .$$

Trägt man die Produktionsmenge $\bar{X}$ vom Ursprung des Systems aus nach links und unten auf den Achsen ab, so gelangt man zu den Punkten M und N

$$\overline{OM} = \overline{ON} = \bar{X}.$$

Verbindet man A^0 mit M, so ergibt sich der Winkel α. Sein Tangens ist gleich

$$\tan \alpha = \bar{X}/\overline{OA}^0 = \partial X/\partial A .$$

Mit $\tan \alpha$ ist somit die Grenzproduktivität der Arbeit gefunden, die bei Realisierung der durch H angezeigten Produktionsmittelkombination herrscht.

Auf die gleiche Weise kann man ableiten, daß

$$\partial X/\partial K = \bar{X}/\overline{OK}^0 = \tan \beta.$$

Man erhält demgemäß die Grenzproduktivität des Kapitals als Tangens des Winkels β, der sich bei Verbindung der Punkte K^0 und N bildet.

Da annahmegemäß die Faktoren mit ihren Wertgrenzprodukten entlohnt werden, läßt sich die dem Punkt zugehörige Verteilungsrelation angeben. Das Realeinkommen des Produktionsfaktors Arbeit beträgt

$$AE_r = \overline{OA} \cdot \tan \alpha$$

und läßt sich wie folgt gewinnen. Man zieht vom Punkt A aus die Parallele zur Abszisse und gelangt zum Punkt S. Ihm entspricht auf der Abszisse der Punkt Q.

Da

$$\tan\alpha = \overline{MO}/\overline{OA}^0 = \overline{MQ}/\overline{QS} = \overline{MQ}/\overline{OA}$$

ist, erhält man für das reale Lohneinkommen

$$AE_r = \overline{OA} \cdot \overline{MQ}/\overline{OA} = \overline{MQ}. \tag{4.62}$$

Das reale Lohneinkommen ist somit der Strecke $\overline{MQ}$ gleich. Da die Summe aus realem Lohn- und Kapitaleinkommen dem Gesamteinkommen gleich ist, läßt sich auch das reale (Brutto-)Einkommen des Produktionsfaktors Kapital angeben. Es beträgt:

$$KE_r = \bar{X} - \overline{AE}_r = \overline{OM} - \overline{QM} = \overline{OQ}. \tag{4.63}$$

Die Verteilungsrelation läßt sich nunmehr als Quotient der Strecken $\overline{OQ}$ und $\overline{MQ}$ errechnen.

Das reale Kapitaleinkommen hätte – ähnlich wie das reale Arbeitseinkommen – direkt ermittelt werden können. Es beträgt $KE_r = \overline{RN}$. Für das reale Arbeitseinkommen bleibt dann der Betrag $\overline{OR}$.

Die realen Faktorpreise und die Verteilungsrelation können auch anhand der Produktivitätskurve eines Produktionsfaktors bestimmt werden. In der Abb. 4.13 ist die Produktivitätskurve der Arbeit gezeichnet. Ihre Funktionsgleichung ergibt sich aus der ersten Eigenschaft linear-homogener Produktionsfunktionen (Abschnitt 3.1.2, Gleichung (3.6)). Sie lautet

$$X/A = f(K/A).$$

Wird die Gleichung mit A multipliziert und partiell nach K differenziert, erhält man die Grenzproduktivität des Kapitals

$$\partial X/\partial K = A \cdot \frac{\partial f}{\partial (K/A)} \cdot \frac{\partial (K/A)}{\partial K} = A \cdot f' \cdot 1/A = f'(K/A).$$

Die Grenzproduktivität des Kapitals ist also gleich der Ableitung f' der Arbeitsproduktivität $X/A = f$ nach der Kapitalintensität. Die Ableitung f' ist gleich der Steigung der Produktivitätskurve in Abb. 4.13.

Der (reale) Kapitalpreis $i/p \equiv i_r$ stimmt im Konkurrenzgleichgewicht mit der Grenzproduktivität des Kapitals überein. Somit gilt $i_r = f'(K/A)$. Man

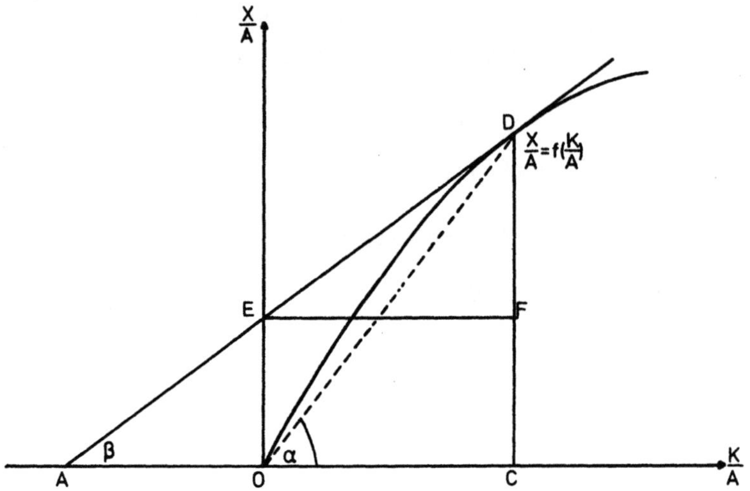

Abb. 4.13

kann i_r in einem beliebigen Kurvenpunkt D ermitteln, indem man in diesem Punkt die Tangente an die Kurve zeichnet. Der Tangens des Winkels, den sie mit der Abszisse bildet, ist gleich f' und daher gleich i_r. Es gilt demzufolge

$$i_r = \overline{DC}/\overline{AC} = \overline{DF}/\overline{EF} = \overline{OE}/\overline{AO}.$$

Das reale Bruttokapitaleinkommen beträgt

$$KE_r = i_r \cdot K = (\overline{DF}/\overline{EF}) \cdot K.$$

Zur Bestimmung des gesamtwirtschaftlichen Realeinkommens X wird von der tautologischen Gleichung

$$X = \frac{X}{K} \cdot K$$

ausgegangen. Die Kapitalproduktivität beträgt

$$X/K = \frac{X/A}{K/A} = \tan \alpha = \overline{DC}/\overline{OC}.$$

Damit ergibt sich für das Realeinkommen

$$X = (\overline{DC}/\overline{OC}) \cdot K = (\overline{DC}/\overline{EF}) \cdot K. \qquad (4.64)$$

Das reale Arbeitseinkommen ist bei konstanten Skalenerträgen und vollständiger Konkurrenz gleich dem gesamten Realeinkommen abzüglich des realen Bruttokapitaleinkommens:

$$\begin{aligned} AE_r &= X - KE_r = (\overline{DC}/\overline{EF}) \cdot K - (\overline{DF}/\overline{EF}) \cdot K \\ &= \frac{\overline{DC} - \overline{DF}}{\overline{EF}} \cdot K = \frac{\overline{FC}}{\overline{EF}} \cdot K. \end{aligned} \tag{4.65}$$

Damit läßt sich die Verteilungsrelation aufstellen:

$$KE_r/AE_r = \frac{(\overline{DF}/\overline{EF}) \cdot K}{(\overline{FC}/\overline{EF}) \cdot K} = \overline{DF}/\overline{FC} = \overline{DE}/\overline{AE} = \overline{OC}/\overline{OA}.$$

Die Höhe des Reallohnes l_r ergibt sich aus der tautologischen Gleichung

$$AE_r/X = l_r \cdot A/X.$$

Sie wird umgeformt zu

$$l_r = (AE_r/X) \cdot (X/A). \tag{4.66}$$

Die für X und AE_r gefundenen Ausdrücke (4.64) und (4.65) sowie $X/A = \overline{DC}$ werden in (4.66) eingesetzt. Das ergibt

$$l_r = \frac{(\overline{FC}/\overline{EF}) \cdot K}{(\overline{DC}/\overline{EF}) \cdot K} \cdot \overline{DC} = \overline{FC} = \overline{EO}. \tag{4.67}$$

Der Reallohn wird also durch den Abstand des Tangentenschnittpunkts mit der Ordinate vom Ursprung gemessen.

4.2.1.2 Der Einfluß von Faktormengenänderungen auf die funktionale Einkommensverteilung

Im Kapitel 4.2.1.1 wurde gezeigt, welche Einkommensverteilung sich im Konkurrenzgleichgewicht einstellt. Dabei wurde von vorgegebenen Faktormengen ausgegangen. Es blieb ungeklärt, wie sich die gleichgewichtige Faktorpreis- und Verteilungsrelationen ändern, wenn andere Faktormengen im Produktionsprozeß eingesetzt werden. Diese Frage soll im vorliegenden Kapitel geklärt werden. Es wird zunächst untersucht, wie sich die Einkommensverteilung ändert, wenn die gleiche Gütermenge (X = const) mit anderen Faktorintensitäten produziert wird. Danach wird geprüft, wie die Einkommen von Arbeit und Kapital durch den vermehrten Einsatz beider Faktoren beeinflußt werden.

A Faktorsubstitution und funktionale Einkommensverteilung

Die Veränderung der Verteilungsrelation als Folge einer Veränderung der Kapitalintensität läßt sich ermitteln, indem die Definitionsgleichung

$$\frac{KE}{AE} = \frac{K \cdot i}{A \cdot l} = \frac{K}{A} \cdot \frac{i/p}{l/p} = \frac{K}{A} \cdot \frac{i_r}{l_r} \left(= \frac{KE_r}{AE_r} \right)$$

nach der Kapitalintensität K/A differenziert wird. Man erhält dann

$$\frac{d\,(KE/AE)}{d\,(K/A)} = \frac{i_r}{l_r} + \frac{K}{A} \cdot \frac{d\,(i_r/l_r)}{d\,(K/A)} = \frac{i_r}{l_r} \left(1 + \frac{K/A}{i_r/l_r} \cdot \frac{d\,(i_i/l_r)}{d\,(K/A)} \right)$$

Da i_r/l_r im Konkurrenzgleichgewicht mit der Grenzrate r der Substitution von Arbeit durch Kapital übereinstimmt, kann man schreiben

$$\frac{d\,(KE/AE)}{d\,(K/A)} = \frac{i_r}{l_r} \left(1 + \frac{K/A}{r} \cdot \frac{dr}{d\,(K/A)} \right) .$$

Der zweite Term des Klammerausdrucks auf der rechten Seite ist gleich dem reziproken Wert der (negativ definierten) Substitutionselastizität b_3 (siehe Kapitel 2.2.3.3, Gleichung (2.9)). Somit ergibt sich

$$\frac{d\,(KE/AE)}{d\,(K/A)} = \frac{i}{l} \cdot (1 + 1/b_3) = \frac{i}{l} (1 + 1/b_3). \tag{4.68}$$

Daraus folgt, daß die Veränderung der Verteilungsrelation als Folge einer Veränderung der Kapitalintensität von der Höhe der Substitutionselastizität abhängig ist. **Ist b_3 gleich minus eins, so wird die rechte Seite der Gleichung null. Das Verhältnis des Kapitaleinkommens zum Arbeitseinkommen bleibt unverändert**, selbst bei starker Substitution des einen Faktors durch den anderen. Der Grund liegt darin, daß mit der Erhöhung (Senkung) der Kapitalintensität eine prozentual gleich große Abnahme (Zunahme) des Faktorpreisverhältnisses einhergeht.

Wenn die **Substitutionselastizität (absolut) größer als eins** ist, dann ist die rechte Seite der Gleichung (4.68) positiv. **In diesem Fall führt eine Erhöhung der Kapitalintensität zu einer Steigerung des Kapitalanteils am Volkseinkommen.** Je größer die Substitutionselastizität absolut gesehen ist, desto stärker ändert sich die Verteilungsrelation (bei steigender Kapitalintensität) zugunsten des Kapitals.

Ist die Substitutionselastizität absolut **kleiner als eins,** d.h. lassen sich die Produktionsfaktoren relativ schwer gegeneinander ersetzen, **dann führt eine Kapitalintensivierung zu einer Abnahme des Kapitalanteils und zu einer Zunahme des Arbeitsanteils am Volkseinkommen.**

B Der Einfluß von Faktormengenänderungen auf die Faktoreinkommen

An die Frage nach dem Einfluß einer Faktorintensitätsänderung auf die Verteilungsrelation wird häufig die Frage angeschlossen, wie sich das Einkommen der Produktionsfaktoren prozentual ändert, wenn der Einsatz eines Produktionsfaktors (oder beider Faktoren) gesteigert wird. Diese Frage soll im folgenden exemplarisch für das Realeinkommen des Produktionsfaktors Arbeit behandelt werden. Dabei wird angenommen, daß die Produktionsfunktion linear-homogen ist. Das reale Arbeitseinkommen beträgt $l_r \cdot A = F_A(A, K) \cdot A$. Seine relative Veränderung ist gleich der Summe aus den relativen Veränderungen der Grenzproduktivität der Arbeit und des Arbeitseinsatzes:

$$\frac{d(l_r \cdot A)}{l_r \cdot A} = dF_A/F_A + dA/A. \tag{4.69}$$

Der Fragestellung nach ist dA/A vorgegeben. Es ist lediglich dF_A/F_A zu bestimmen. Dazu wird das totale Differential der Grenzproduktivitätsfunktion $F_A = F_A(A, K)$ gebildet. Es lautet

$$dF_A = (\partial F_A/\partial A) \cdot dA + (\partial F_A/\partial K) \cdot dK \equiv F_{AA} \cdot dA + F_{AK} \cdot dK.$$

Werden die Beziehungen (3.17) und (3.18) (Kapitel 3.1.2) eingesetzt und die Gleichung durch F_A dividiert, ergibt sich

$$dF_A/F_A = -(K/A) \cdot (F_{KA}/F_A) \cdot dA + (F_{AK}/F_A) \cdot dK$$

und bei Berücksichtigung von $F_{AK} = F_{KA}$ (siehe Gleichung (3.15)) folgt

$$dF_A/F_A = (F_{AK}/F_A)(dK - (K/A)\,dA) = \frac{F_{AK} \cdot F \cdot F_K \cdot K}{F_A \cdot F_K \cdot F}(dK/K - dA/A)$$

Nach Gleichung (3.14) gilt für die Substitutionselastizität linear-homogener Produktionsfunktionen

$$b = F_A F_K / F F_{AK} > 0.$$

Ferner gibt $F_K \cdot (K/F) \equiv \beta$ die Produktionselastizität des Kapitals an. Man erhält somit

$$dF_A/F_A = dl_r/l_r = \frac{\beta}{b}\,(dK/K - dA/A) \tag{4.70}$$

Die relative Änderung des Realeinkommens der Arbeit beträgt daher

$$\frac{d\,(l_r \cdot A)}{l_r \cdot A} = dA/A + \frac{\beta}{b}\,(dK/K - dA/A).$$

Daraus erhält man mit $\beta = 1 - \alpha$:

$$\frac{d\,(l_r \cdot A)}{l_r \cdot A} = \frac{1}{b}\,(b + \alpha - 1)\,\frac{dA}{A} + \frac{\beta}{b} \cdot \frac{dK}{K}\,. \tag{4.71}$$

Bei einer Erhöhung des Kapitaleinsatzes und konstantem Arbeitseinsatz ($dA/A = 0, dK/K > 0$) kommt es stets zu einer Erhöhung der Reallohnsumme. Der Grund ist darin zu sehen, daß die Steigerung der Kapitalmenge die Grenzproduktivität der Arbeit und mit ihr den Reallohn erhöht.

Wenn der Arbeitseinsatz bei konstantem Kapitaleinsatz gesteigert wird ($dA/A > 0, dK/K = 0$), wirken zwei entgegengesetzt gerichtete Effekte auf die Lohnsumme ein: Die Erhöhung des Arbeitseinsatzes um dA/A würde – wenn der Reallohn konstant bliebe – die reale Lohnsumme um dA/A steigern. Der Reallohn bleibt jedoch nicht konstant sondern sinkt, und zwar um den Relativbetrag $[(\alpha - 1)/b] \cdot dA/A$. Insgesamt ergibt sich:

Das reale Arbeitseinkommen wird bei steigendem Arbeitseinsatz steigen, unverändert bleiben oder fallen, je nachdem ob die Summe aus der Substitutionselastizität und der Produktionselastizität der Arbeit größer als, gleich, oder kleiner als eins ist. So wird das Arbeitseinkommen stets steigen, wenn die Substitutionselastizität größer als eins oder gleich eins ist.

4.2.1.3 Die Faktorpreisgrenze

In den Ausführungen der vorangegangenen Abschnitte ist bereits ein Tatbestand angedeutet worden, der eine eingehendere Analyse verdient: Zwischen den Preisen der im Produktionsprozeß eingesetzten Produktionsfaktoren besteht unter den gemachten Voraussetzungen ein bestimmter Zusammenhang. Soll die reale Entlohnung eines Faktors erhöht werden, dann muß der andere Faktor relativ stärker eingesetzt werden. Die reale Entlohnung des anderen Faktors geht dann zurück. Dieser Sachverhalt kann mit der sogenannten

„Faktorpreisgrenze" erfaßt werden. ***Sie ist der geometrische Ort aller Kombinationen realer Faktorpreise, die bei gegebenen Produktionsbedingungen denkbar sind.*** Sehr häufig wird sie mit dem angelsächsischen Begriff „factor-price frontier" bezeichnet, da sich die Übersetzung in Faktorpreisgrenze in der deutschen Literatur nicht durchgesetzt hat. Auch die Bezeichnung Lohnkurve findet sich vereinzelt.

Die Faktorpreisgrenze läßt sich unter den Voraussetzungen, daß die Produktionsfunktion linear-homogen ist und daß die Produktionsfaktoren real mit ihren Grenzproduktivitäten entlohnt werden, geometrisch mit Hilfe der Abbildung 4.13 ableiten. Es wird untersucht, wie sich $i_r = \tan\beta$ und $l_r = \overline{OE}$ bei Verlagerungen des Produktionspunktes D verändert. Liegt D sehr nahe am Ursprung, ist $\overline{OE}$ relativ klein und $\tan\beta$ relativ groß. Bewegt sich D auf der Kurve $X/A = f(K/A)$ nach rechts, nimmt $\overline{OE}$ zu und $\tan\beta$ ab. Je höher also der Reallohnsatz ist, desto kleiner ist der reale Kapitalpreis. Überträgt man alle gefundenen Werte in ein (l_r, i_r)-Diagramm, erhält man die Faktorpreisgrenze. Sie verläuft konvex zu den Achsen (Abb. 4.14). Ihr Verlauf läßt sich auf folgendem Weg algebraisch beweisen:

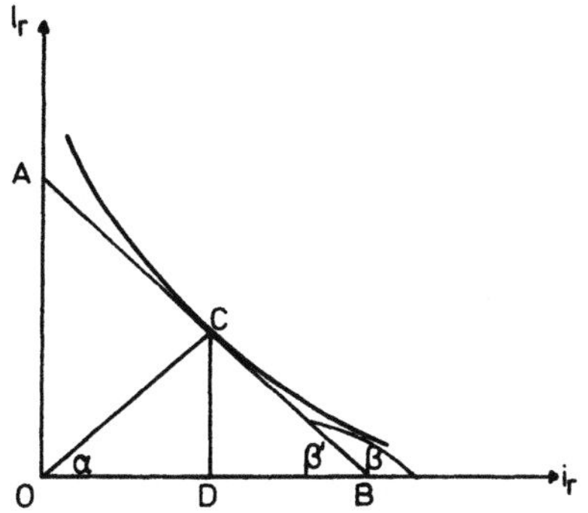

Abb. 4.14

Aus $X = A \cdot f(K/A)$ erhält man durch partielles Differenzieren nach A den Reallohn

$$l_r = f(K/A) - (K/A) \cdot f'(K/A),$$

und durch partielles Differenzieren nach K den realen Kapitalpreis

$$i_r = f'(K/A).$$

Wenn sich die Kapitalintensität $K/A \equiv k$ um dk ändert, variieren l_r und i_r um

$$dl_r = f'dk - k \cdot f''dk - f'dk = -kf''dk \tag{4.72}$$

bzw.

$$di_r = f''dk. \tag{4.73}$$

Dabei ist $f'' \equiv \partial^2 f/\partial k^2$. Die Steigung der Faktorpreisgrenze ist somit

$$dl_r/di_r = \frac{-k \cdot f'' \cdot dk}{f'' \cdot dk} = -k < 0. \tag{4.74}$$

Der Reallohnsatz nimmt bei steigenden Werten des realen Kapitalpreises ab; die Kurve fällt von links nach rechts. **Ihre Steigung ist absolut gleich der Kapitalintensität.**

Um zu zeigen, daß die Kurve konvex verläuft, ist ihre Krümmung zu untersuchen. Darunter versteht man die Veränderung der Steigung der Kurve beim Übergang von einem Punkt der Kurve zu einem unmittelbar benachbarten, also die zweite Ableitung. Zu ihrer Bestimmung wird das Differential von (4.74) gebildet:

$$d\,(dl_r/di_r) = -dk.$$

Die Division durch Gleichung (4.73) ergibt

$$d\,(dl_r/di_r)/di_r \equiv d^2 l_r/di_r^2 = -(dk/f'')\,dk = -1/f''. \tag{4.75}$$

f'' ist kleiner als null, denn die Arbeitsproduktivität steigt degressiv mit der Kapitalintensität (siehe Abb. 4.13). Somit muß

$$d^2 l_r/di_r^2 = -1/f'' > 0$$

sein. Dies bedeutet, daß die **Faktorpreisgrenze streng konvex zum Ursprung** ist.

Diese Eigenschaft der Kurve, die aus den zugrundeliegenden Produktionsbedingungen abgeleitet wurde, besagt, daß mit Erhöhungen des Reallohnes eine umso geringere Senkung des realen Kapitalpreises einhergeht, je niedriger der reale Kapitalpreis bereits ist.

Die Faktorpreisgrenze hat eine zweite, für die Verteilungstheorie wichtige Eigenschaft. **Ihre Elastizität ist (absolut) gleich dem Verhältnis des Kapitaleinkommens zum Arbeitseinkommen.** Die Elastizität ist definiert durch:

$$(dl_r/l_r) : (di_r/i_r) = (dl_r/di_r) \cdot (i_r/l_r).$$

Wird gemäß Gleichung (4.74) eingesetzt, folgt

$$(dl_r/l_r) : (di_r/i_r) = -(i_r/l_r) \cdot k = -(i_r/l_r) \cdot (K/A) \equiv -KE/AE. \quad (4.76)$$

Diese Tatsache erlaubt es, die Einkommensverteilung direkt aus der Abb. 4.14 abzulesen. Im Punkt C gilt zum Beispiel

$$(dl_r/di_r) \cdot (i_r/l_r) = \frac{\tan\beta}{\tan\alpha} = -\frac{\tan\beta'}{\tan\alpha} = -\frac{\overline{DC}}{\overline{DB}} \Big/ \frac{\overline{DC}}{\overline{OD}} = -\frac{\overline{OD}}{\overline{DB}}.$$

Somit ist

$$KE/AE = \overline{OD}/\overline{DB} = \overline{AC}/\overline{BC}. \quad (4.77)$$

4.2.2 Die funktionale Einkommensverteilung bei variablen Skalenerträgen

Im Abschnitt 4.2.1 wurde die Verteilung des Produktionsergebnisses auf die Faktoren unter den Voraussetzungen untersucht, daß die Produktionsfunktion linear-homogen ist und daß die Faktoren mit ihrem Wertgrenzprodukt entlohnt werden. Eine dieser Voraussetzungen wird im folgenden fallengelassen. Die funktionale Einkommensverteilung wird unter der Annahme analysiert, daß die Produktionsfunktion nicht linear-homogen ist.

4.2.2.1 Die funktionale Einkommensverteilung bei internen Skaleneffekten

Zunächst wird angenommen, daß die variablen Skalenerträge ausschließlich auf internen Skaleneffekten (internal economies bzw. diseconomies) beruhen. Das private und das soziale Grenzprodukt eines Produktionsfaktors sind dann identisch und gleich der Ableitung der Produktionsfunktion nach der Einsatzmenge des Faktors. Wird das Produktpreisniveau mit p bezeichnet, gilt bei Entlohnung der Produktionsfaktoren mit ihrem Wertgrenzprodukt

$$l = p \cdot F_A(A, K) \quad (4.78)$$

$$i = p \cdot F_K(A, K). \quad (4.79)$$

Dabei ist $F_A(A, K)$ die Grenzproduktivitätsfunktion der Arbeit und $F_K(A,K)$ diejenige des Kapitals. Durch Multiplikation von (4.78) mit dem Arbeitseinsatz erhält man das Arbeitseinkommen

$$AE = l \cdot A = p \cdot F_A(A, K) \cdot A. \quad (4.80)$$

Analog ergibt sich aus Gleichung (4.79) das Kapitaleinkommen

$$KE = i \cdot K = p \cdot F_K(A, K) \cdot K. \tag{4.81}$$

Die Summe der Faktoreinkommen ist den gesamten Produktionskosten gleich. Werden sie von dem Wert $p \cdot X$ des Produktionsergebnisses subtrahiert, erhält man den Einkommensbetrag G, der nicht den Produktionsfaktoren zufällt:

$$G = p \cdot X - (AE + KE). \tag{4.82}$$

Zur Berechnung von G werden die Gleichungen (4.80) und (4.81) in (4.82) eingesetzt. Das ergibt

$$G = p\,[X - (F_A \cdot A + F_K \cdot K)]\,. \tag{4.83}$$

Nun ist nach Gleichung (3.37) (Kapitel 3.1.3):

$$F_A \cdot A + F_K \cdot K = \epsilon \cdot X. \tag{4.84}$$

Damit wird Gleichung (4.83) zu

$$G = p\,[X - \epsilon X]$$

und der reale Gewinn $G_r \equiv G/p$ beträgt

$$G_r = (1 - \epsilon) \cdot X. \tag{4.85}$$

Diese Gleichung bestimmt denjenigen Einkommensbetrag, der nicht den Produktionsfaktoren zufällt, als Funktion des Realeinkommens X und der Skalenelastizität ϵ. Nach der Höhe der Skalenelastizität können dabei drei Fälle unterschieden werden.

(i) Wenn die **Skalenelastizität kleiner als eins** ist, gilt
$G_r > 0$.
Das bedeutet, bei Entlohnung der Produktionsfaktoren mit ihrem Wertgrenzprodukt **wird nicht das gesamte Produktionsergebnis auf die Faktoren verteilt**. Es verbleibt ein positiver Rest, d.h. die Unternehmen machen Gewinne.

(ii) Wenn die **Skalenelastizität gleich eins** ist, folgt aus (4.85):
$G_r = 0$.
Das Produktionsergebnis wird genau auf die Produktionsfaktoren verteilt; das gesamte Einkommen besteht nur aus Faktoreinkommen (s. Gl. (4.53)).

(iii) Bei einer **über eins liegenden Skalenelastizität** ergibt sich
$G_r < 0$.

Die Produktionskosten (Faktoreinkommen) sind größer als der Wert der Produktion. Die Unternehmen produzieren mit Verlust. Eine Verlustproduktion kann aber weder gesamtwirtschaftlich noch in einzelnen Branchen oder Unternehmen auf Dauer durchgeführt werden. Insofern zeigt dieses Ergebnis, daß die Marktform der vollständigen Konkurrenz bei intern bedingten steigenden Skalenerträgen nicht „funktioniert". Wird die eingangs gemachte Voraussetzung ökonomischer Inaktivität des Staates beibehalten, so wird in den Sektoren der Volkswirtschaft, in denen die Verluste entstehen, entweder

- die Marktform sich ändern, so daß die Entlohnung der Faktoren geringer wird als ihr Wertgrenzprodukt,
  oder
- die Produktion schließlich eingestellt.

Sind ökonomische Eingriffe des Staates zugelassen und will der Staat (bzw. die Gesellschaft) die Einstellung der Produktion verhindern, so muß er die Verluste tragen bzw. die Produktion in eigener Regie übernehmen.

Die *Anteile* der Produktionsfaktoren am Produktionsergebnis können aus den Gleichungen (4.80) und (4.81) ermittelt werden. Dazu sind die Gleichungen durch $p \cdot X$ zu dividieren. Man erhält

$$\frac{AE}{p \cdot X} = F_A \cdot A/F = \alpha, \tag{4.86}$$

bzw.

$$\frac{KE}{p \cdot X} = F_K \cdot K/X = \beta. \tag{4.87}$$

Wie die Gleichungen (4.86) und (4.87) zeigen, **ist der Anteil eines Faktors gleich seiner Produktionselastizität.**

Das Verhältnis des Residualeinkommens zum Gesamteinkommen beträgt

$$\frac{G}{p \cdot X} = (1 - \epsilon). \tag{4.88}$$

Für die Verteilungsrelation kann man somit schreiben:

$$AE : KE : G = \alpha : \beta : (1 - \epsilon). \tag{4.89}$$

4.2.2.2 Die funktionale Einkommensverteilung bei externen Skaleneffekten

Bei extern bedingten Skaleneffekten kann die Produktionsfunktion in folgender Form geschrieben werden[9]):

$$X = F^0 (A, K, E). \tag{4.90}$$

Die Funktion F^0 gibt an, wie der Output von den Faktoreinsätzen A und K und dem externen Effekt E abhängt. Bei der Bestimmung der funktionalen Einkommensverteilung unter Konkurrenzbedingungen ist von der Überlegung auszugehen, daß die Unternehmer ihren Entscheidungen über die Höhe des Faktoreinsatzes nicht das soziale sondern das *private* Grenzprodukt F_A^0 bzw. F_K^0 des jeweiligen Faktors zugrundelegen. Im Gleichgewicht ist demzufolge der Wert des privaten Grenzprodukts jedes Faktors gleich seinem Preis:

$$\begin{cases} l = p \cdot F_A^0, \\ i = p \cdot F_K^0. \end{cases} \tag{4.91}$$

Die Anteile der Produktionsfaktoren am Produktionsergebnis betragen also

$$\frac{AE}{p \cdot X} = \frac{l \cdot A}{p \cdot X} = F_A^0 \cdot (A/F^0) \tag{4.92}$$

und

$$\frac{KE}{p \cdot X} = \frac{i \cdot K}{p \cdot X} = F_K^0 \cdot (K/F^0). \tag{4.93}$$

Da annahmegemäß keine internen Skaleneffekte vorhanden sind, ergänzen sich die Produktionselastizitäten $F_A^0 \cdot (A/F^0)$ und $F_K^0 \cdot (K/F^0)$ zu eins.

Somit gilt: **Sind die variablen Skalenerträge ausschließlich extern bedingt und werden die Faktoren nach ihrem privaten Grenzprodukt entlohnt, dann wird das Produktionsergebnis ohne Rest auf die Faktoren verteilt.**

Aus diesen Ergebnissen können folgende Schlüsse gezogen werden: Die partiellen Ableitungen F_A und F_K einer beliebig vorgegebenen aggregierten Produktionsfunktion $F(A, K)$ können nur dann mit dem Reallohn bzw. dem realen Kapitalpreis i_r übereinstimmen, wenn die variablen Skalenerträge von F unternehmensintern bedingt sind. Sind sie ganz oder zum Teil unternehmens-

---

[9]) Vgl. dazu Abschnitt 3.3.3.

extern, ist diese Gleichsetzung nicht möglich. Um das deutlicher werden zu lassen, soll die aggregierte Produktionsfunktion mit outputinduzierten externen Effekten

$$X = F^0 (A, K, E(X)) \tag{4.94}$$

nach X aufgelöst werden. Man gelangt dann zu einer Funktion $X = F(A, K)$. Die partielle Ableitung der Funktion (4.94) nach A ergibt die private Grenzproduktivität der Arbeit, die partielle Ableitung der Funktion F dagegen die soziale Grenzproduktivität. Entsprechendes gilt für die Ableitungen nach K. Die soziale Grenzproduktivität der Arbeit beträgt

$$F_A = \frac{1}{1 - F_E^0 \cdot E_X} \cdot F_A^0 .$$

Unter Verwendung von Gleichung (3.88) ergibt die Division durch ϵ

$$F_A^0 = \frac{1}{\epsilon} \cdot F_A .$$

Entsprechend gilt für die Beziehung zwischen der sozialen und der privaten Grenzproduktivität des Kapitals

$$F_K^0 = \frac{1}{\epsilon} \cdot F_K .$$

Da die Faktorpreise den privaten Grenzproduktivitäten gleich sind, können sie also nicht den sozialen gleich sein, wenn $\epsilon \neq 1$. Dieses Ergebnis läßt sich auch wie folgt formulieren: Will man aus einer allgemein formulierten Produktionsfunktion $X = F(A, K)$, deren variable Skalenerträge durch outputinduzierte externe Effekte bedingt sind, die realen Faktorpreise ermitteln, dann hat man die partielle Ableitung der Funktion nach dem jeweiligen Faktor durch die Skalenelastizität zu dividieren. Entsprechend erhält man den Anteil eines Faktors am Produktionsergebnis, in dem man seine Produktionselastizität durch die Skalenelastizität teilt. So ergibt sich

$$\frac{AE}{p \cdot X} = \frac{1}{\epsilon} \cdot F_A \cdot A/X = \alpha/\epsilon \tag{4.95}$$

und

$$\frac{KE}{p \cdot X} = \frac{1}{\epsilon} \cdot F_K \cdot K/X = \beta/\epsilon . \tag{4.96}$$

Die Anteile der Faktoren ergänzen sich zu 1, denn

$$\alpha/\epsilon + \beta/\epsilon = \frac{\alpha + \beta}{\epsilon} = \epsilon/\epsilon = 1.$$

Literaturhinweise zum 4. Kapitel

Carlson, S.: A Study on the Pure Theory of Production. New York 1956, Ch. 3 (zu Kap. 4.1).

Clemhout, S.: Returns to Scale and the Aggregate Production Function. Weltwirtschaftliches Archiv **92** (1964 I), 332–349 (zu Kap. 4.2).

Danø, S.: Industrial Production Models. Wien–New York 1967, Ch. IV D, E, F, V, VI, VII (zu Kap. 4.1).

Enke, S.: Production Functions and Capital Depreciation. Journal of Political Economy **70** (1962), 368–379 (zu Kap. 4.2).

Frisch, R.: Theory of Production. Dordrecht 1965, Ch. 10 (zu Kap. 4.1).

Gerakis, A.S.: A Note on Linear and Homogeneous Functions and Marginal Products. Economica **24** (1962), 282–283 (zur Gerakis-Methode, Kap. 4.2).

Helmstädter, E.: Die Isoquanten gesamtwirtschaftlicher Produktionsfunktionen mit konstanter Substitutionselastizität. Jahrbücher für Nationalökonomie und Statistik **176** (1964), 177–195, VI. Anhang, Abschn. 3 (zur Gerakis-Methode, Kap. 4.2).

Henderson, J., und *R. Quandt*: Mikroökonomische Theorie. 3. Aufl., München 1973, Abschnitte 3.1–3.5.

Kilger, W.: Produktions- und Kostentheorie. Wiesbaden 1958, Kap. 2 (zu Kap. 4.1).

Klaus, J.: Produktions- und Kostentheorie. Stuttgart 1974, Abschnitt 4.2.2 (zu Kap. 4.1).

Krelle, W.: Die Grenzproduktivitätstheorie des Lohnes. Jahrbücher für Nationalökonomie und Statistik **162** (1950), 1–42 (zu Kap. 4.2).

– : Verteilungstheorie. Tübingen 1962, Kap. 3, Kap. 7.

Lücke, W.: Produktions- und Kostentheorie. 3. Aufl., Würzburg 1973, Abschn. 3 (zu Kap. 4.1).

Müller, J.H.: Produktionstheorie. In: *Ehrlicher*, u.a. (Hrsg.), Kompendium der Volkswirtschaftslehre, Band **1**, 3. Aufl., Göttingen 1972, 57–106, Abschnitte IV–VI (zu Kap. 4.1).

Preiser, E.: Erkenntniswert und Grenzen der Grenzproduktivitätstheorie. Schweizerische Zeitschrift für Volkswirtschaft und Statistik **89** (1953), 25ff. (zu Kap. 4.2).

Samuelson, P.A.: Foundations of Economic Analysis. Cambridge 1948, Part I, Ch. 4.

Scheele, E.: Theorie der Einkommensverteilung. In: *Ehrlicher*, u.a. (Hrsg.), Kompendium der Volkswirtschaftslehre, Band **1**, 3. Aufl., Göttingen 1972, 288–338, Abschnitte I, II.

Schneider, E.: Bemerkungen zur Grenzproduktivitätstheorie. Zeitschrift für Nationalökonomie **4** (1933), 604–624 (zu Kap. 4.2).

– : Theorie der Produktion. Wien 1934, Kap. 2, erster Abschnitt (zu Kap. 4.1).

– : Einführung in die Wirtschaftstheorie, Teil II. 12. Aufl., Tübingen 1969, Kap. 2, Abschnitt 3; Abschnitt 5, §§ 2.3, 2.4 (zu Kap. 4.1).

Schneider, H.: Mikroökonomie. Eine Einführung in die Preis-, Produktions- und Wohlfahrtstheorie. München 1973, Kap. 5.1.2.2

Schumann, J.: Grundzüge der mikroökonomischen Theorie. Berlin–Heidelberg–New York 1971, Abschnitte II C–II G (zu Kap. 4.1).

Stackelberg, H.v.: Grundlagen einer reinen Kostentheorie. Wien 1932 (zu Kap. 4.1).

Viner, J.: Cost Curves and Supply Curves. Zeitschrift für Nationalökonomie 3 (1932), 23–46. Deutsch: Kosten- und Angebotskurven. In: *Ott, A.E.* (Hrsg.), Preistheorie. Köln–Berlin 1965, 195–221 (zu Kap. 4.1).

Autoren- und Sachverzeichnis

Verzeichnis häufig benutzter Symbole

(die Zahlen geben an, auf welcher Seite das jeweilige Symbol erstmals verwendet wird)

A	Arbeitseinsatz 21
AE	Arbeitseinkommen 162
D	Verschleiß 132
D_M	Abschreibungskosten 132
E	externer Effekt 120
F	Funktionszeichen für die Produktionsfunktion 21
F_A	Ableitung der Produktionsfunktion nach dem Arbeitseinsatz = Grenzproduktivität der Arbeit 53
F_{AK}	(= F_{KA}) gemischte Ableitung der Produktionsfunktion = Änderung der Grenzproduktivität der Arbeit bei Änderung des Kapitaleinsatzes (K) = Änderung der Grenzproduktivität des Kapitals bei Änderung des Arbeitseinsatzes 78
F_K	Ableitung der Produktionsfunktion nach dem Kapitaleinsatz = Grenzproduktivität des Kapitals 53
F_{AA}	(F_{KK}) zweite direkte Ableitung der Produktionsfunktion nach dem Arbeitseinsatz (Kapitaleinsatz) = Änderung der Grenzproduktivität der Arbeit (des Kapitals) bei Änderung des Arbeitseinsatzes (Kapitaleinsatzes) 79
G	Gewinn 162
G	als Funktionszeichen: Skalierungsfunktion der homothetischen Produktionsfunktion 108
H	Isoquantenfunktion der homothetischen Produktionsfunktion 108
K	Kapitaleinsatz 21
KE	Kapitaleinkommen 162
PGP_A	privates Grenzprodukt der Arbeit 123
PGP_K	privates Grenzprodukt des Kapitals 123
Q	Kosten 133
SGP_A	soziales Grenzprodukt der Arbeit 124
SGP_K	soziales Grenzprodukt des Kapitals 124
X	Produktionsmenge 21
b	Substitutionselastizität 48
f, g	Funktionszeichen bei speziellen Schreibweisen der linear-homogenen und homogenen Produktionsfunktion 73, 80
h	Funktionszeichen für eine spezielle Schreibweise der homothetischen Produktionsfunktion 111
i	Preis der Nutzung einer Kapitaleinheit (= Preis der Kapitaldienste) 133
$\imath$	Zinssatz 132
k	Kapitalintensität ($k \equiv K/A$) 57
l	(Geld-)Lohnsatz 132

p	Güterpreisniveau (-index) 159
p_K	Preis eines Kapitalgutes 132
r	Grenzrate der Substitution von Arbeit durch Kapital ($r \equiv \lvert dA/dK \rvert$) 43
r	als Suffix: reale Größe, z.B. l_r = Reallohn 165
r^*	Grenzrate der Substitution von Kapital durch Arbeit 43
v	Homogenitätsgrad 67
α	Produktionselastizität der Arbeit 63
β	Produktionselastizität des Kapitals 63
δ	Abschreibungsrate 132
ϵ	Skalenelastizität 60
κ	Arbeitsintensität 56
λ	Prozeßniveau (Zahl eingesetzter Faktorpakete) 60
σ_{AA}	Elastizität des Grenzertrages der Arbeit bezüglich des Arbeitseinsatzes 93
σ_{AK}	Elastizität des Grenzertrages der Arbeit bezüglich des Kapitaleinsatzes 85
σ_{KA}	Elastizität des Grenzertrages des Kapitals bezüglich des Arbeitseinsatzes 85
σ_{KK}	Elastizität des Grenzertrages des Kapitals bezüglich des Kapitaleinsatzes 93

GPSR Compliance

The European Union's (EU) General Product Safety Regulation (GPSR) is a set of rules that requires consumer products to be safe and our obligations to ensure this.

If you have any concerns about our products, you can contact us on ProductSafety@springernature.com

In case Publisher is established outside the EU, the EU authorized representative is:

Springer Nature Customer Service Center GmbH
Europaplatz 3
69115 Heidelberg, Germany

Batch number: 10815964

Printed by Printforce, the Netherlands